la
creación literaria

eduardo galeano

*

memoria del fuego (II)
LAS CARAS Y LAS MÁSCARAS

siglo
veintiuno
editores

siglo xxi editores, s.a. de c.v.
CERRO DEL AGUA 248, DELEGACIÓN COYOACÁN, 04310, MEXICO, D.F.

siglo xxi editores argentina, s.a.
TUCUMÁN 1621, 7 N, C1050AAG, BUENOS AIRES, ARGENTINA

primera edición, 1984
vigesimosegunda edición, 2004
© siglo xxi editores, s.a. de c.v.
isbn 968-23-1201-9 (obra completa)
isbn 968-23-1273-6 (volumen 2)

ÍNDICE

Este libro
es el segundo volumen de la trilogía *Memoria del fuego*. No se trata
de una antología, sino de una obra de creación literaria. El autor se
propone narrar la historia de América, y sobre todo la historia de
América Latina, revelar sus múltiples dimensiones y penetrar sus
secretos. El vasto mosaico llegará, en el tercer volumen, hasta nuestros días. *Las caras y las máscaras* abarca los siglos XVIII y XIX.

A la cabeza de cada texto se indica el año y el lugar en que ha
ocurrido el episodio que se narra. Al pie, entre paréntesis, los números señalan las principales obras que el autor ha consultado en busca
de información y marcos de referencia. La lista de las fuentes documentales se ofrece al final.

Las transcripciones literales se distinguen en letra bastardilla.

El autor
nació en Montevideo, Uruguay, en 1940. Eduardo Hughes Galeano
es su nombre completo. Se inició en periodismo en el semanario socialista *El Sol*, publicando dibujos y caricaturas políticas que firmaba
Gius, por la dificultosa pronunciación castellana de su primer apellido. Luego fue jefe de redacción del semanario *Marcha* y director
del diario *Época* y de algunos semanarios en Montevideo. En 1973
se exilió en la Argentina, donde fundó y dirigió la revista *Crisis*.
Desde 1977, vivió en España. En 1985, regresó a su país.

Ha publicado varios libros. Entre ellos, *Las venas abiertas de
América Latina*, editado por Siglo XXI en 1971, los premios de Casa
de las Américas *La canción de nosotros* (1975) y *Días y noches de
amor y de guerra* (1978), y *Los nacimientos* (1982), primer volumen
de la trilogía que *Las caras y las máscaras* continúa ahora.

Gratitudes

Además de los amigos que figuran en *Los nacimientos*, y que continuaron colaborando a lo largo de este segundo volumen, muchos otros han facilitado el acceso del autor a la bibliografía necesaria. Entre ellos, Mariano Baptista Gumucio, Olga Behar, Claudia Canales, Hugo Chumbita, Galeno de Freitas, Horacio de Marsilio, Bud Flakoll, Piruncha y Jorge Galeano, Javier Lentini, Alejandro Losada, Paco Moncloa, Lucho Nieto, Rigoberto Paredes, Rius, Lincoln Silva, Cintio Vitier y René Zavaleta Mercado.

Esta vez padecieron la lectura del borrador Jorge Enrique Adoum, Mario Benedetti, Edgardo Carvalho, Antonio Doñate, Juan Gelman, María Elena Martínez, Ramírez Contreras, Lina Rodríguez, Miguel Rojas-Mix, Nicole Rouan, Pilar Royo, César Salsamendi, José María Valverde y Federico Vogelius. Sugirieron varios cambios y evitaron bobadas y disparates.

Nuevamente Helena Villagra acompañó este trabajo paso a paso, compartiendo vuelos y tropezones, con misteriosa paciencia, hasta la última línea.

Este libro
está dedicado a Tomás Borge, a Nicaragua.

Yo no sé dónde nací,
ni sé tampoco quién soy.
No sé de dónde he venío
ni sé para dónde voy.

Soy gajo de árbol caído
que no sé dónde cayó.
¿Dónde estarán mis raíces?
¿De qué árbol soy rama yo?

(Coplas populares
de Boyacá, Colombia)

Promesa de América

El tigre azul romperá el mundo.

Otra tierra, la sin mal, la sin muerte, será nacida de la aniquilación de esta tierra. Así lo pide ella. Pide morir, pide nacer, esta tierra vieja y ofendida. Ella está cansadísima y ya ciega de tanto llorar ojos adentro. Moribunda atraviesa los días, basura del tiempo, y por las noches inspira piedad a las estrellas. Pronto el Padre Primero escuchará las súplicas del mundo, tierra queriendo ser otra, y entonces soltará al tigre azul que duerme bajo su hamaca.

Esperando ese momento, los indios guaraníes peregrinan por la tierra condenada.

—¿*Tienes algo que decirnos, colibrí?*

Bailan sin parar, cada vez más leves, más volando, y entonan los cantos sagrados que celebran el próximo nacimiento de la otra tierra.

—¡*Lanza rayos, lanza rayos, colibrí!*

Buscando el paraíso han llegado hasta las costas de la mar y hasta el centro de América. Han rondado selvas y sierras y ríos persiguiendo la tierra nueva, la que será fundada sin vejez ni enfermedad ni nada que interrumpa la incesante fiesta de vivir. Los cantos anuncian que el maíz crecerá por su cuenta y las flechas se dispararán solas en la espesura; y no serán necesarios el castigo ni el perdón, porque no habrá prohibición ni culpa.

(72 y 232) *

* Estos números indican las fuentes documentales que el autor ha consultado y remiten a la lista que se publica en las páginas 317-331.

1701
Valle de Salinas

La piel de Dios

Los indios chiriguanos, del pueblo guaraní, navegaron el río Pilcomayo, hace años o siglos, y llegaron hasta la frontera del imperio de los incas. Aquí se quedaron, ante las primeras alturas de los Andes, en espera de la tierra sin mal y sin muerte. Aquí cantan y bailan los perseguidores del paraíso.

Los chiriguanos no conocían el papel. Descubren el papel, la palabra escrita, la palabra impresa, cuando los frailes franciscanos de Chuquisaca aparecen en esta comarca, después de mucho andar, trayendo libros sagrados en las alforjas.

Como no conocían el papel, ni sabían que lo necesitaban, los indios no tenían ninguna palabra para llamarlo. Hoy le ponen por nombre *piel de Dios*, porque el papel sirve para enviar mensajes a los amigos que están lejos.

(233 y 252)

1701
San Salvador de Bahía

Palabra de América

El padre Antonio Vieira murió al filo del siglo, pero no su voz, que continúa abrigando el desamparo. En tierras del Brasil suenan recientes, siemprevivas, las palabras del misionero de los infelices y los perseguidos.

Una noche, el padre Vieira habló sobre los más antiguos profetas. Ellos no se equivocaban, dijo, cuando leían el destino en las entrañas de los animales que sacrificaban. En las entrañas, dijo. En las entrañas, no en la cabeza, porque mejor profeta es el capaz de amor que el capaz de razón.

(351)

1701
París

Tentación de América

En su gabinete de París, está dudando un sabio en geografías. Guillaume Deslile dibuja exactos mapas de la tierra y del cielo. ¿Incluirá a El Dorado en el mapa de América? ¿Pintará el misterioso lago, como ya es costumbre, en alguna parte del alto Orinoco? Deslile se pregunta si existen en verdad las aguas de oro que Walter Raleigh describió grandes como el mar Caspio. ¿Son o han sido de carne y hueso los príncipes que se sumergen y nadan, ondulantes peces de oro, a la luz de las antorchas?

El lago figura en todos los mapas hasta ahora dibujados. A veces se llama El Dorado; a veces, Parima. Pero Deslile conoce, de oídas o leídas, testimonios que lo hacen dudar. Buscando El Dorado muchos soldados de fortuna han penetrado el lejano nuevo mundo, allá donde se cruzan los cuatro vientos y se mezclan todos los colores y dolores, y no han encontrado nada. Españoles, portugueses, ingleses, franceses y alemanes han atravesado abismos que los dioses americanos habían cavado con uñas o dientes, han violado selvas recalentadas por el humo de tabaco soplado por los dioses, han navegado ríos nacidos de los árboles gigantes que los dioses habían arrancado de raíz, y han atormentado o matado indios que los dioses habían creado con saliva, aliento o sueño. Pero al aire se ha ido y al aire se va, siempre, el oro fugitivo, y se desvanece el lago antes de que nadie llegue. El Dorado parece el nombre de una fosa sin ataúd ni sudario.

Hace dos siglos que creció el mundo, y se hizo redondo, y desde entonces los perseguidores de alucinaciones se marchan, desde todos los muelles, hacia tierras de América. Al amparo de un dios navegante y conquistador, atraviesan, apretujándose en los navíos, la mar inmensa. Junto a pastores y labriegos que Europa no ha matado de guerra, peste o hambre, viajan capitanes y mercaderes y pícaros y místicos y aventureros. Todos buscan el milagro. Al otro lado de la mar, mágica mar que lava sangres y transfigura destinos, se ofrece, abierta, la gran promesa de todos los tiempos. Allá se vengarán los mendigos. Allá se harán marqueses los pelagatos, santos los malan-

drines y fundadores los condenados a la horca. Se harán doncellas, de
alta dote, las vendedoras de amor.

(326)

Centinela de América

En la pura noche vivían los indios, los muy antiguos, en la cordillera
de los Andes. El cóndor les trajo el sol. El cóndor, el más viejo de
los que vuelan, dejó caer una bolita de oro entre las montañas. Los
indios la recogieron y soplaron a todo pulmón y soplando el oro hacia
el cielo, en el cielo lo dejaron por siempre prendido. El sol sudaba
oro, y con el oro de sus rayos los indios modelaron a los animales
y plantas que pueblan la tierra.

Una noche, la luna brilló envuelta en tres halos sobre las cumbres: uno de sangre, anunciador de guerra; otro de fuego, anunciador
de incendio; y un negro halo de ruina. Entonces los indios huyeron
hacia los altos páramos, cargando el oro sagrado, y junto al oro se
dejaron caer al fondo de lagunas y volcanes.

El cóndor, el que trajo el sol a los andinos, es el cuidandero de
esos tesoros. Con grandes alas inmóviles sobrevuela los picos neva-
dos y las aguas y los cráteres humeantes. El oro le avisa cuando ve
venir a la codicia: chilla el oro, y silba, y grita. El cóndor se lanza,
vertical, y su pico arranca los ojos de los ladrones y sus garras les
deshilachan la carne.

Sólo el sol puede ver la espalda del cóndor, su calva cabeza, su
cuello arrugado. Sólo el sol conoce su soledad. Visto desde la tierra,
el cóndor es un vuelo invulnerable.

(246)

1701

Ouro Preto

Artes malabares

El cerro de plata de Potosí no es un espejismo, ni contienen sólo delirio y tinieblas los hondos socavones de México; y los ríos del centro del Brasil duermen en lechos de oro de verdad.

El oro del Brasil se adjudica por sorteos o puñaladas, a suerte o a muerte. Ganan inmensas fortunas quienes no pierden la vida, aunque el rey portugués se queda con la quinta parte de todo. La quinta parte, al fin y al cabo, es un decir. Mucho, mucho oro se fuga de contrabando y eso no se evita ni poniendo tantos guardias como árboles hay en los tupidos bosques de la región.

Los frailes de las minas brasileñas dedican más tiempo a traficar oro que a salvar almas. Los santos de madera hueca sirven de envases para tales menesteres. Lejos, en la costa, el monje Roberto falsifica cuños como quien reza rosarios, y así lucen el sello de la corona las barras de oro mal habidas. Roberto, monje benedictino del convento de Sorocaba, ha fabricado también una llave todopoderosa, que derrota a cualquier cerradura.

(11)

1703

Lisboa

El oro, pasajero en tránsito

Hace un par de años, el gobernador general del Brasil lanzó profecías tan certeras como inútiles. Desde Bahía, João de Lencastre advirtió al rey de Portugal que las hordas de aventureros convertirían la región minera en santuario de criminales y vagabundos; y sobre todo le anunció otro peligro mucho más grave: a Portugal podría ocurrirle, con el oro, lo mismo que a España, que tan pronto como recibe su plata de América le dice adiós con lágrimas en los ojos. El oro brasileño podría entrar por la bahía de Lisboa y seguir viaje por el río

Tajo, sin detenerse en suelo portugués, rumbo a Inglaterra, Francia, Holanda, Alemania...

Como haciendo eco a la voz del gobernador, se firma el tratado de Methuen. Portugal pagará con oro del Brasil las telas inglesas. Con oro del Brasil, colonia ajena, Inglaterra dará tremendo impulso a su desarrollo industrial.

(11, 48 y 226)

1709
Islas de Juan Fernández

Robinsón Crusoe

El vigía anuncia lejanos fuegos. Por buscarlos, los filibusteros del *Duke* cambian el rumbo y ponen proa a las costas de Chile.

Se acerca la nave a las islas de Juan Fernández. Una canoa, un tajo de espuma, viene a su encuentro desde la hilera de fogatas. Sube a cubierta una maraña de pelos y mugre, que tiembla de fiebre y emite ruidos por la boca.

Días después, el capitán Rogers se va enterando. El náufrago se llama Alexander Selkirk y es un colega escocés, sabio en velas, vientos y saqueos. Llegó a las costas de Valparaíso en la expedición del pirata William Dampier. Gracias a la Biblia, el cuchillo y el fusil, Selkirk ha sobrevivido más de cuatro años en una de estas islas sin nadie. Con tripas de cabrito supo armar artes de pesca; cocinaba con la sal cristalizada en las rocas y se iluminaba con aceite de lobos marinos. Construyó una cabaña en la altura y al lado un corral de cabras. En el tronco de un árbol señalaba el paso del tiempo. La tempestad le trajo restos de algún naufragio y también un indio casi ahogado. Al indio lo llamó Viernes, por ser viernes aquel día. De él aprendió los secretos de las plantas. Cuando llegó el gran barco, Viernes prefirió quedarse. Selkirk le juró volver, y Viernes le creyó.

Dentro de diez años, Daniel Defoe publicará en Londres las aventuras de un náufrago. En su novela, Selkirk será Robinsón Crusoe, nacido en York. La expedición del pirata británico Dampier, que había desvalijado las costas de Perú y de Chile, se convertirá en una respetable empresa de comercio. La islita desierta y sin historia saltará del océano Pacífico a las bocas del Orinoco y el náufrago vivirá en ella veintiocho años. Robinsón también salvará la vida de un salvaje caníbal: *master*, «amo», será la primera palabra que le enseñará en lengua inglesa. Selkirk marcaba a punta de cuchillo las orejas de cada cabra que atrapaba. Robinsón proyectará el fraccionamiento de la isla, su reino, para venderla en lotes; cotizará cada objeto que recoja del barco naufragado, llevará la contabilidad de cuanto produzca en la isla y hará el balance de cada situación, el *debe* de las desgracias, el *haber* de las buenas suertes. Robinsón atravesará, como Selkirk, las duras pruebas de la soledad, el pavor y la locura; pero a la hora del rescate Alexander Selkirk es un tembleque esperpento que no sabe hablar y se asusta de todo. Robinsón Crusoe, en cambio, invicto domador de la naturaleza, regresará a Inglaterra, con su fiel Viernes, haciendo cuentas y proyectando aventuras.

(92, 149 y 259)

1711
Paramaribo

Ellas callaron

Los holandeses cortan el tendón de Aquiles del esclavo que huye la primera vez, y a quien insiste le amputan la pierna derecha; pero no hay modo de evitar que se difunda la peste de la libertad en Surinam.

El capitán Molinay baja por el río hasta Paramaribo. Su expedición vuelve con dos cabezas. Hubo que decapitar a las prisioneras, porque ya no podían moverse enteras a través de la selva. Una se llamaba Flora, la otra Sery. Todavía tienen la mirada clavada en el cielo. No abrieron la boca a pesar de los azotes, el fuego y las tenazas candentes, porfiadamente mudas como si no hubieran pronunciado palabra alguna desde el lejano día en que fueron engordadas y embadurnadas de aceite y las raparon dibujándoles en la cabeza estrellas o medias lunas, para bien venderlas en el mercado de Paramaribo. Todo el tiempo mudas, Flora y Sery, mientras los soldados les preguntaban dónde se ocultaban los negros fugados: ellas miraban al

cielo sin parpadear, persiguiendo nubes macizas como montañas que andaban allá en lo alto a la deriva.
(173)

Ellas llevan la vida en el pelo

Por mucho negro que crucifiquen o cuelguen de un gancho de hierro atravesado en las costillas, son incesantes las fugas desde las cuatrocientas plantaciones de la costa de Surinam. Selva adentro, un león negro flamea en la bandera amarilla de los cimarrones. A falta de balas, las armas disparan piedritas o botones de hueso; pero la espesura impenetrable es la mejor aliada contra los colonos holandeses.

Antes de escapar, las esclavas roban granos de arroz y de maíz, pepitas de trigo, frijoles y semillas de calabazas. Sus enormes cabelleras hacen de graneros. Cuando llegan a los refugios abiertos en la jungla, las mujeres sacuden sus cabezas y fecundan, así, la tierra libre.

(173)

El cimarrón

El caimán, disfrazado de tronco, goza del sol. Giran los ojos en la punta de los cuernos del caracol. Con acrobacias de circo corteja el pájaro a la pájara. El araño trepa por la peligrosa tela de la araña, sábana y mortaja donde abrazará y será devorado. Un pueblo de monos se lanza al asalto de las frutas silvestres en las ramas: los chillidos de los monos aturden la espesura y no dejan oír las letanías de las cigarras ni las preguntas de las aves. Pero suenan pasos raros en la alfombra de hojas y de pronto la selva calla y se paraliza, se encoge y espera. Cuando estalla el primer balazo, la selva entera huye en estampida.

El tiro anuncia alguna cacería de cimarrones. *Cimarrón*, voz antillana, significa «flecha que busca la libertad». Así llamaron los españoles al toro que huía al monte, y después la palabra ganó otras lenguas, *chimarrão, maroon, marron*, para nombrar al esclavo que en todas las comarcas de América busca el amparo de selvas y pantanos y hondos cañadones y lejos del amo levanta una casa libre y la defiende abriendo caminos falsos y trampas mortales.

El cimarrón gangrena la sociedad colonial.

(264)

1711
Murrí

No están nunca solos

También hay indios cimarrones. Para encerrarlos bajo el control de frailes y capitanes, se fundan cárceles como el recién nacido pueblo de Murrí, en la región del Chocó.

Aquí llegaron hace tiempo las inmensas canoas de blancas alas, buscando los ríos de oro que bajan de la cordillera; y desde entonces andan huyendo los indios. Una infinidad de espíritus los acompaña peregrinando por la selva y los ríos.

El hechicero conoce las voces que llaman a los espíritus. Para curar a los enfermos, sopla su concha de caracol hacia las frondas donde habitan el pecarí, el pájaro del paraíso y el pez que canta. Para enfermar a los sanos, les mete en un pulmón la mariposa de la muerte. El hechicero sabe que no hay tierra, agua ni aire vacíos de espíritus en las comarcas del Chocó.

(121)

1711
Palenque de San Basilio

El rey negro, el santo blanco y su santa mujer

Hace más de un siglo, el negro Domingo Bioho se fugó de las galeras
de Cartagena de Indias y fue rey guerrero de la ciénaga. Huestes
de perros y arcabuceros lo persiguieron y le dieron caza y varias veces
Domingo fue ahorcado. En varios días de gran aplauso, Domingo fue
arrastrado por las calles de Cartagena, amarrado a la cola de una
mula, y varias veces le cortaron el pene y lo clavaron en alta pica.
Sus cazadores fueron premiados con sucesivas mercedes de tierras y
varias veces les dieron títulos de marqueses; pero en los palenques
cimarrones del canal del Dique o del bajo Cauca, Domingo Bioho
reina y ríe con su inconfundible cara pintada.

Los negros libres viven en estado de alerta, entrenados para pelear
desde que nacen y protegidos por barrancos y despeñaderos y hondos
fosos de púas venenosas. El más importante de los palenques de esta
región, que existe y resiste desde hace un siglo, tendrá nombre de
santo. Se llamará San Basilio, porque pronto llegará su efigie desde
el río Magdalena. San Basilio será el primer blanco autorizado a entrar. Vendrá con mitra y bastón de mando y traerá una iglesita de
madera con mucho milagro adentro. No se asustará del escándalo de
la desnudez ni hablará jamás con voz de amo. Los cimarrones le ofre-
cerán casa y mujer. Le conseguirán una santa hembra, Catalina, para
que en el otro mundo Dios no le dé por esposa una burra y para
que juntos se disfruten en esta tierra mientras estén.

(108 y 120)

La maríapalito

Hay mucho bicho en las comarcas donde Domingo Bioho reina por
siempre jamás en sus palenques. Los más temidos son el tigre, la boa

abrazadora y la serpiente que se enreda en los bejucos y se desliza en las chozas. Los más fascinantes son el pez mayupa, que caga por la cabeza, y la maríapalito.

Como la araña, la maríapalito devora a sus amantes. Cuando el macho la abraza por la espalda, ella vuelve hacia él su cara sin mentón, lo mide con sus grandes ojos saltones, le clava los dientes y se lo almuerza con toda calma, hasta dejarlo en nada.

La maríapalito es muy beata. Siempre tiene sus brazos en plegaria, y rezando come.

(108)

1712

Santa Marta

De la piratería al contrabando

Entre las verdes piernas de la sierra Nevada, que moja sus pies en la mar, se alza un campanario rodeado de casas de madera y paja. En ellas viven las treinta familias blancas del puerto de Santa Marta. Alrededor, en chozas de caña y barro, al abrigo de las hojas de palma, viven los indios, negros y mezclados que nadie se ha ocupado de contar.

Los piratas han sido siempre la pesadilla de estas costas. Hace quince años, el obispo de Santa Marta tuvo que destripar el órgano de la iglesia para improvisar municiones. Hace una semana, las naves inglesas atravesaron los cañonazos de los fortines que vigilan la bahía y amanecieron tranquilamente en la playa.

Todo el mundo huyó a los montes.

Los piratas esperaron. No robaron ni un pañuelo, no incendiaron ni una casa.

Los vecinos, desconfiados, se acercaron poco a poco; y Santa Marta se ha convertido ahora en alegre mercado. Los piratas, armados hasta los dientes, han venido a vender y a comprar. Regatean, pero son escrupulosos en el pago.

Allá lejos, los talleres británicos crecen y exigen mercados. Mu-

chos piratas se hacen contrabandistas, aunque ninguno de ellos sabe
qué diablos significa eso de la *acumulación de capital.*

(36)

1714
Ouro Preto

El médico de las minas

Este médico no cree en drogas ni en los carísimos polvitos venidos
de Portugal. Desconfía de las sangrías y las purgas y poco caso hace
del patriarca Galeno y sus tablas de la ley. Luis Gomes Ferreira
aconseja a sus pacientes un baño por día, lo que en Europa sería
claro signo de herejía o de locura, y receta hierbas y raíces de la región. Muchas vidas ha salvado el doctor Ferreira, gracias al sentido
común y a la antigua experiencia de los indios y con la ayuda de la
moza blanca, aguardiente de caña que resucita moribundos.

Poco o nada puede hacer, sin embargo, contra la costumbre de
los mineros que gustan despanzurrarse mutuamente a bala o a cuchillo. Aquí toda fortuna es gloria de un ratito y más vale el taimado
que el valiente. No hay ciencia que valga en la guerra implacable por
la conquista del barro negro que esconde soles adentro. Andaba buscando oro el capitán Tomás de Souza, tesorero del rey, y encontró
plomo. El médico no pudo hacer más que la señal de la cruz. Todo
el mundo creía que el capitán tenía guardada una tonelada de oro,
pero los acreedores sólo encontraron unos pocos esclavos para repartir.

Rara vez el médico atiende a un enfermo negro. En las minas
brasileñas, el esclavo se usa y se tira. En vano el doctor Ferreira
recomienda a los amos un trato más cuidadoso, que así están pecando
contra Dios y contra sus propios intereses. En los lavaderos de oro
y en las galerías subterráneas no hay negro que dure diez años, pero
un puñado de oro compra un niño nuevo, que vale tanto como un
puñado de sal o un cerdo entero.

(48)

1714
Vila Nova do Príncipe

Jacinta

Ella consagra la tierra que pisa. Jacinta de Siqueira, africana del Brasil, es la fundadora de esta villa del Príncipe y de las minas de oro en los barrancos de Quatro Vintens. Mujer negra, mujer verde, Jacinta se abre y se cierra como planta carnicera tragando hombres y pariendo hijos de todos los colores, en este mundo sin mapa todavía. Avanza Jacinta, rompiendo selva, a la cabeza de los facinerosos que vienen a lomo de mula, descalzos, armados de viejos fusiles, y que al entrar en la mina dejan la conciencia colgada de una rama o enterrada en una ciénaga: Jacinta, nacida en Angola, esclava en Bahía, madre del oro de Minas Gerais.

(89)

1716
Potosí

Holguín

El virrey de Lima, don Diego Rubio Morcillo de Auñón, entra en Potosí bajo ciento veinte arcos triunfales de plata labrada, a lo largo de un túnel de lienzos que muestran a Ícaro y a Eros, a Mercurio, a Endimión, al Coloso de Rodas y a Eneas huyendo de Troya.

Potosí, ay, ya no es la que era. Su población se ha reducido a la mitad. La ciudad recibe al virrey en calle de madera, no de plata. Pero resuenan, como en los tiempos asombrosos, las trompetas y los tambores: pajes de galanas libreas iluminan, con hachones de cera, el paso de los capitanes de a caballo, los gobernadores y los jueces, los corregidores, los embajadores... Con la noche llega, radiante, la mascarada: la ciudad ofrece al empolvado visitante el homenaje de los doce héroes de España, los doce pares de Francia y las doce sibilas. Lo saludan, en fulgurantes vestiduras, el Cid Campeador y el

emperador Carlos y cuantas ninfas y príncipes árabes y reyes etíopes
en el mundo hayan sido, o en el sueño.

Melchor Pérez Holguín retrata esta jornada de prodigios. Pinta
los mil personajes, uno por uno, y pinta a Potosí y al cerro más gene-
roso del universo, colores de tierra y sangre y humo, relumbres de
plata, y pinta su propia imagen al pie del vasto lienzo: Holguín,
mestizo cincuentón, nariz de águila, largo pelo negro lloviendo del
chambergo, la paleta alzada en una mano. También pinta a dos veje-
tes de bastón y escribe las palabras que les salen de las bocas:

— *Hija pilonga as bisto junto tal marabilla*
—*Alucho en ciento i tantos años no e visto grandeza tamaña*

Quizás Holguín no sabe que la maravilla es la que él crea, creyendo que copia; ni sabe que su obra seguirá viva cuando las pompas
de Potosí se hayan borrado de la faz de la tierra y nadie recuerde a
virrey alguno.

(16 y 215)

1716
Cuzco

Los imagineros

Diego Quispe Tito, el maestro de Holguín, murió poco después de
que se le murieran los ojos. En las primeras nieblas de la ceguera,
alcanzó a pintar su propia imagen camino del Paraíso, con la borla
imperial de los incas en la frente. Quispe fue el más talentoso de los
artistas indios del Cuzco. En sus obras vuelan los papagayos entre los
ángeles y se posan sobre san Sebastián acribillado a flechazos. Caras,
aves y frutas de aquí asoman, de contrabando, en los paisajes de
Europa o del Cielo.

Mientras los españoles queman quenas y ponchos en la Plaza
Mayor, los imagineros del Cuzco se las arreglan para pintar fuentes
de paltas, ajíes rocotos, chirimoyas, frutillas y membrillos sobre la
mesa de la Última Cena, y pintan al Niño Jesús brotando del vientre
de la Virgen y a la Virgen durmiendo, en lecho de oro, abrazada a
san José.

Alza el pueblo cruces de maíz, o las adorna con guirnaldas de papas; y al pie de los altares hay ofrendas de zapallos y sandías.

(138 y 300)

María, Madre Tierra

En las iglesias de estas comarcas suele verse a la Virgen coronada de plumas o protegida por parasoles, como princesa inca, y a Dios Padre en forma de sol, entre monos que sostienen columnas y molduras que ofrecen frutas y peces y aves del trópico.

Un lienzo sin firma muestra a la Virgen María en el cerro de plata de Potosí, entre el sol y la luna. A un costado tiene al papa de Roma y al otro al rey de España. Pero María no está sobre el cerro sino *dentro* de él, *es* el cerro, un cerro con cara de mujer y manos de ofrenda, María-cerro, María-piedra, fecundada por Dios como fecunda el sol a la tierra.

(137)

La Pachamama

En el altiplano andino, *mama* es la Virgen y *mama* son la tierra y el tiempo.

Se enoja la tierra, la madre tierra, la Pachamama, si alguien bebe sin convidarla. Cuando ella tiene mucha sed, rompe la vasija y la derrama.

A ella se ofrece la placenta del recién nacido, enterrándola entre las flores, para que viva el niño; y para que viva el amor, los amantes entierran cabellos anudados.

La diosa tierra recoge en sus brazos a los cansados y a los rotos, que de ella han brotado, y se abre para darles refugio al fin del viaje. Desde abajo de la tierra, los muertos la florecen.

(247)

Sirenas

En el pórtico principal de la catedral de Puno, Simón de Asto tallará en piedra dos sirenas.

Aunque las sirenas simbolizan el pecado, el artista no esculpirá monstruos. El artista creará dos hermosas muchachas indias que alegremente tocarán el charango y amarán sin sombra de culpa. Ellas serán las sirenas andinas, Quesintuu y Umantuu, que en antiguos tiempos brotaron de las aguas del lago Titicaca para hacer el amor con el dios Tunupa, dios aymara del fuego y del rayo, que a su paso dejó una estela de volcanes.

(137)

1717
Quebec

El hombre que no creía en el invierno

Según contó Rabelais y repitió Voltaire, es tan frío el frío del Canadá que las palabras se congelan al salir de la boca y quedan suspendidas en el aire. A fines de abril, los primeros soles parten los hielos sobre los ríos y la primavera irrumpe entre crujidos de resurrección. Entonces, recién entonces, se escuchan las frases pronunciadas en invierno.

Los colonos franceses temen al invierno más que a los indios y envidian a los animales que lo atraviesan durmiendo. Ni el oso ni la marmota se enteran de las maldades del frío: se van del mundo por unos meses, mientras el invierno parte los árboles con estrépito de balazos y convierte a los humanos en ,estatuas de sangre congelada y carne de mármol.

El portugués Pedro da Silva pasaba los inviernos llevando cartas en trineo de perros, sobre los hielos del río San Lorenzo. En verano viajaba en canoa, y a veces, por culpa de los vientos, demoraba un mes entero en ir y venir entre Quebec y Montreal. Pedro llevaba decretos del gobernador, informes de frailes y funcionarios, ofertas de vendedores de pieles, promesas de amigos, secretos de amantes.

El primer cartero del Canadá trabajó durante un cuarto de siglo sin pedirle permiso al invierno. Ahora murió.

(96)

1717

Isle Dupas

Los fundadores

El mapa de Canadá ocupa toda una pared. Entre la costa este y los grandes lagos, unas pocas ciudades, unos cuantos fortines. Más allá, un inmenso espacio de misterio. De otra pared, bajo los caños cruzados de los mosquetes, cuelgan cabelleras de indios enemigos, oscurecidas por el humo del tabaco.

Sentado en la mecedora, Pierre de La Vérendrye muerde la pipa. La Vérendrye no escucha los berridos de su hijo recién nacido. Con ojos entrecerrados mira el mapa y se deja ir por los torrentosos ríos que ningún europeo ha navegado todavía.

Él ha regresado vivo de los campos de batalla de Francia, donde lo habían dado por muerto con un tiro en el pecho y varios tajos de sable. En Canadá no le falta qué comer, gracias al trigo de sus campos y a su pensión de alférez inválido de guerra; pero se aburre y delira.

Sus piernas heridas llegarán más lejos que sus más locos entresueños. Las exploraciones de La Vérendrye pondrán este mapa en ridículo. Yendo hacia el oeste, en busca de la mar que conduce a las costas de la China, llegará por el norte hasta lugares donde el caño del mosquete estalla de frío al disparar y por el sur remontará el desconocido río Missouri. Este niño que está llorando a su lado, en la cuna de madera, será el descubridor del invencible muro de las Montañas Rocosas.

Misioneros y mercaderes de pieles seguirán los pasos del explorador. Así ha ocurrido siempre. Así fue con Cartier, Champlain y La Salle.

Europa paga buenos precios por las pieles de castores, nutrias, martas, ciervos, zorros y osos. A cambio de las pieles, los indios reciben armas, para matarse entre sí o para morir en las guerras entre los ingleses y los franceses que disputan sus tierras. Los indios también reciben aguardiente, que convierte en piltrafa al guerrero más robusto, y pestes más arrasadoras que las peores tempestades de nieve.

(176 y 330)

Retablo de los indios

Entre los indios de Canadá no hay ningún panzón ni ningún jorobado, dicen los frailes y los exploradores franceses. Si algún cojo existe, o ciego, o tuerto, es por herida de guerra.

No conocen la propiedad ni la envidia, cuenta Pouchot, y llaman al dinero *serpiente de los franceses.*

Consideran ridículo obedecer a un semejante, dice Lafitau. Eligen jefes que no tienen privilegio alguno; y a quien sale mandón lo destituyen. Las mujeres opinan y deciden a la par de los hombres. Los consejos de ancianos y las asambleas públicas tienen la última palabra; pero ninguna palabra humana resuena más fuerte que la voz de los sueños.

Obedecen a los sueños como los cristianos al mandato divino, observa Brébeuf. Los obedecen cada día, porque a través de los sueños habla el alma cada noche; y cuando llega el fin del invierno, y se rompen los hielos del mundo, celebran una larga fiesta a los sueños consagrada. Entonces los indios se disfrazan y toda locura está permitida.

Comen cuando tienen hambre, anota Cartier. No conocen más reloj que el apetito.

Son libertinos, advierte Le Jeune. Tanto la mujer como el hombre pueden romper su matrimonio cuando quieren. La virginidad no significa nada para ellos. Champlain ha descubierto ancianas que se habían casado veinte veces.

Según Le Jeune, trabajar no les gusta nada pero les encanta, en cambio, inventar mentiras. Ignoran el arte, como no sea el arte de desollar cráneos de enemigos. Son vengativos: por venganza comen piojos y gusanos y todo bicho que guste de la carne humana. Son incapaces, comprueba Biard, de entender ninguna idea abstracta.

Según Brébeuf, los indios no pueden entender la idea del infierno. Jamás habían oído hablar del castigo eterno. Cuando los cristianos los amenazan con el infierno, los salvajes preguntan: *Y en el infierno, ¿estarán mis amigos?*

(97)

Cantos de los indios chippewa, en la región de los Grandes Lagos

Ando a veces
sintiendo lástima de mí
mientras el viento me lleva
a través de los cielos.

El arbusto
se ha sentado bajo el árbol
y canta.

(38 y 340)

1718
São José del Rei

La picota

La horda aventurera abate selvas, abre montañas, desvía ríos; y mientras el fuego revela fulgores en las piedras herrumbrosas, los perseguidores del oro comen sapos y raíces y fundan ciudades bajo el doble signo del hambre y del castigo.

La instalación de la picota señala el nacimiento de cada ciudad en la región brasileña del oro: la picota es el centro de todo, y a su alrededor serán las casas, y las iglesias en las cumbres de los cerros: la picota, con una corona en la alta punta y un par de argollas para atar a los esclavos que merezcan azote.

Alzando la espada ante la picota, el conde de Assumar está dando oficial nacimiento a la población de São José del Rei. Cuatro meses le ha llevado el viaje desde Río de Janeiro y en el camino ha comido carne de mono y hormigas asadas.

Esta tierra le da pánico y asco. El conde de Assumar, gobernador de Minas Gerais, cree que el espíritu de rebelión es una segunda naturaleza de esta gente intratable y sin domicilio: aquí los astros inducen al desorden, dice, y el agua exhala motines y la tierra despide vapor de tumultos: son insolentes las nubes, revoltosos los aires, el oro desaforado.

Manda el conde que se corte la cabeza de todo cimarrón, y organiza milicias para perseguir a la negrería sublevada. Los *desrazados,* ni blancos ni negros, miserables hijos del señor y la esclava o mezclas de mil sangres, son los cazadores de esclavos fugitivos. Nacidos para vivir fuera de la ley, son buenos para morir matando. Ellos, los mulatos y mestizos, abundan: no hay aquí mujeres blancas y no hay manera de cumplir la voluntad del rey que desde Lisboa ha ordenado evitar *la descendencia defectuosa e impura.*

(122 y 209)

1719

Potosí

La peste

Hace tres años envió el cielo una advertencia, *espantable fuego, presagio de la calamidad:* el cometa, sol suelto, sol loco, apuntaba al cerro de Potosí con su rabo acusador.

A principios de este año, nació un niño de dos cabezas en el barrio de San Pedro y dudaba el cura entre hacer un bautismo o dos.

Y a pesar del cometa y del monstruo, persistió Potosí en la moda francesa, trajes y costumbres *reprobados de Dios, vergonzosos al sexo, ofensivos a la naturaleza y escandalosos a la decencia civil y política.* La ciudad festejó las carnestolendas como siempre, farras y jaleos *muy contra la honestidad;* y cuando seis hermosas doncellas se lanzaron a bailar desnudas, ahí nomás las fulminó la peste.

Padece Potosí mil lástimas y muertes. Dios se ha ensañado con los indios, que pagan los pecados de la ciudad echando ríos de sangre.

Según don Matías Ciriaco y Selda, *médico científico y muy acreditado,* ha empleado Dios, para vengarse, el mal influjo de Saturno, que altera la sangre y la convierte en orina y cólera.

(16)

1721

Zacatecas

Para comer a Dios

Repican las campanas llamando a la fiesta de celebración. El centro minero de Zacatecas ha firmado un tratado de paz con los indios huicholes. Replegados en las montañas de Nayarit, los huicholes habían defendido su independencia durante dos siglos, invulnerables al continuo acoso; y ahora se someten a la corona española. El tratado les garantiza que no serán obligados a servir en las minas.

En las peregrinaciones hacia sus tierras sagradas, los huicholes no tienen más remedio que pasar por la región minera, ansiosa de mano de obra. El Abuelo Fuego los protege del alacrán y de la serpiente, pero poco puede contra los cazadores de indios.

El largo viaje hacia la meseta de Viricota, a través de los cerros desollados y los pedregales de nunca acabar, es un viaje a los orígenes por el camino de los dioses. En Viricota, los huicholes reviven la primera cacería del venado. Allí vuelven al eterno momento en que el Señor de los Venados alzó con sus cuernos al sol recién nacido, aceptó sacrificarse para que la vida humana fuera posible y con su propia sangre fecundó el maíz.

El venado, dios de dioses, habita un cacto, el peyote, muy difícil de encontrar. El peyote, chiquito y feo, se esconde entre las rocas. Cuando lo descubren, los huicholes le arrojan flechas y cuando lo atrapan, llora. Después lo desangran y lo desuellan y le cortan la carne en rodajas. Alrededor de la hoguera, los huicholes comen el cacto sagrado y entonces comienza el trance. Al borde de la locura, en el éxtasis donde todo es siempre y todo es nunca, ellos son dioses mientras la comunión ocurre.

(31)

Si se te pierde el alma en un descuido

¿Qué hace esa india huichola que está por parir? Ella recuerda. Recuerda intensamente la noche de amor de donde viene el niño que va a nacer. Piensa en eso con toda la fuerza de su memoria y su alegría. Así el cuerpo se abre, feliz de la felicidad que tuvo, y entonces nace un buen huichol, que será digno de aquel goce que lo hizo.

Un buen huichol cuida su alma, su alumbrosa fuerza de vida, pero bien se sabe que el alma es más pequeña que una hormiga y más suave que un susurro, una cosa de nada, un airecito, y en cualquier descuido se puede perder.

Un muchacho tropieza y rueda sierra abajo y el alma se desprende y cae en la rodada, atada como estaba nomás que por un hilo de seda de araña. Entonces el joven huichol se aturde y se enferma. Balbuciendo llama al guardián de los cantos sagrados, el sacerdote hechicero.

¿Qué busca ese viejo indio escarbando la sierra? Recorre el rastro por donde el enfermo anduvo. Sube, muy en silencio, por entre las rocas filosas, explorando los ramajes, hoja por hoja, y bajo las piedritas. *¿Dónde se cayó la vida? ¿Dónde quedó asustada?* Marcha lento y con los oídos muy abiertos, porque las almas perdidas lloran y a veces silban como brisa.

Cuando encuentra el alma errante, el sacerdote hechicero la levanta en la punta de una pluma, la envuelve en un minúsculo copo de algodón y dentro de una cañita hueca la lleva de vuelta a su dueño, que no morirá.

(124)

1726
Bahía de Montevideo

Montevideo

Al oriente del arco del río Uruguay, las onduladas praderas paren más vacas que tréboles. Los *bandeirantes* del Brasil, tragadores de fronteras, codician esta vasta mina de carnes y cueros; y ya la bandera de Portugal flamea en la costa del río de la Plata, sobre la fortaleza de Colonia del Sacramento. Por parar la embestida, el rey de España manda fundar población en la bahía de Montevideo.

Al amparo del cañón y de la cruz, asoma la ciudad nueva. Brota en una punta de tierra y roca, que el viento golpea y los indios amenazan. Desde Buenos Aires llegan los primeros pobladores, quince jóvenes, diecinueve niños y unos cuantos esclavos que no figuran en la lista —manos negras para el hacha, la azada y la horca, pechos para dar leche, una voz para dar pregones.

Los fundadores, analfabetos casi todos, reciben del rey privilegios de hidalguía. Estrenan el derecho de llamarse *don* en ruedas de mate, ginebra y cigarros:

—*A su salud, don.*

—*A la suya.*

La pulpería huele a yerba y a tabaco. Es la primera casa con puerta de madera y pared de adobe entre las chozas de cuero desparramadas a la sombra del fortín. En la pulpería se sirve bebida, conversación y guitarra, y además se venden botones y sartenes, galletas y lo que sea.

De la pulpería nacerá el café. Montevideo será la ciudad de los cafés. Ninguna esquina será esquina sin un café cómplice para la confidencia o el estrépito, templitos donde toda soledad será refugiada y todo encuentro celebrado y donde el humo de los cigarrillos hará de incienso.

(278 y 315)

1733
Ouro Preto

Fiestas

Arcos de flores cubren las calles de Ouro Preto, y a su sombra desfila el Santísimo Sacramento, entre paredes de sedas y damascos. Los Cuatro Vientos y los Siete Planetas van y vienen sobre caballos forrados de joyas y en altos tronos fulguran la Luna y las Ninfas y el Lucero del Alba, con sus cortejos de ángeles. Al cabo de una semana de fuegos de artificio y fiesta corrida, la procesión canta gratitudes al Oro, alabanzas al Diamante y devociones a Dios.

Los diamantes son una novedad en la región. Hasta hace poco se usaban para marcar puntos en las ruedas de naipes. Cuando se supo que eran diamantes esos cristalitos, el monarca de Portugal regaló los primeros a Dios y al papa y después compró al Vaticano el muy caro título de Rey Fidelísimo.

Las calles de Ouro Preto suben y bajan muy a pico, como hojas de cuchillo, y en cumbres y abismos se dividen sus gentes. Las fiestas de los de arriba son alardes de celebración obligatoria, pero las fiestas de los de abajo provocan sospecha y castigo. Las pieles oscuras esconden amenazas de hechicería y peligros de rebelión. Canto y viola de

pobre son pecado, mulata que mucho ríe arriesga cárcel o destierro y en domingo de algarabía el esclavo negro puede perder la cabeza.
(209)

1736
Saint John's

Las llamaradas

Sellaron su juramento bebiendo del mismo cuenco una mezcla de ron y mugre de sepulcro y sangre de gallo, y estalló un terremoto de tambores. Tenían lista la pólvora para volar al gobernador y a todos los señores principales de la isla británica de Antigua. Así lo contó el fiscal. Así lo creyeron los jueces.

Seis esclavos negros mueren de hambre, atados al patíbulo, y a otros cinco los rompen en pedazos. A setenta y siete los queman vivos. Otros dos se salvan contando mentiras que condenan a sus padres a la hoguera.

Los conspiradores son carbón o carne podrida, pero vagan por la playa al amanecer. Mientras la bajamar deja al descubierto maravillas en la arena, los pescadores se cruzan con los muertos, que andan buscando agua y comida para continuar su viaje hacia el más allá.
(78)

1738
Trelawny Town

Cudjoe

Transpiran a chorros las plantas y las gentes en las montañas peludas del oeste de Jamaica. Acude el sol a esconderse, cuando la larga queja del cuerno anuncia que el jefe enemigo ha llegado al desfiladero.

Esta vez, el coronel Guthrie no viene a pelear. Los esclavistas ingleses ofrecen la paz a los cimarrones. Prometen respetarles la libertad que han ganado en largos años de guerra y les reconocen la propiedad de las tierras donde viven. A cambio, los cimarrones se convierten en gendarmes de sus hermanos prisioneros: en lo sucesivo, ellos ayudarán a castigar las revueltas de esclavos en las plantaciones de azúcar y devolverán a los fugitivos que por aquí aparezcan pidiendo refugio.

El jefe Cudjoe sale al encuentro del coronel Guthrie. Cudjoe lleva sombrero sin ala y casaca que fue azul y tuvo mangas. El polvo rojo de Jamaica empareja los colores de las pieles y las ropas, pero al chaleco del coronel no le falta ni un botón y se puede todavía adivinar la blancura de su enrulado peluquín. Cudjoe se deja caer y le besa los zapatos.

(78, 86 y 264)

1739
New Nanny Town

Nanny

Después de pactar con Cudjoe, jefe de los cimarrones de Sotavento, el coronel Guthrie marcha hacia el oriente de la isla. Alguna mano desliza en el ron un veneno fulminante y Guthrie cae como plomo del caballo.

Unos meses más tarde, al pie de muy alta montaña, el capitán Adair consigue la paz en oriente. Quao, jefe de los cimarrones de Barlovento, acepta las condiciones luciendo espadín y sombrero plateado.

Pero en los precipicios del oriente, más poder que Quao tiene Nanny. Las bandas dispersas de Barlovento obedecen a Nanny, como la obedecen los escuadrones de mosquitos. Nanny, gran hembra de barro encendido, amante de los dioses, viste no más que un collar de dientes de soldados ingleses.

Nadie la ve, todos la ven. Dicen que ha muerto, pero ella se arroja desnuda, negra ráfaga, al centro del tiroteo. Se agacha, de espaldas al enemigo, y su culo magnífico atrae las balas y las atrapa. A veces las devuelve, multiplicadas, y a veces las convierte en copos de algodón.

(78 y 264)

Peregrinación en Jamaica

Vienen de los huecos de los árboles, de los hoyos de la tierra, de las grietas de las rocas.

No los detienen las lluvias ni los ríos. Atraviesan ciénagas, abismos, bosques. No los despista la niebla ni los asustan los soles feroces. Bajan desde las montañas, lentos, implacables. Marchan de perfil, en línea recta, sin desvíos. Las corazas relumbran al sol. Los batallones de guerreros machos encabezan la peregrinación. Ante el peligro alzan sus armas, sus tenazas. Muchos mueren o pierden un brazo abriendo camino. Cruje la tierra de Jamaica, cubierta por el inmenso ejército de los cangrejos.

Es largo el viaje hacia la mar. A los dos o tres meses llegan, los que llegan, extenuados. Entonces las hembras se adelantan y se dejan cubrir por las olas y la mar les arranca las huevas.

Pocos vuelven. De los millones que han iniciado el viaje hacia la mar, pocos vuelven. Pero la mar incuba, bajo la arena, un nuevo pueblo de cangrejos. Y a poco andar el nuevo pueblo emprende la travesía hacia las montañas de donde sus madres han venido, y no hay quien lo pare.

Los cangrejos no tienen cabeza. Llegaron tarde al reparto de cabezas que allá en África hizo el dios rey, en su palacio de algodón y cobre. Los cangrejos no tienen cabeza, pero sueñan y saben.

(86)

1742
Islas de Juan Fernández

Anson

Creen los chilenos que las olas de esta mar son caballos de espumosa
boca que las brujas jinetean con riendas de sargazo. Las olas se lanzan
al asalto de los peñones, que no creen en brujas, y los castillos de
roca se dejan golpear con remoto desdén. Allá en lo alto, un macho
cabrío de barba venerable contempla, digno como rey, el vaivén de
la espuma.

Quedan pocas cabras en las islas de Juan Fernández. Hace años,
los españoles trajeron desde Chile una jauría de perros para arrebatar
a los piratas esta comida fácil. Los hombres del comandante Anson
persiguen en vano las sombras de los cuernos por peñones y precipicios; y creen reconocer la marca de Alexander Selkirk en las orejas
de alguna cabra que atrapan.

La bandera inglesa luce intacta en los mástiles. La flota de lord
George Anson volverá a Londres arrasada por el hambre y el escorbu-
to, pero tan espléndido será el botín que no alcanzarán cuarenta carretas, tiradas por bueyes, para sacarlo del puerto. En nombre del
perfeccionamiento de la Cartografía, la Geografía, la Astronomía, la
Geometría y el Arte de la Navegación, el científico Anson ha cazado
a cañonazos varias naves españolas y ha incendiado algunos pueblos,
llevándose hasta las pelucas y los calzones bordados.

En estos años, el imperio británico está naciendo en el tránsito
de la piratería al contrabando; pero Anson es un corsario al viejo
estilo.

(10)

1753
Río Sierra Leona

Cantemos alabanzas al Señor

La revelación de Dios ocurrió a la luz de los relámpagos. El capitán
John Newton se convirtió al cristianismo una noche de blasfemias y

borrachera, cuando una súbita tempestad estuvo a punto de echar su barco al fondo del océano.

Desde entonces, es un elegido del Señor. Cada atardecer, dicta un sermón. Reza plegarias antes de cada comida y comienza cada jornada cantando salmos que la marinería repite roncamente a coro. Al fin de cada viaje, paga en Liverpool una ceremonia especial de acción de gracias al Altísimo.

Mientras espera la llegada de un cargamento en la desembocadura del río Sierra Leona, el capitán Newton espanta miedos y mosquitos y ruega a Dios que proteja a la nave *African* y a todos sus tripulantes, y que llegue intacta a Jamaica la mercadería que se dispone a embarcar.

El capitán Newton y sus numerosos colegas practican el comercio triangular entre Inglaterra, África y las Antillas. Desde Liverpool embarcan telas, aguardiente, fusiles y cuchillos que cambian por hombres, mujeres y niños en la costa africana. Las naves ponen proa a las islas del Caribe, y allá cambian los esclavos por azúcar, melaza, algodón y tabaco que llevan a Liverpool para reiniciar el ciclo.

En sus horas de ocio, el capitán contribuye a la sagrada liturgia componiendo himnos. Esta noche, encerrado en su camarote, empieza a escribir un himno nuevo, mientras espera una caravana de esclavos demorada porque algunos quisieron matarse comiendo barro por el camino. Ya tiene el título. El himno se llamará *Cuán dulce suena el nombre de Jesús*. Los primeros versos nacen, y el capitán tararea posibles melodías bajo la lámpara cómplice que se balancea.

(193)

1758
Cap Français

Macandal

Ante una gran asamblea de cimarrones, François Macandal sacó un pañuelo amarillo de un vaso de agua:

—*Primero, fueron los indios.*

Y luego, un pañuelo blanco:

—*Ahora, los blancos son los dueños.*

Y entonces agitó un pañuelo negro ante los ojos de los cimarrones y anunció que era llegada la hora de los venidos del África. Agitó el pañuelo con su mano única, porque la otra se le había quedado entre los dientes de hierro del molino de cañas.

En las llanuras del norte de Haití, el manco Macandal era el amo del fuego y del veneno. Por señal suya ardían los cañaverales; y por sortilegio suyo se desplomaban, en plena cena, echando baba y sangre, los señores del azúcar.

Sabía convertirse en iguana, hormiga o mosca, vestido de agallas, antenas o alas; pero lo atraparon. Y lo condenaron. Y lo están quemando vivo.

La multitud vislumbra, entre las llamas, el cuerpo que se retuerce y se sacude, cuando de pronto un alarido raja la tierra, feroz grito de dolor y de júbilo, y Macandal se desprende del poste y se desata de la muerte: aullando, llameando, atraviesa la humareda y se pierde en el aire.

Para los esclavos, no es ningún asombro. Ellos sabían que iba a quedarse en Haití, en el color de toda sombra, el andador de la noche.

(*63 y 115*)

1761
Cisteil

Canek

Los indios mayas proclaman la independencia de Yucatán y anuncian la próxima independencia de América.

—*Puras penas nos ha traído el poder de España. No más que puras penas.*

Jacinto Uc, el que acariciando hojas de árboles hace sonar trompetas, se hace rey. Canek, *serpiente negra,* es su nombre elegido. El rey de Yucatán se ata al cuello el manto de Nuestra Señora de la Concepción y arenga a los demás indios. Han rodado por el suelo los granos de maíz, han cantado guerra. Los profetas, los hombres de pecho caliente, los iluminados por los dioses, habían dicho que despertará quien muera peleando. Dice Canek que no es rey por amor al poder, que el poder quiere más y más poder y se derrama el agua cuando se llena la jícara. Dice que es rey contra el poder de los poderosos y anuncia el fin de la servidumbre y de los postes de flagelación y de los indios en fila besando la mano del amo. *No podrán atarnos: les faltará cordel.*

En el pueblo de Cisteil y en otros pueblos se propagan los ecos, palabras que se hacen alaridos; y frailes y capitanes ruedan en sangre.

(67 y 144)

1761
Mérida

Pedazos

Después de mucha muerte, lo han apresado. San José ha sido el patrono de la victoria colonial.

Acusan a Canek de haber azotado a Cristo y de haber llenado de pasto la boca de Cristo.

Lo condenan. Van a romperlo vivo, a golpes de hierro, en la plaza mayor de Mérida.

Entra Canek en la plaza, a lomo de mula, casi escondida la cara bajo una enorme corona de papel. En la corona se lee su infamia: *Levantado contra Dios y contra el Rey.*

Lo descuartizan poco a poco, sin regalarle el alivio de la muerte, peor que a bestia en el matadero; y van arrojando sus pedazos a la hoguera. Una larga ovación acompaña la ceremonia. Por debajo de la ovación, se murmura que los siervos echarán vidrio molido en el pan de los amos.

(67 y 144)

1761
Cisteil

Sagrado maíz

Los verdugos arrojan al aire las cenizas de Canek, para que no vaya a resucitar el día del Juicio Final. Ocho de sus jefes mueren en el garrote vil y a doscientos indios les cortan una oreja. Y para culminación del castigo, doliendo en lo más sagrado, los soldados queman las sementeras de maíz de las comunidades rebeldes.

El maíz está vivo. Sufre si lo queman, se ofende si lo pisan. Quizás el maíz sueña a los indios, como los indios lo sueñan. Él organiza el espacio y el tiempo y la historia de la gente hecha de carne de maíz.

Cuando Canek nació, le cortaron el ombligo sobre una mazorca. En nombre del recién nacido, sembraron los granos manchados de su sangre. De esa milpa se alimentó, y bebió agua serenada, que contiene luz de lucero; y fue creciendo.

(1, 67, 144 y 228)

1763
Buraco de Tatú

Porque daban mal ejemplo los altivos

Los baqueanos, que ven como de día en las noches sin luna, eludieron las trampas. Gracias a ellos, los soldados pudieron atravesar el laberinto de las espadas, estacas afiladas que traicionan a quien pisa, y al amanecer se abalanzaron sobre la aldea de negros libres.

Humo de pólvora, humo de incendio, aire espeso y agrio al borde de la playa de Itapoã: al mediodía no queda nada del Buraco de Tatú, refugio de cimarrones que tanto han ofendido, desde hace veinte años, a la cercana ciudad de San Salvador de Bahía.

El virrey ha jurado que limpiará al Brasil de negros cimarrones, pero por todas partes brotan. En vano el capitán Bartolomeu Bueno arrancó en Minas Gerais cuatro mil pares de orejas.

A golpes de culata forman fila los que no cayeron en la defensa del Buraco de Tatú. Los marcan a todos, en el pecho, con la letra *F*, de *Fugido*, y los devuelven a sus dueños. El capitán Joaquim da Costa Cardoso, que anda corto de plata, vende niños a precio de ganga. *(264 y 284)*

Comunión

Mucho tendrá que ocultar la Historia, dama de rosados velos, besadora de los que ganan. Se hará la distraída o enfermará de tramposa amnesia; mentirá que han sido mansos y resignados, quizás felices, los esclavos negros del Brasil.

Pero los amos de las plantaciones obligan al cocinero a probar ante sus ojos cada plato. Venenos de larga agonía se deslizan entre las sabrosuras de la mesa. Los esclavos matan; y también se matan o huyen, que son maneras de robar al amo su principal riqueza. O se sublevan creyendo, danzando, cantando, que es la manera de redimirse y resucitar.

El olor de las cañas cortadas emborracha el aire de las plantaciones y arden fuegos en la tierra y en los pechos: el fuego templa las lonjas, repiquetean los tambores. Invocan los tambores a los viejos dioses, que vuelan hasta esta tierra de exilio, respondiendo a las voces de sus hijos perdidos, y se meten en ellos y les hacen el amor y arrancándoles música y aullidos les devuelven, intacta, la vida rota.

En Nigeria o Dahomey, los tambores piden fecundidad para las mujeres y las tierras. Aquí no. Aquí las mujeres paren esclavos y las tierras los aniquilan. Aquí los dioses agrarios dejan paso a los dioses guerreros. Los tambores no piden fecundidad, sino venganza; y Ogum, el dios del hierro, afila puñales y no azadas.
(27)

Retablo de Bahía

Dicen los que mandan en Bahía que *el negro no va al Cielo, aunque sea rezador, porque tiene el pelo duro y pincha a Nuestro Señor.* Dicen que no duerme: ronca. Que no come: traga. Que no conversa: rezonga. Que no muere: acaba. Dicen que Dios hizo al blanco y al mulato lo pintó. Al negro, dicen, el Diablo lo cagó.

Toda fiesta de negros es sospechosa de homenaje a Satanás, negro atroz, rabo, pezuñas, tridente, pero los que mandan saben que si los esclavos se divierten de vez en cuando, trabajan más, viven más años y tienen más hijos. Así como la *capoeira,* ritual y mortal manera de pelear cuerpo a cuerpo, simula ser vistoso juego, también el *candomblé* se hace pasar por puro baile y ruido. Nunca faltan, además, Vírgenes o santos para prestar el disfraz: no hay quien prohiba a Ogum cuando se convierte en san Jorge, rubio jinete, y los pícaros dioses negros encuentran escondite hasta en las llagas de Cristo.

En la Semana Santa de los esclavos, es un justiciero negro quien hace estallar al traidor, el Judas blanco, muñeco pintado de cal; y cuando los esclavos sacan en procesión a la Virgen, el negro san Benedicto está en el centro de todos los homenajes. La Iglesia no conoce a este santo. Según los esclavos, san Benedicto fue esclavo como ellos, cocinero de un convento, y los ángeles se ocupaban de revolver la olla mientras él rezaba sus plegarias.

San Antonio es el preferido de los amos. San Antonio ostenta galones militares, cobra sueldo y está especializado en vigilar negros. Cuando un esclavo se escapa, el amo arroja al santo al rincón de los desperdicios. San Antonio queda en penitencia, boca abajo, hasta que los perros atrapen al fugitivo.

(27 y 65)

No se le puede dar la espalda, ni pisarle la sombra sin permiso. Quien descarga el hacha sobre su tronco sagrado, siente el hachazo en el propio cuerpo. Dicen que a veces acepta morir quemada, por ser el fuego su hijo preferido.

Se abre cuando le piden refugio, y para defender al fugitivo se cubre de espinas.

(56)

La palma real

En la altiva palma vive Shangó, el dios negro que se llama santa Bárbara cuando se disfraza de mujer cristiana. Las hojas del penacho son sus brazos: desde allá arriba dispara este artillero del cielo. Shangó come fuego, viste relámpagos, habla truenos y fulmina la tierra con sus rayos. A los enemigos, los hace ceniza.

Guerrero y fiestero, peleón y calentón, Shangó no se cansa de broncas ni de amores. Los dioses lo odian; las diosas están locas por él. A su hermano Ogum le arrebató la mujer: Oyá, que dice ser la Virgen de la Candelaria, combate al lado de Shangó con dos espadas. A otra de sus mujeres, Oshún, le hace el amor en los ríos, y juntos comen manjares de azúcar y canela.

(28 y 56)

1766
Campos de Areco

Los caballos cimarrones

A templo lleno han cantado en Buenos Aires los veinte niños indios del coro de la misión de los jesuitas en San Javier. Han cantado en la catedral y en varias iglesias; y el público supo agradecer esas voces venidas como del alto cielo. También ha hecho milagros la orquesta guaraní de violines y trompas marinas.

Los músicos emprenden el regreso, conducidos por el fraile Hermann Paucke. Dos semanas de viaje los separan de sus casas en el litoral. En los altos del camino, Paucke recoge y dibuja todo lo que ve: plantas, pájaros, costumbres.

En los campos de Areco, Paucke y sus músicos guaraníes asisten al sacrificio de los caballos cimarrones. Los peones llevan a los corrales a estos caballos salvajes, mezclados con los mansos, y allí los enlazan y los van sacando, uno por uno, a campo abierto. Entonces los voltean y les abren el vientre de un tajo. Los cimarrones galopan todavía, pisándose las tripas, hasta rodar en el pasto; y al día siguiente amanecen los huesos blanqueados por los perros.

Los caballos salvajes andan por la pampa en tropillas que más parecen cardúmenes, peces voladores ondulando entre el aire y el pasto, y contagian a los caballos mansos sus costumbres de libertad.

(55)

1767
Misiones

Historia de los siete pueblos

El rey de España había regalado siete pueblos a su suegro, el rey de Portugal. Los ofrendó vacíos, pero estaban habitados. Esos pueblos eran siete misiones fundadas por los padres jesuitas, para indios guaraníes, al este del alto río Uruguay. Como muchas otras misiones de la región guaraní, habían servido de baluartes de la siempre acosada frontera.

Los guaraníes se negaron a irse. ¿Iban a cambiar de pastura, como rebaño de ovejas, porque el amo decidía? Los jesuitas les habían enseñado a hacer relojes, arados, campanas, clarinetes y libros impresos en su lengua guaraní; pero también les habían enseñado a fabricar cañones para defenderse de los cazadores de esclavos.

Soldados portugueses y españoles arrearon a los indios y los indios regresaron, deslizándose en la noche, hacia sus siete pueblos. Y nuevamente los indios fueron arreados y nuevamente regresaron, pero volvieron hechos viento tronador, tormenta de relámpagos incendiando fortines; y todo el mundo supo que los frailes estaban de su lado. *La voluntad del rey es voluntad de Dios,* decían los superiores de la Orden de Loyola, *voluntad impenetrable que nos pone a prueba: Cuando Abraham obedeció la voz divina, y alzó la espada sobre el cuello de su propio hijo Isaac, Dios supo enviar a un ángel para parar el golpe en el momento preciso.* Pero los sacerdotes jesuitas se negaban a inmolar a los indios y de nada sirvieron las amenazas del arzobispo de Buenos Aires, que anunció la excomunión de indios y de curas. En vano los jerarcas de la Iglesia mandaron quemar la pólvora y romper los cañones y las lanzas que en las misiones habían parado, mil veces, las arremetidas portuguesas contra la frontera española.

Larga fue la guerra de los siete pueblos contra las dos coronas. En la batalla del cerro de Caybaté, cayeron mil quinientos indios.

Las siete misiones fueron arrasadas, pero el rey de Portugal nunca pudo disfrutar la ofrenda que el rey de España le había hecho.

Los reyes no perdonaron la ofensa. Tres años después de la batalla de Caybaté, el rey de Portugal expulsó a los jesuitas de todos sus dominios. Y ahora lo imita el rey de España.

(76 y 189)

1767
Misiones

La expulsión de los jesuitas

Las instrucciones llegan en sobres lacrados desde Madrid. Virreyes y gobernadores las ejecutan de inmediato, en toda América. Por la noche, de sorpresa, atrapan a los padres jesuitas y los embarcan sin demora hacia la lejana Italia. Más de dos mil sacerdotes marchan al destierro.

El rey de España castiga a los hijos de Loyola, que tan hijos de América se han vuelto, por culpables de reiterada desobediencia y por sospechosos del proyecto de un reino indio independiente.

Nadie los llora tanto como los guaraníes. Las numerosas misiones de los jesuitas en la región guaraní anunciaban la prometida tierra sin mal y sin muerte; y los indios llamaban *karaí* a los sacerdotes, que era nombre reservado a sus profetas.

Desde los restos de la misión de San Luis Gonzaga, los indios hacen llegar una carta al gobernador de Buenos Aires. *No somos esclavos*, dicen. *No nos gusta la costumbre de ustedes de cada cual para sí en vez de ayudarse mutuamente.*

Pronto ocurre el desbande. Desaparecen los bienes comunes y el sistema comunitario de producción y de vida. Se venden al mejor postor las mejores estancias misioneras. Caen las iglesias y las fábricas y las escuelas; las malezas invaden los yerbales y los campos de trigo. Las hojas de los libros sirven de cartuchos para pólvora. Los indios huyen a la selva o se hacen vagabundos y putas y borrachos. Nacer indio vuelve a ser insulto o delito.

(189)

1767
Misiones

No se dejan arrancar la lengua

En las imprentas de las misiones paraguayas se habían hecho algunos de los libros mejor editados en la América colonial. Eran libros religiosos, publicados en lengua guaraní, con letras y grabados que los indios tallaban en madera.

En las misiones se hablaba en guaraní y se leía en guaraní. A partir de la expulsión de los jesuitas, se impone a los indios la lengua castellana obligatoria y única.

Nadie se resigna a quedar mudo y sin memoria. Nadie hace caso.

(117)

1769
Londres

La primera novela escrita en América

Hace diez años, se gastaron las campanas de Londres celebrando las victorias del imperio británico en el mundo. La ciudad de Quebec había caído, tras intenso bombardeo, y Francia había perdido sus dominios en Canadá. El joven general James Wolfe, que mandaba el ejército inglés, había anunciado que aplastaría *la plaga canadiense;* pero murió sin verlo. Según las malas lenguas, Wolfe se medía al despertarse y cada día se encontraba más alto, hasta que una bala le interrumpió el crecimiento.

Ahora Frances Brooke publica en Londres una novela, «La historia de Emily Montague», que muestra a los oficiales de Wolfe conquistando corazones en la tierra conquistada a cañonazos. La autora, una inglesa gordita y simpática, vive y escribe en Canadá. A través de doscientas veintiocho cartas, cuenta sus impresiones y sus experiencias en la nueva colonia británica y entreteje unos cuantos romances entre galanes de uniforme y suspirosas jovencitas de la alta sociedad de Quebec. Las bien educadas pasiones conducen al matrimonio, previo paso por la casa de la modista, los salones de baile y los picnics en las islas. Las grandiosas cataratas y los lagos sublimes proporcionan la escenografía adecuada.

(50, 52 y 176)

Los indios y los sueños
en la novela de Frances Brooke

Los indios conservan la mayor parte de sus antiguas supersticiones. Yo subrayaría su fe en los sueños, locura de la que no pueden curarse a pesar de las repetidas decepciones... Un salvaje nos estaba contando un sueño profético, que según él anunciaba la muerte de un oficial

*inglés, y yo no pude contener una sonrisa. «Ustedes, los europeos»,
me dijo, «son la gente menos razonable del mundo. Se burlan de
nuestra fe en los sueños y sin embargo esperan que nosotros creamos
cosas que son mil veces más increíbles».*

(50)

1769
Lima

El virrey Amat

A la hora en que se hincan las familias para rezar el rosario, el trisagio, la novena y las plegarias por los difuntos, se escucha el trote
de la carroza del virrey marchando rumbo al teatro. Un rumor de
escándalo le hace eco tras las entreabiertas celosías. Cesan los rezos,
se desatan los chismes: el áspero virrey de Lima, malauva, malaleche,
malasombra, ha perdido la cabeza por una cómica de los suburbios.

Noche tras noche, don Manuel de Amat y Junyent asiste a cuanta
zarzuela, sainete, auto sacramental o paso de comedia tenga a Micaela
Villegas meneando caderas y taconeando sobre las tablas. De la trama,
ni se entera. Cuando Micaela, canela, canela fina, canela en rama,
empieza a cantar arrumacos, al viejo virrey se le salta la peluca:
aplaude a rabiar y acribilla el piso con el bastón. Ella le contesta
revoleando ojos, sonriendo bajo el lunar imprescindible y ofreciendo
los senos en reverencias de mucha lentejuela.

El virrey había sido hombre de cuartel, no de saraos. Solterón
de ceño adusto, con cinco cicatrices ganadas en las guerras del norte
del África, llegó a Lima para limpiar de cuatreros los caminos y expulsar a los zánganos sin oficio ni beneficio. Bajo este cielo de plomo,
más techo que cielo, tuvo ganas de suicidarse; y ahorcando gente
venció la tentación.

Ocho años después de su llegada, el virrey ha aprendido a robar,
a comer ají rocoto y picante de cuy y a estudiar escotes con los prismáticos. La nave que lo había traído desde Valparaíso, lucía una
mujer desnuda por mascarón de proa.

(26 y 245)

1769
Lima

La Perricholi

Como todas las limeñas, Micaela Villegas abre el escote pero esconde los pies, protegidos por minúsculos zapatos de satén blanco. Como todas, disfruta luciendo rubíes y zafiros hasta en el vientre, y sus joyas no son de utilería.

Hija de mestizo provinciano y pobre, en otros tiempos Micaela recorría las tiendas de esta ciudad por el puro placer de mirar o palpar sedas de Lyon y paños de Flandes, y se mordía los labios cuando descubría un collar de oro y brillantes en el pescuezo de un gatito de dueña linajuda.

Micaela se abrió paso en la farándula y consiguió ser, mientras durara cada función, reina, ninfa, maja o diosa. Ahora es, además, Primera Cortesana todo a lo largo del día y de la noche. La rodea una nube de esclavos negros, sus alhajas están fuera de duda y los condes le besan la mano.

Las damas de Lima se vengan llamándola Perricholi. Así la bautizó el virrey, por decirle *perra chola* con su boca sin dientes. Cuentan que así la maldijo, a modo de conjuro, mientras la subía por la escalerita hacia su alto lecho, porque ella le despertó peligrosos pánicos y quemazones y mojadumbres y sequedades que lo devolvieron, temblando, a sus años remotos.

(93, 245 y 304)

El reloj de los sabores

Con la lechera, a las siete, nace el bullicio de Lima. En olor de santidad llega, detrás, la vendedora de tisanas.

A las ocho pasa el vendedor de cuajadas.

A las nueve, otra voz ofrece confites de canela.

A las diez, los tamales buscan bocas que alegrar.

Las once son horas de melones y confites de coco y maíz tostado.

Al mediodía, pasean por las calles los plátanos y las granadillas, las piñas, las lechosas chirimoyas de terciopelo verde, las paltas prometiendo suave pulpa.

A la una llegan los pasteles de miel caliente.

A las dos, la picaronera anuncia picarones, buñuelos que invitan al atraganto, y tras ella avanzan las humitas, rociadas de canela, que no hay lengua que olvide.

A las tres aparece el vendedor de anticuchos, corazones destrozados, seguido por los pregoneros de la miel y el azúcar.

A las cuatro, la picantera vende especias y fuegos.

Marca las cinco el cebiche, pez crudo penetrado de limón.

A las seis, nueces.

A las siete, mazamorras puestas a punto por la intemperie en los tejados.

A las ocho, los helados de muchos sabores y colores abren de par en par, ráfaga fresca, las puertas de la noche.

(93 y 245)

1771
Madrid

Cumbre de reyes

Grandes cajas llegan a palacio desde los desiertos incandescentes del Perú. El monarca español lee el informe del funcionario que las envía: ésta es la tumba completa de un rey mochica, muy anterior a los incas; los herederos de los mochicas y de los chimús viven ahora en espantosa penuria y son cada vez menos; sus valles están en manos de *un puñado de malos españoles.*

Se abren las cajas. Un rey de hace mil setecientos años aparece a los pies de Carlos III. Tiene dientes, uñas y pelo invictos todavía, y carne de pergamino pegada a los huesos, y resplandece de oro y plumería su majestuosa vestidura. El cetro, un dios del maíz con guir-

naldas de plantas, acompaña al remoto visitante; y también han viajado a Madrid las vasijas que estaban enterradas con él.

El rey de España contempla, atónito, las cerámicas que rodeaban
al colega difunto. Yacía el rey de los mochicas con el placer alrededor:
las cerámicas representan parejas de amantes que se abrazan y se
entran de mil maneras, ignorantes del pecado original, gozando sin
saber que por culpa de ese acto de desobediencia hemos sido condenados a vivir en la tierra.

(355)

1771
París

El Siglo de las Luces

Se agrietan en Europa los venerables muros de catedrales y palacios.
La burguesía embiste, armada de máquinas de vapor y volúmenes
de la *Enciclopedia* y otros imparables arietes de la revolución industrial.

De París brotan las desafiantes ideas que, volando sobre *el popu-
lacho necio,* dan su sello al siglo. Tiempos del *furor de aprender* y la
fiebre de inteligencia: el Siglo de las Luces levanta a la razón humana,
razón de la minoría que piensa, contra los dogmas de la Iglesia y
los privilegios de la nobleza. La condenación, la persecución y el destierro no hacen más que estimular a los sabios hijos de los filósofos
ingleses y del fecundo Descartes, *el que empezó por dudar de todo.*

Ningún tema resulta ajeno a los filósofos de la Ilustración, desde
la ley de gravedad hasta el celibato eclesiástico. La institución de la
esclavitud merece sus continuos ataques. La esclavitud contradice a la
naturaleza, sostiene Denis Diderot, director de la *Enciclopedia, Diccionario Razonado de las Ciencias, de las Artes y de los Oficios:* un
hombre no puede ser propiedad de su amo por la misma razón que
un niño no puede ser propiedad de su padre, ni una mujer de su
marido, ni un sirviente de su patrón, ni un súbdito de su rey, y quien
crea lo contrario está confundiendo personas con cosas. Helvetius ha

dicho que *no llega a Europa barrica de azúcar que no esté teñida de sangre humana;* y Cándido, el personaje de Voltaire, ha encontrado en Surinam a un esclavo sin una mano, que se la comió el molino de cañas, y sin una pierna, que se la cortaron por fugarse:

—*A este precio comen ustedes azúcar en Europa.*

Si admitimos que los negros son seres humanos, admitimos cuán poco cristianos somos, dice Montesquieu. Toda religión que bendiga la esclavitud merece que la prohíban, afirma el abate Raynal. A Juan Jacobo Rousseau, la esclavitud lo avergüenza de ser hombre.

(95 y 98)

1771
París

Los fisiócratas

Más que un crimen, la esclavitud es un error económico, dicen los fisiócratas.

En la última entrega de las *Efemérides del Ciudadano,* Pierre Dupont de Nemours explica que la esclavitud perpetúa los métodos arcaicos de cultivo y frena el desarrollo de las colonias francesas en las Antillas y en tierra firme de América. A pesar de la incesante reposición de la mano de obra gastada, la esclavitud implica un desperdicio y un deterioro del capital invertido. Dupont de Nemours propone que se reconozcan como elementos de cálculo las pérdidas que provocan la temprana mortalidad de los esclavos, los incendios de los cimarrones y los gastos de la continua guerra contra ellos, la pésima preparación de las cosechas y las herramientas que se estropean por ignorancia o mala voluntad. La mala voluntad y la pereza, dice, son armas que el esclavo emplea para recuperar una parte de su persona robada por el amo; y la ineptitud responde a la absoluta falta de estímulo para el desarrollo de la inteligencia. Es la esclavitud, no la naturaleza, la que hace al esclavo.

Sólo la mano de obra libre resulta eficazmente productiva, según los filósofos economistas de la escuela fisiocrática. Ellos creen que la propiedad es sagrada, pero únicamente en libertad puede realizarse a plenitud la producción de valor.

(98)

1771
París

El Ministro francés de Colonias explica por qué no se debe liberar a los mulatos de su congénito «estado de humillación»

Su Majestad ha considerado que una tal gracia tendería a destruir la diferencia que la naturaleza ha interpuesto entre blancos y negros, y que el prejuicio político se ha cuidado de mantener como una distancia que jamás podrán salvar las gentes de color y sus descendientes; en fin, que interesa al buen orden no debilitar el estado de humillación congénito a la especie, en cualquier grado en que ella se perpetúe; prejuicio tanto más útil cuanto está en el corazón mismo de los esclavos y contribuye de principal manera al propio reposo de las colonias...

(139)

1772
Cap Français

La más rica colonia de Francia

Los frailes han negado el oficio de difuntos a la diva de la Comedia del Cabo, mademoiselle Morange, cuya irreparable pérdida se llora en seis teatros y en más de seis alcobas de Haití. No merece responso ningún comediante, por ser el teatro ocupación infame, de condenación eterna; pero uno de los actores, campana en mano y crucifijo al pecho, negra sotana y tonsura reluciente, marcha cantando salmos en latín, a la cabeza del cortejo de la virtuosa difunta.

Antes de llegar al cementerio, ya la policía está corriendo al barítono y a sus cómplices, que se desvanecen en un santiamén. El gentío los ampara y los esconde. ¿Quién no siente simpatía por estos faranduleros que soplan cultas brisas de locura entre los insufribles sopores de Haití?

En los escenarios de esta colonia, la más rica de Francia, se aplauden obras recién estrenadas en París, y los teatros son como los de allá, o parecerlo quisieran. Aquí, el público se sienta según el color de la piel: al centro, el marfil; a la derecha, el cobre; y el ébano, escasos negros libres, a la izquierda.

Las gentes de fortuna asisten a los espectáculos navegando en oleajes de abanicos, pero el calor desata inundaciones bajo las empolvadas pelucas. Cada dama blanca parece una joyería: oros, perlas y diamantes dan marco de gran relumbre a los húmedos pechos, que saltan desde la seda exigiendo obediencia y deseo.

Los más poderosos colonos de Haití viven cuidándose del sol y de los cuernos. No salen de casa antes del crepúsculo, cuando el sol castiga menos, y sólo entonces se arriesgan a asomarse en sillas de manos o carrozas de muchos caballos; y es fama que las damas aman mucho y mucho enviudan.

(115 y 136)

1772
Léogane

Zabeth

Desde que supo caminar, huyó. Le ataron a los tobillos una pesadísima cadena, y encadenada creció; pero mil veces saltó la empalizada y mil veces la atraparon los perros en las montañas de Haití.

Con hierro caliente le marcaron la flor de lis en la mejilla. Le pusieron collar de hierro y argollas de hierro y la encerraron en el trapiche, y ella hundió los dedos entre los rodillos trituradores de caña y después, a mordiscos, se arrancó los vendajes. Para que a hierro muera volvieron a atarla, y ahora agoniza cantando maldiciones.

Zabeth, esta mujer de hierro, pertenece a la señora Galbaud du Fort, que vive en Nantes.

(90)

1773
San Mateo Huitzilopochco

La fuerza de las cosas

Está la iglesia de este pueblo hecha una lástima. El cura, recién llegado de España, resuelve que Dios no puede seguir viviendo en casa tan lúgubre y rotosa y pone manos a la obra: para levantar paredes sólidas, manda a los indios que traigan piedras desde unas ruinas de los tiempos de la idolatría.

No hay amenaza ni castigo que los haga obedecer. Los indios se niegan a mover esas piedras del lugar donde los abuelos de los abuelos adoraban a los dioses. Esas piedras no prometen nada, pero salvan del olvido.

(135 y 322)

1774
San Andrés Itzapan

Dominus vobiscum

Los indios están obligados a escupir cada vez que nombran a cualquiera de sus dioses.

Están obligados a bailar danzas nuevas, el Baile de la Conquista y el Baile de Moros y Cristianos, que celebran la invasión de América y la humillación de los infieles.

Están obligados a cubrir sus cuerpos, porque la lucha contra la idolatría es también una lucha contra la desnudez, la peligrosa desnudez que produce en quien la contempla, según el arzobispo de Guatemala, *mucha lesión en el cerebro*.

Están obligados a repetir de memoria el Alabado, el Avemaría y el Padrenuestro.

¿Se han hecho cristianos los indios de Guatemala?

El fraile doctrinero de San Andrés Itzapan no está muy seguro. Dice que ha explicado el misterio de la Santísima Trinidad doblando un paño y mostrándolo a los indios: *Mirad: un solo paño en tres dobleces. Así también Dios es uno en tres.* Y dice que los indios quedaron convencidos de que Dios es de paño.

Los indios pasean a la Virgen en andas de plumas, y llamándola Abuela de la Luz le piden cada noche que mañana traiga el sol; pero con mayor devoción veneran a la serpiente que ella aplasta bajo el pie. Ofrecen incienso a la serpiente, viejo dios que da buen maíz y buen venado y ayuda a matar enemigos. Más que a san Jorge celebran al dragón, cubriéndolo de flores; y las flores al pie del jinete Santiago rinden homenaje al caballo, no al apóstol. Se reconocen en Jesús, que fue condenado sin pruebas, como ellos; pero no adoran la cruz por ser símbolo de su inmolación, sino porque la cruz tiene la forma del fecundo encuentro entre la lluvia y la tierra.

(322)

1775
Ciudad de Guatemala

Sacramentos

Los indios no cumplen los ritos de pascuas si no coinciden con días de lluvia, cosecha o siembra. El arzobispo de Guatemala, Pedro Cortés Larraz, dicta un nuevo decreto amenazando a quienes olvidan, así, la salvación del alma.

Tampoco acuden los indios a misa. No responden al pregón ni a la campana; hay que buscarlos a caballo por pueblos y milpas y arrastrarlos por la fuerza. Se castiga la falta con ocho azotes, pero la misa ofende a los dioses mayas y eso puede más que el miedo al cuero. Cincuenta veces por año, la misa interrumpe el trabajo agrario, cotidiana ceremonia de comunión con la tierra. Acompañar paso a paso los ciclos de muerte y resurrección del maíz es, para los indios, una manera de rezar; y la tierra, templo inmenso, les da testimonio, día tras día, del milagro de la vida que renace. Para ellos toda tierra es iglesia y todo bosque, santuario.

Por huir del castigo en la picota de la plaza, algunos indios llegan al confesionario, donde aprenden a pecar, y se hincan ante el altar, donde comulgan comiendo al dios del maíz. Pero sólo llevan a sus hijos a la pila del bautismo después de haberlos ofrecido, monte adentro, a los antiguos dioses. Ante ellos celebran alegrías de resurrección. Todo el que nace, nace de nuevo.

(322)

1775
Huehuetenango

Árboles que saben, sangran, hablan

El fraile entra en Huehuetenango atravesando neblinas de incienso. Él cree que los infieles están rindiendo homenaje, así, al Dios verdadero. Pero las madres cubren con mantas a los recién nacidos, para que no los enferme el cura con su mirada. El incienso no se alza por gratitud ni bienvenida, sino por exorcismo. Arde la resina del copal y ondula el humo suplicando a los antiguos dioses mayas que cesen las pestes que han traído los cristianos.

El copal, que sangra incienso, es árbol sagrado. Sagrada es la ceiba, que por las noches se vuelve mujer, y el cedro, y todos los árboles que saben escuchar las penas humanas.

(322)

1775
Gado-Saby

Bonny

Una embestida de balazos abre paso a los ochocientos soldados venidos de Holanda. La aldea cimarrona de Gado-Saby cruje y cae. Tras las cortinas de humo y fuego, los rastros de sangre se pierden al borde de la selva.

El coronel suizo Fourgeaud, veterano de las guerras de Europa, decide acampar entre las ruinas. En la anochecida, suenan voces misteriosas desde la espesura y silban tiros que obligan a los soldados a echar cuerpo a tierra.

La tropa pasa la noche cercada por disparos, insultos y canciones de desafío y victoria. Los cimarrones, invisibles, ríen a carcajadas cuando el coronel Fourgeaud, desde el suelo, promete libertad y comida a cambio de la rendición.

—*¡Muerto de hambre!* —le gritan las mil voces de la fronda—. *¡Espantapájaros!*

Las voces llaman *esclavos blancos* a los soldados holandeses y anuncian que muy pronto el jefe Bonny mandará en toda esta tierra de Surinam.

Cuando el amanecer rompe el cerco, el coronel Fourgeaud descubre que sus hombres no han sido heridos por balas sino por piedritas y botones y monedas. También descubre que los cimarrones han pasado toda la noche acarreando selva adentro sacos de arroz, yuca y ñame, mientras el tiroteo de proyectiles y palabras inmovilizaba a los holandeses.

Bonny ha sido el autor de la maniobra. Bonny, caudillo de los cimarrones, no lleva en el cuerpo la marca de hierro. Su madre, esclava, huyó del lecho del amo y lo parió libre en la selva.

(264)

1776
Cape Coast Castle

Prodigios de los alquimistas en el negocio africano

El capitán Peleg Clarke lleva largo tiempo regateando en la costa del África.

El barco apesta. El capitán ordena a sus marineros que suban a cubierta a los esclavos ya comprados, para bañarlos; pero no bien les quitan las cadenas, los negros saltan a la mar. Nadando hacia su tierra, los devora la corriente.

La pérdida de la mercadería lastima el honor del capitán Clarke, veterano pastor de estos rebaños, y lesiona el prestigio de los negreros de Rhode Island. Los astilleros norteamericanos se jactan de construir los barcos más seguros para el tráfico de Guinea. Sus prisiones flotantes están tan pero tan bien hechas que sólo registran una rebelión de esclavos cada cuatro años y medio, promedio cuatro veces menor que el de los franceses y dos veces menor que el de las empresas especializadas de Inglaterra.

Mucho tienen que agradecer a sus negreros las trece colonias que pronto serán Estados Unidos de América. El ron, buena medicina para el alma y para el cuerpo, se transforma en esclavos en la costa africana. Después esos negros se convierten en melaza en las islas antillanas de Jamaica y Barbados. Desde allí viaja la melaza hacia el norte y se transfigura en ron en las destilerías de Massachusetts. Y entonces nuevamente el ron atraviesa la mar hacia el África. Cada viaje se completa con ventas de tabaco, tablones, ferretería, harina y carne salada y con compras de especias en las islas. Los negros que sobran van a parar a las plantaciones de Carolina del Sur, Georgia y Virginia.

Así, el tráfico de esclavos da de ganar a los navegantes, a los comerciantes, a los prestamistas y a los dueños de astilleros, destilerías, aserraderos, saladeros, molinos, plantaciones y empresas de seguros.

(77 y 193)

1776

Pensilvania

Paine

Se llama *Sentido común*. El panfleto se publicó a principios de año y ha circulado por las colonias norteamericanas como agua o pan. El autor, Tom Paine, inglés venido a estas tierras hace un par de años, exhorta a declarar la independencia de una buena vez: *El derecho al propio gobierno es nuestro derecho natural. ¿Por qué dudamos?* La monarquía, dice Paine, *es una forma ridícula de gobierno.* En el mejor de los casos, Paine considera al gobierno un mal necesario; en el peor, un mal intolerable. Y la monarquía es el peor de los casos. Cualquier hombre honrado, dice, *vale más que todos los rufianes coronados que hayan existido,* y llama a Jorge III *Real Bestia de la Gran Bretaña.*

En todo el mundo, dice, la libertad es objeto de feroces cacerías. En Europa la miran como a una extraña, Asia y África la han expulsado hace tiempo y los ingleses ya le han advertido que debe irse. Paine exhorta a los colonos de América a que conviertan este suelo en refugio de hombres libres: *¡Recibid a los fugitivos y preparad a tiempo un asilo para la condición humana!*

(243)

1776
Filadelfia

Los Estados Unidos

Inglaterra nunca ha prestado demasiada atención a sus trece colonias en la costa atlántica norteamericana. No tienen oro, ni plata, ni azúcar; nunca le fueron imprescindibles, nunca les impidió crecer. Ellas han caminado solas: así ha sido desde el lejano tiempo en que los peregrinos pisaron por primera vez las tierras pedregosas que llamaron Nueva Inglaterra —y era tan duro el suelo que dicen que hubo que sembrar las semillas a tiros. Ahora, en pleno desarrollo, las trece colonias inglesas necesitan correr.

Las trece colonias tienen hambre de Oeste. Muchos pioneros sueñan con lanzarse más allá de las montañas, llevando por equipaje un rifle, un hacha y un puñado de maíz; pero la corona británica ha señalado la frontera en las crestas de los Apalaches y ha reservado a los indios las tierras de más allá. Las trece colonias tienen hambre de mundo. Ya andan sus navíos por todos los mares; pero la corona británica las obliga a comprar lo que ella quiere y a vender donde ella decide.

De un tirón, rompen las ligaduras. Las trece colonias se niegan a seguir tributando obediencia y dinero al rey de una isla tan lejana. Alzan bandera propia, deciden llamarse Estados Unidos de América, reniegan del té y proclaman que el ron, producto nacional, es bebida patriótica.

Todos los hombres nacen iguales, dice la declaración de independencia. Los esclavos, medio millón de esclavos negros, ni se enteran.

(130 y 224)

1776
Monticello

Jefferson

El redactor de la declaración de independencia, certificado de nacimiento de los Estados Unidos, es hombre de mil talentos y curiosidades.

Incansable lector de termómetros, barómetros y libros, Thomas Jefferson pregunta y descubre, persiguiendo la revelación de la naturaleza y queriendo abrazar todas las dimensiones del pensamiento humano. Está reuniendo una fabulosa biblioteca y un universo de piedras, fósiles y plantas; y sabe todo lo que saberse pueda sobre la filosofía neoplatónica, la gramática latina, la estructura de la lengua griega y la organización de la sociedad a través de la historia. Conoce a fondo su tierra de Virginia, cada hijo y abuelo de cada familia, cada brizna de hierba; y está al día con las novedades de la técnica en el mundo. Disfruta ensayando máquinas de vapor, nuevos modelos de arados y métodos originales para producir manteca y queso. Él ha imaginado su mansión de Monticello y la ha diseñado y. construido sin error.

Los puritanos contaban la población por *almas*. Jefferson la cuenta por *individuos de la especie humana*. Dentro de la especie, los negros son casi iguales. Los negros tienen aceptable memoria y ninguna imaginación y su pobre inteligencia jamás podría entender a Euclides. Aristócrata de Virginia, Jefferson predica la democracia, una democracia de propietarios, y la libertad de pensamiento y fe; pero defiende la jerarquía del sexo y de los colores. Sus planes de educación no alcanzan a las mujeres, ni a los indios, ni a los negros. Jefferson condena la esclavitud y es, y seguirá siendo, amo de esclavos. Más lo atraen las mulatas que las blancas, pero tiene pánico a la pérdida de la pureza racial y cree que la mezcla de sangres es la peor de las tentaciones que acechan al colono blanco.

(41 y 161)

1777
París

Franklin

El norteamericano más célebre llega a Francia en misión desesperada. Benjamín Franklin viene a pedir auxilio contra las tropas coloniales inglesas, que han ocupado Filadelfia y otros reductos patriotas. Usando todo el peso de su prestigio personal, el embajador se propone encender glorias y rencores en el corazón de los franceses.

No hay en el mundo rey ni plebeyo que no conozca a Franklin, desde que echó a volar una cometa y descubrió que los fuegos y los truenos del cielo no expresan la ira de Dios sino la electricidad de la atmósfera. Sus hallazgos científicos provienen de la vida cotidiana. Lo más complicado está en lo más humilde: la aurora y sus dibujos jamás repetidos, el aceite que se arroja al agua y alisa las olas, la mosca ahogada en vino que revive al sol. Observando que el sudor mantiene el cuerpo fresco en días de calor agobiante, Franklin imaginó un sistema de producción de frío por evaporación. También inventó y fabricó estufas y relojes y un instrumento de música, la armónica de cristal, que ha inspirado a Mozart; y como le aburría andar cambiando de anteojos para leer o mirar lejos, cortó los cristales y los unió dentro de un mismo aro y así dio nacimiento a los lentes bifocales.

Pero Franklin se hizo popularísimo cuando advirtió que la electricidad busca las puntas afiladas y derrotó a los rayos colocando una varilla de hierro puntiagudo en lo alto de una torre. Por ser Franklin el vocero de los rebeldes de América, el rey de Inglaterra ha mandado que los pararrayos británicos terminen en punta redonda.

(79)

Si él hubiera nacido mujer

De los dieciséis hermanos de Benjamín Franklin, Jane es la que más se le parece en talento y fuerza de voluntad.

Pero a la edad en que Benjamín se marchó de casa para abrirse camino, Jane se casó con un talabartero pobre, que la aceptó sin dote, y diez meses después dio a luz su primer hijo. Desde entonces, durante un cuarto de siglo, Jane tuvo un hijo cada dos años. Algunos niños murieron, y cada muerte le abrió un tajo en el pecho. Los que vivieron exigieron comida, abrigo, instrucción y consuelo. Jane pasó noches en vela acunando a los que lloraban, lavó montañas de ropa, bañó montoneras de niños, corrió del mercado a la cocina, fregó torres de platos, enseñó abecedarios y oficios, trabajó codo a codo con su marido en el taller y atendió a los huéspedes cuyo alquiler ayudaba a llenar la olla. Jane fue esposa devota y viuda ejemplar; y cuando ya estuvieron crecidos los hijos, se hizo cargo de sus propios padres achacosos y de sus hijas solteronas y de sus nietos sin amparo.

Jane jamás conoció el placer de dejarse flotar en un lago, llevada a la deriva por un hilo de cometa, como suele hacer Benjamín a pesar de sus años. Jane nunca tuvo tiempo de pensar, ni se permitió dudar. Benjamín sigue siendo un amante fervoroso, pero Jane ignora que el sexo puede producir algo más que hijos.

Benjamín, fundador de una nación de inventores, es un gran hombre de todos los tiempos. Jane es una mujer de su tiempo, igual a casi todas las mujeres de todos los tiempos, que ha cumplido su deber en esta tierra y ha expiado su parte de culpa en la maldición bíblica. Ella ha hecho lo posible por no volverse loca y ha buscado, en vano, un poco de silencio.

Su caso carecerá de interés para los historiadores.

(313)

1778
Filadelfia

Washington

El primero de los soldados es también el más prestigioso de los granjeros, el más veloz de los jinetes, el cazador más certero. A nadie da la mano, ni permite que nadie lo mire a los ojos. Nadie lo llama George. De su boca jamás escapa un elogio, pero tampoco una queja; y siempre da ejemplo de temple y bravura por mucho que lo hagan sufrir sus úlceras y caries y fiebres.

Con la ayuda de hombres y armas de Francia, el ejército de George Washington arranca de manos británicas la ciudad de Filadelfia. La guerra por la independencia de los Estados Unidos, casacas negras contra casacas rojas, se está haciendo larga y penosa.

(224 y 305)

1780
Bolonia

Clavijero defiende a las tierras malditas

Uno de los jesuitas expulsados de América, Francisco Javier Clavijero, escribe en Italia su «Historia antigua de México». En cuatro volúmenes, el sacerdote cuenta *la vida de un pueblo de héroes*, acto de toma de conciencia, conciencia nacional, conciencia histórica, de los criollos que empiezan a llamar México a la Nueva España y ya pronuncian con orgullo la palabra *patria*. La obra asume la defensa de América, tan atacada en estos años desde París, Berlín o Edimburgo: *Si América no tenía trigo, tampoco Europa tenía maíz... Si América no tenía granadas o limones, ahora los tiene; pero Europa no ha tenido, ni tiene ni puede tener chirimoyas, aguacates, plátanos, chicozapotes...*

Con inocencia y pasión arremete Clavijero contra los enciclopedistas que describen al Nuevo Mundo como un emporio de abyecciones. El conde de Buffon afirma que en América el cielo es avaro y está la tierra podrida por las lluvias; que lo leones son calvos, pequeños y cobardes y el tapir un elefante de bolsillo; que allá se vuelven enanos los caballos, los cerdos y los perros y que los indios, fríos como serpientes, no tienen alma ni ardor ante la hembra. También Voltaire habla de leones y hombres lampiños, y el barón de Montesquieu explica que los pueblos viles nacen en las tierras calientes. El abate Guillaume Raynal se indigna porque en América las cordilleras van de norte a sur en vez de correr de este a oeste, como es debido, y su colega prusiano Corneille de Pauw retrata al indio americano cual bestia degenerada y floja. Según De Pauw, el clima de allá deja a los animales sin rabo y enclenques; las mujeres son tan feas que se confunden con los varones y no tiene sabor el azúcar ni olor el café.

(73 y 134)

1780
Sangarara

Arde América de la cordillera al mar

Han pasado dos siglos desde que el sable del verdugo partió el cuello de Túpac Amaru, el último de los Incas, en la Plaza Mayor del Cuzco. Se realiza ahora el mito que en aquel entonces nació de su muerte. La profecía se cumple: la cabeza se junta con el cuerpo y Túpac Amaru, renacido, ataca.

José Gabriel Condorcanqui, Túpac Amaru II, entra en el pueblo de Sangarara, al son de grandes caracoles marinos, *para cortar el mal gobierno de tanto ladrón zángano que nos roba la miel de nuestros panales.* Tras su caballo blanco, crece un ejército de desesperados.

Pelean con hondas, palos y cuchillos estos soldados desnudos. Son, la mayoría, indios *que rinden la vida en vómito de sangre* en los socavones de Potosí o se extenúan en obrajes y haciendas.

Truenos de tambores, nubes de banderas, cincuenta mil hombres coronando las sierras: avanza y arrasa Túpac Amaru, libertador de indios y negros, castigador de *quienes nos han puesto en este estado de morir tan deplorable.* Los mensajeros galopan sublevando poblaciones desde el valle del Cuzco hasta las costas de Arica y las fronteras del Tucumán, *porque quienes caigan en esta guerra tienen seguridad de que renacerán después.*

Muchos mestizos se suman al levantamiento. También unos cuantos criollos, europeos de sangre pero americanos de nacimiento.

(183 y 344)

1780
Tungasuca

Túpac Amaru II

Antonio Oblitas, esclavo del corregidor Arriaga, izó una soga fuerte, soga de horca, soga de mulas, en la plaza de este pueblo de Tungasuca, y el viento hamacó durante toda la semana el cuerpo de Arriaga, mandón de indios, dueño de negros, dueño de Antonio.

Esta mano que pinta es la mano que ahorcó. Antonio Oblitas está pintando el retrato del hombre que ha ordenado la libertad de todos los esclavos del Perú. A falta de bastidor, yace el tablón contra unas bolsas de maíz. Sobre la áspera madera van y vienen, creando color, los pinceles de Antonio, verdugo de su amo, nunca más esclavo. Túpac Amaru posa a caballo, al aire libre. No lleva puesta su habitual chaqueta de terciopelo negro ni su sombrero de tres vientos. El heredero de los Incas luce vestiduras de hijo del sol, insignias de rey: lleva en la cabeza, como sus antepasados, el casco de plumas y la triple corona y la borla colgante, el sol de oro sobre el pecho y en un puño, mandando, el cetro erizado de púas. En torno del inmóvil jinete, van asomando escenas de la reciente victoria contra las tropas coloniales. De la mano de Antonio brotan soldaditos y humaredas, indios en guerra, las llamas devorando la iglesia de Sangarara y los presos huyendo de la cárcel.

Nace el cuadro entre dos batallas, durante la vela de armas. Hace mucho que posan Túpac y su caballo. Tan de piedra están que Antonio se pregunta si respiran. Colores vivos van cubriendo el tablón, muy lentamente. Se deja estar el pintor en este largo instante de tregua. Así el artista y su modelo se escapan del tiempo, mientras dura el retrato, para que no haya derrota que llegue ni muerte que pueda.

(137, 183 y 344)

1780

Pomacanchi

El obraje es un inmenso navío

que navega sobre tierras de América, una galera que jamás deja de navegar, noche y día impulsada por los indios que reman hacia un puerto que jamás alcanzarán: hacia la costa que se aleja reman y reman los indios; y el azote los despierta cuando el sueño los vence.

Hombres, mujeres, niños y viejos hilan, tejen y labran algodón y lana en los obrajes. Las leyes prometen horarios y salarios, pero los indios arrojados a esos grandes galpones o cárceles sólo salen de allí cuando les llega la hora del entierro.

Por el sur del Cuzco anda Túpac Amaru liberando indios atados a los telares. Los vientos de la gran rebelión quitan el sueño a los virreyes en Lima, Buenos Aires y Bogotá.

(170 y 320)

Un poema colonial: Si triunfaran los indios...

...nos hicieran trabajar
del modo que ellos trabajan
y cuanto ahora los rebajan
nos hicieran rebajar.
Nadie pudiera esperar
casa, hacienda ni esplendores,
ninguno alcanzara honores
y todos fueran plebeýos:
fuéramos los indios de ellos
y ellos fueran los señores.

(183)

1781
Bogotá

Los comuneros

Tiembla de ira el arzobispo de Bogotá y gime el cuero del sillón. Las manos, manos de confitería, ornadas de rubíes y esmeraldas, estrujan la falda morada. Su ilustrísima, don Antonio Caballero y Góngora, maldice con la boca llena, aunque no está comiendo, por ser su lengua gorda como él.

Indignantes noticias han llegado desde la villa del Socorro. Los comuneros, gentes del común, se han alzado contra los nuevos impuestos, y han nombrado capitanes a los criollos ricos. A ricos y a pobres ofenden los impuestos, que todo castigan, desde las velas de sebo hasta la miel, y ni al viento perdonan: se llama *alcabala del viento* el impuesto que paga el mercader transeúnte.

En el Socorro, villa de rocas, ha estallado la rebelión que el virrey, en Bogotá, veía venir. Fue en día de mercado, en plena plaza. Una plebeya, Manuela Beltrán, arrancó el edicto de las puertas del Cabildo, lo rompió en pedazos y lo pisoteó; y el pueblo se lanzó al asalto de los almacenes y quemó la cárcel. Ahora miles de comuneros, armados de palos y azadas, vienen batiendo tambores hacia Bogotá. Las armas españolas han caído en la primera batalla.

El arzobispo, que manda más que el virrey, decide salir al encuentro de los sublevados. Él marchará, para engañarlos con promesas, a la cabeza de la embajada de la corte. Lo mira con pánico la mula.

(13 y 185)

1781
Támara

Los llanos

Gritando el nombre de Túpac Amaru, mil quinientos indios vienen galopando desde los llanos del oriente de los Andes. Quieren ganar la cordillera y sumarse a la marea de los comuneros que marchan sobre Bogotá. El gobernador de los llanos huye y salva el pescuezo.

Estos rebeldes son indios de las sabanas de los ríos que van a dar al Orinoco. En las playas del Orinoco, donde ponen sus huevos las tortugas, tenían por costumbre celebrar mercados. Allí acudían, desde tiempos remotos, otros indios de la Guayana y de la Amazonia. Intercambiaban sal, oro, ollas de barro, cestas, redes, pescado seco, aceite de tortuga, veneno para flechas y tintura roja para proteger de los mosquitos el cuerpo desnudo. Las conchas de caracol eran la moneda corriente, hasta que llegaron los europeos ansiosos de esclavos y ofrecieron hachas, tijeras, espejos y aguardiente a cambio de hombres. Entonces los indios empezaron a esclavizarse unos a otros, y a vender a sus hermanos, y cada perseguidor fue también un fugitivo; y muchos murieron de sarampión o de viruela.

(121 y 185)

1781
Zipaquirá

Galán

En el pueblo de Zipaquirá se firma el tratado de paz, que el arzobispo redacta, jura sobre los evangelios y consagra con misa mayor.

El acuerdo da la razón a los rebeldes. Pronto este papel será ceniza, y bien lo saben los capitanes comuneros; pero también ellos, criollos ricos, necesitan despejar cuanto antes la tormenta asombrosa, *sumo desarreglo de las gentes plebeyas,* que crece oscureciendo los cielos de Bogotá y está amenazando a los americanos de fortuna tanto como a la corona española.

Uno de los capitanes rebeldes se niega a entrar en la trampa. José Antonio Galán, que había hecho sus primeras armas en el batallón de pardos de Cartagena, continúa la pelea. Marcha de pueblo en pueblo, de hacienda en hacienda, liberando esclavos, aboliendo tributos y repartiendo tierras. *Unión de los oprimidos contra los opresores,* proclama su estandarte. Amigos y enemigos le llaman *el Túpac Amaru de aquí.*

(13 y 185)

Romance popular de los comuneros

Acallen los atambores
y vosotros, sedme atentos,
que éste es el fiel romance
que dicen los comuneros:
Tira la cabra pal monte
y el monte tira pal cielo;
el cielo no sé pa dónde
ni hay quien lo sepa ahora mesmo.

El rico le tira al pobre.
Al indio, que vale menos,
ricos y pobres le tiran
a partirlo medio a medio...

(13)

1781
Cuzco

El centro de la tierra,
la casa de los dioses

El Cuzco, la ciudad sagrada, está queriendo volver a ser. Las negras piedras de los tiempos antiguos, muy apretadas entre sí, muy amándose, vencedoras de las furias de la tierra y de los hombres, andan queriendo sacudirse de encima a las iglesias y palacios que las aplastan.

Micaela Bastidas contempla el Cuzco y se muerde los labios. La mujer de Túpac Amaru contempla el centro de la tierra, el lugar elegido por los dioses, desde la cumbre de un monte. Ahicito espera la que fuera capital de los incas, color de barro y humo, tan a mano que se podría tocarla.

Mil veces ha insistido, en vano, Micaela. El nuevo Inca no se decide a atacar. Túpac Amaru, el hijo del Sol, no quiere matar indios. Túpac Amaru, encarnación del fundador de toda vida, viva promesa de la resurrección, no puede matar indios. Y son indios, al mando del cacique Pumacahua, quienes defienden este bastión español.

Mil veces ha insistido y mil veces insiste Micaela y Túpac calla. Y ella sabe que habrá tragedia en la Plaza de los Llantos y sabe que ella llegará, de todas maneras, hasta el final.

(183 y 344)

1781

Cuzco

De polvo y pena son los caminos del Perú

Atravesados de balazos, los unos sentados y los otros tendidos, aún se defendían y nos ofendían tirándonos muchas piedras... Laderas de las sierras, campos de cadáveres: entre los muertos y las lanzas y las banderas rotas, los vencedores recogen una que otra carabina.

Túpac Amaru no entra en la ciudad sagrada a paso vencedor, delante de sus tropas tumultuosas. Entra en el Cuzco a lomo de mula, cargado de cadenas que se arrastran sobre el empedrado. Entre dos filas de soldados, marcha a la prisión. Repican, frenéticas, las campanas de las iglesias.

Túpac Amaru había escapado nadando a través del río Combapata y lo sorprendió la emboscada en el pueblo de Langui. Lo vendió uno de sus capitanes, Francisco Santa Cruz, que era también su compadre.

El traidor no busca una soga para ahorcarse. Cobra dos mil pesos y recibe un título de nobleza.

_(183 y 344)_

1781

Cuzco

Auto sacramental en la cámara de torturas

Atado al potro del suplicio, yace desnudo, ensangrentado, Túpac Amaru. La cámara de torturas de la cárcel del Cuzco es penumbrosa y de techo bajo. Un chorro de luz cae sobre el jefe rebelde, luz violenta, golpeadora. José Antonio de Areche luce ruluda peluca y uniforme militar de gala. Areche, representante del rey de España, comandante general del ejército y juez supremo, está sentado junto a la manivela. Cuando la hace girar, una nueva vuelta de cuerda atormenta los brazos y las piernas de Túpac Amaru y se escuchan entonces gemidos ahogados.

Areche.—¡Ah rey de reyes, reyecillo vendido a precio vil! ¡Don José I, agente a sueldo de la corona inglesa! El dinero desposa a la ambición de poder. ¿A quién sorprende la boda? Es costumbre... Armas británicas, dinero británico. ¿Por qué no lo niegas, eh? Pobre diablo. *(Se levanta y acaricia la cabeza de Túpac Amaru.)* Los herejes luteranos han echado polvo a sus ojos y oscuro velo a su entendimiento. Pobre diablo. José Gabriel Túpac Amaru, dueño absoluto y natural de estos dominios... ¡Don José I, monarca del Nuevo Mundo! *(Despliega un pergamino y lee en voz alta.)* «Don José I, por la gracia de Dios, Inca, Rey del Perú, Santa Fé, Quito, Chile, Buenos Aires y continentes de los mares del sud, duque de la Superlativa, Señor de los Césares y Amazonas, con dominio en el gran Paitití, Comisario distribuidor de la piedad divina...» *(Se vuelve, súbito, hacia Túpac Amaru.)* ¡Niégalo! Hemos encontrado esta proclama en tus bolsillos... Prometías la libertad... Los herejes te han enseñado las malas artes del contrabando. ¡Envuelta en la bandera de la libertad, traías la más cruel de las tiranías! *(Camina alrededor del cuerpo atado al potro.)* «Nos tratan como a perros», decías. «Nos sacan el pellejo», decías. Pero, ¿acaso alguna vez han pagado tributo, tú y los tuyos? Disfrutabas del privilegio de usar armas y andar de a caballo. ¡Siempre fuiste tratado como cristiano de linaje limpio de sangre! Te dimos vida de blanco y predicaste el odio de razas. Nosotros, tus odiados españoles, te hemos enseñado a hablar. ¿Y qué dijiste? «¡Revolución!». Te hemos enseñado a escribir, ¿y qué escribiste? «¡Guerra!». *(Se sienta. Da la espalda a Túpac Amaru y cruza las piernas.)* Has asolado el Perú. Crímenes, incendios, robos, sacrilegios... Tú y tus secuaces terroristas habéis traído el infierno a estas provincias. ¿Que los españoles dejan a los indios lamiendo tierra? Ya he ordenado que acaben las ventas obligatorias y se abran los obrajes y se pague lo justo. He suprimido los diezmos y las aduanas... ¿Por qué seguiste la guerra, si se ha restablecido el buen trato? ¿Cuántos miles de muertos has causado, farsante emperador? ¿En cuánto dolor has puesto las tierras invadidas? *(Se levanta y se inclina sobre Túpac Amaru, que no abre los ojos.)* ¿Que la mita es un crimen y de cada cien indios que van a las minas vuelven veinte? Ya he dispuesto que se extinga el trabajo forzado. ¿Y acaso la aborrecida mita no fue inventada por tus antepasados los incas? Los incas... Nadie ha tenido a los in-

dios en trato peor. Reniegas de la sangre europea que corre por
tus venas, José Gabriel Condorcanqui Noguera... *(Hace una pausa
y habla mientras rodea el cuerpo del vencido.)* Tu sentencia está
lista. Yo la imaginé, la escribí, la firmé. *(La mano corta el aire
sobre la boca de Túpac.)* Te arrastrarán al cadalso y el verdugo
te cortará la lengua. Te atarán a cuatro caballos por las manos
y por los pies. Serás descuartizado. *(Pasa la mano sobre el torso
desnudo).* Arrojarán tu tronco a la hoguera en el cerro de Picchu
y echarán al aire las cenizas. *(Toca la cara.)* Tu cabeza colgará
tres días de una horca, en el pueblo de Tinta, y después quedará
clavada a un palo, a la entrada del pueblo, con una corona de once
puntas de fierro, por tus once títulos de emperador. *(Acaricia los
brazos.)* Enviaremos un brazo a Tungasuca y el otro se exhibirá en
la capital de Carabaya. *(Y las piernas.)* Una pierna al pueblo de
Livitaca y la otra a Santa Rosa de Lampa. Serán arrasadas las
casas que habitaste. Echaremos sal sobre tus tierras. Caerá la infamia sobre tu descendencia por los siglos de los siglos. *(Enciende
una vela y la empuña sobre el rostro de Túpac Amaru.)* Todavía
estás a tiempo. Dime: ¿Quién continúa la rebelión que has iniciado? ¿Quiénes son tus cómplices? *(Zalamero.)* Estás a tiempo. Te
ofrezco la horca. Estás a tiempo de evitarte tanta humillación y
sufrimiento. Dame nombres. Dime. *(Acerca la oreja.)* ¡Tú eres
tu verdugo, indio carnicero! *(Nuevamente endulza el tono.)* Cortaremos la lengua de tu hijo Hipólito. Cortaremos la lengua a
Micaela, tu mujer, y le daremos garrote vil... No te arrepientas,
pero sálvala. A ella. Salva a tu mujer de una muerte infame. *(Se
aproxima. Espera.)* ¡Sabe Dios los crímenes que arrastras! *(Hace
girar violentamente la rueda del tormento y se escucha un quejido
atroz.)* ¡No vas a disculparte con silencios ante el tribunal del
Altísimo, indio soberbio! *(Con lástima.)* ¡Ah! Me entristece que
haya un alma que quiera irse así a la eterna condenación... *(Fu-
rioso.)* ¡Por última vez! ¿Quiénes son tus cómplices?

TÚPAC AMARU *(Alzando a duras penas la cabeza, abre los ojos y habla
por fin).*—Aquí no hay más cómplices que tú y yo. Tú por opresor, y yo por libertador, merecemos la muerte.

(183 y 344)

1781
Cuzco

Orden de Areche contra los trajes incaicos y para que hablen los indios la lengua castellana

Se prohíbe que usen los indios los trajes de la gentilidad, y especialmente los de la nobleza de ella, que sólo sirven de representarles los que usaban sus antiguos Incas, recordándoles memorias que nada otra cosa influyen que en conciliarles más y más odio a la nación dominante; fuera de ser su aspecto ridículo y poco conforme a la pureza de nuestra religión, pues colocan en varias partes de él al sol, que fue su primera deidad; extendiéndose esta resolución a todas las provincias de esta América Meridional, dejando del todo extinguidos tales trajes... como igualmente todas las pinturas o retratos de los Incas...

Y para que estos indios se despeguen del odio que han concebido contra los españoles, y sigan los trajes que les señalan las leyes se vistan de nuestras costumbres españolas y hablen la lengua castellana se introducirá con más vigor que hasta aquí su uso en las escuelas bajo las penas más rigurosas y justas contra los que no la usen, después de pasado algún tiempo en que la pueden haber aprendido...

(345)

1781
Cuzco

Micaela

En esta guerra, que ha hecho crujir la tierra con dolores de parto, Micaela Bastidas no ha tenido descanso ni consuelo. Esta mujer de cuello de pájaro recorría las comarcas *haciendo más gente* y enviaba al frente nuevas huestes y escasos fusiles, el largavistas que alguien había pedido, hojas de coca y choclos maduros. Galopaban los caballos, incesantes, llevando y trayendo a través de la serranía sus órdenes, salvoconductos, informes y cartas. Numerosos mensajes envió a Túpac Amaru urgiéndolo a lanzar sus tropas sobre el Cuzco de una buena vez, antes de que los españoles fortalecieran las defensas y se dispersaran, desalentados, los rebeldes. *Chepe, escribía, Chepe, mi muy querido: Bastantes advertencias te di...*

Tirada de la cola de un caballo, entra Micaela en la Plaza Mayor del Cuzco, que los indios llaman Plaza de los Llantos. Ella viene dentro de una bolsa de cuero, de esas que cargan yerba del Paraguay. Los caballos arrastran también, rumbo al cadalso, a Túpac Amaru y a Hipólito, el hijo de ambos. Otro hijo, Fernando, mira.

(159 y 183)

1781
Cuzco

Sagrada lluvia

El niño quiere volver la cabeza, pero los soldados le obligan a mirar. Fernando ve cómo el verdugo arranca la lengua de su hermano Hipólito y lo empuja desde la escalera de la horca. El verdugo cuelga también a dos de los tíos de Fernando y después al esclavo Antonio Oblitas, que había pintado el retrato de Túpac Amaru, y a golpes de hacha lo corta en pedazos; y Fernando ve. Con cadenas en las manos y grillos en los pies, entre dos soldados que le obligan a mirar, Fernando ve al verdugo aplicando garrote vil a Tomasa Condemaita, cacica de Acos, cuyo batallón de mujeres ha propinado tremenda paliza al ejército español. Entonces sube al tablado Micaela Bastidas y Fernando ve menos. Se le nublan los ojos mientras el verdugo busca la lengua de Micaela, y una cortina de lágrimas tapa los ojos del niño cuando sientan a su madre para culminar el suplicio: el torno no consigue ahogar el fino cuello y es preciso que *echándole lazos al pescuezo, tirando de una y otra parte y dándole patadas en el estómago y pechos, la acaben de matar.*

Ya no ve nada, ya no oye nada Fernando, el que hace nueve años nació de Micaela. No ve que ahora traen a su padre, a Túpac Amaru, y lo atan a las cinchas de cuatro caballos, de pies y de manos, cara al cielo. Los jinetes clavan las espuelas hacia los cuatro puntos cardinales, pero Túpac Amaru no se parte. *Lo tienen en el aire, parece una araña;* las espuelas desgarran los vientres de los caballos, que se alzan en dos patas y embisten con todas sus fuerzas, pero Túpac Amaru no se parte.

Es tiempo de larga sequía en el valle del Cuzco. Al mediodía en punto, mientras pujan los caballos y Túpac Amaru no se parte, una violenta catarata se descarga de golpe desde el cielo: cae la lluvia a garrotazos, como si Dios o el Sol o alguien hubiera decidido que este momento bien vale una lluvia de ésas que dejan ciego al mundo.

(183 y 344)

Creen los indios:

Jesús se ha vestido de blanco para venir al Cuzco. Un niño pastor lo ve, juega con él, lo persigue. Jesús está niño también, y corre entre el suelo y el aire: atraviesa el río sin mojarse y se desliza muy suavemente por el valle sagrado de los incas, cuidadoso de no raspar estas tierras recién heridas. Desde las faldas del pico Ausangate, cuyo helado aliento irradia la energía de la vida, camina hacia la montaña de Coylloriti. Al pie de esta montaña, albergue de antiguas divinidades, Jesús deja caer su túnica blanca. Camina roca arriba y se detiene. Entonces, entra en la roca.

Jesús ha querido darse a los vencidos, y por ellos se hace piedra, como los antiguos dioses de aquí, piedra que dice y dirá: *Yo soy Dios, yo soy ustedes, yo soy los que cayeron.*

Por siempre los indios del valle del Cuzco subirán en procesión a saludarlo. Se purificarán en las aguas del torrente y con antorchas en las manos danzarán para él, danzarán para darle alegría: tan triste que está Jesús, tan roto, allí adentro.

(301)

Bailan los indios a la gloria del Paraíso

Muy lejos del Cuzco, la tristeza de Jesús también preocupaba a los indios tepehuas. Desde que el dios nuevo había llegado a México, los tepehuas acudían a la iglesia, con banda de música, y le ofrecían bailes y juegos de disfraces y sabrosos tamales y buen trago; pero no había manera de darle alegría. Jesús seguía penando, aplastada la barba sobre el pecho, y así fue hasta que los tepehuas inventaron la Danza de los Viejos.

La bailan dos hombres enmascarados. Uno es la Vieja, el otro el Viejo. Los Viejos vienen de la mar con ofrendas de camarones y recorren el pueblo de San Pedro apoyando en bastones de palo y plumas sus cuerpos torcidos por los achaques. Ante los altares improvisados en las calles, se detienen y danzan, mientras canta el cantor y el músico bate un caparazón de tortuga. La Vieja, pícara, se menea y se ofrece y hace como que huye; el Viejo la persigue y la atrapa por detrás, la abraza y la alza en vilo. Ella patalea en el aire, muerta de risa, simulando defenderse a los bastonazos pero apretándose, gozosa, al cuerpo del Viejo que embiste y trastabilla y ríe mientras todo el mundo celebra.

Cuando Jesús vio a los Viejos haciendo el amor, levantó la frente y rió por primera vez. Desde entonces ríe cada vez que los tepehuas danzan para él esta danza irreverente.

Los tepehuas, que han salvado a Jesús de la tristeza, habían nacido de los copos de algodón, en tiempos remotos, allá en las estribaciones de la Sierra de Veracruz. Para decir «amanece», ellos dicen: *Se hace Dios.*

(359)

1781
Chincheros

Pumacahua

Al centro, resplandece la Virgen de Montserrat. De rodillas reza, en acción de gracias, Mateo García Pumacahua. La esposa y una comitiva de parientes y capitanes aparecen detrás, en procesión. Pumacahua viste ropas de español, chaleco y casaca, zapatos con hebillas. Más allá se despliega la batalla, soldaditos y cañones que parecen de juguete: el puma Pumacahua vence al dragón Túpac Amaru. *Vini, vidi, vinci,* se lee en lo alto.

Al cabo de varios meses, un artista sin nombre ha concluido su trabajo. La iglesia del pueblo de Chincheros luce, sobre el pórtico, las imágenes que perpetuarán la gloria y la fe del cacique Pumacahua en la guerra contra Túpac Amaru.

Pumacahua, también heredero de los incas, ha recibido una medalla del rey de España y del obispo del Cuzco una indulgencia plenaria.

(137 y 183)

1781
La Paz

Túpac Catari

Sólo hablaba en aymara, la lengua de los suyos. Se proclamó virrey de estas tierras que todavía no se llaman Bolivia, y nombró virreina a su mujer. Instaló su corte en las alturas que dominan la ciudad de La Paz, escondida en un hoyo, y le puso sitio.

Caminaba chueco y un raro fulgor le encendía los ojos, muy hundidos en la cara joven y ya arada. Vestía de terciopelo negro, mandaba de bastón y peleaba a lanza. Decapitaba a los curas sospechosos de celebrar misas de maldición y cortaba los brazos de espías y traidores.

Julián Apaza había sido sacristán y panadero antes de convertirse en Túpac Catari. Junto a su mujer, Bartolina Sisa, organizó un ejército de cuarenta mil indios que tuvo en jaque a las tropas enviadas por el virrey desde Buenos Aires.

A pesar de las derrotas y matazones que sufrió, no había modo de atraparlo. Andando noche burlaba todos los cercos, hasta que los españoles ofrecieron a su mejor amigo, Tomás Inca Lipe, llamado *el bueno,* el cargo de gobernador de la comarca de Achacachi, a orillas del lago Titicaca.

(183)

1782
La Paz

Las libertadoras

Las ciudades españolas del Nuevo Mundo, nacidas como ofrendas a Dios y al rey, tienen un vasto corazón de tierra apisonada. En la Plaza Mayor están el cadalso y la casa de gobierno, la catedral y la cárcel, el tribunal y el mercado. Deambula el gentío alrededor de la horca y de la fuente de agua; en la Plaza Mayor, plaza fuerte, plaza de armas, se cruzan el caballero y el mendigo, el jinete de espuelas de plata y el esclavo descalzo, las beatas que llevan el alma a misa y los indios que traen la chicha en barrigonas vasijas de barro.

Hoy hay espectáculo en la Plaza Mayor de La Paz. Dos mujeres, caudillas del alzamiento indígena, serán sacrificadas. Bartolina Sisa, mujer de Túpac Catari, viene desde el cuartel con una soga al cuello, atada a la cola de un caballo. A Gregoria Apaza, hermana de Túpac Catari, la traen montada en un burrito. Cada una lleva un aspa de palo, a modo de cetro, en la mano derecha, y clavada a la frente una corona de espinas. Por delante, los presos les barren con ramas el camino. Bartolina y Gregoria dan varias vueltas a la plaza, sufriendo en silencio las pedradas y las risas de quienes se burlan de ellas por reinas de indios, hasta que llega la hora de la horca. Sus cabezas y sus manos, manda la sentencia, serán paseadas por los pueblos de la región.

El sol, el viejo sol, también asiste a la ceremonia.

(183 y 288)

1782
Guaduas

Con ojos de vidrio,

desde una jaula de madera, la cabeza de José Antonio Galán mira hacia el pueblo de Charalá. En Charalá, donde él había nacido, exhiben su pie derecho. Hay una mano suya clavada en la plaza del Socorro.

La flor y nata de la sociedad colonial se ha arrepentido del pecado de insolencia. Los criollos ricos prefieren seguir tributando impuestos y obediencia al monarca español, con tal de evitar la *contagiosa peste* que Galán, como Túpac Amaru, como Túpac Catari, encarnó y difundió en jornadas de furia. Galán, el más capitán de los comuneros, ha sido traicionado y perseguido y atrapado por quienes habían sido sus compañeros al frente de la insurrección. En una choza cayó, tras largo acoso, junto a sus doce últimos hombres.

Don Antonio Caballero y Góngora, el ampuloso arzobispo, ha afilado el sable que decapitó a Galán. Mientras arrojaba al fuego el tratado de paz, tan prometedor, tan engañero, su ilustrísima agregaba infamias contra *el rencoroso plebeyo*: Galán no ha sido descuartizado solamente por rebelde, sino también por ser *hombre de oscurísimo nacimiento y amante de su propia hija.*

Ya el arzobispo tiene dos sillones. Además del sillón apostólico, ha hecho suyo el sillón virreinal de Bogotá.

(13 y 185)

1782
Sicuani

Este maldito nombre

Diego Cristóbal, primo hermano de Túpac Amaru y continuador de su guerra en el Perú, ha firmado la paz. Las autoridades coloniales han prometido el perdón y el indulto general.

Tendido en el suelo, Diego Cristóbal jura fidelidad al rey. Multitudes de indios bajan de los cerros y entregan las armas. El mariscal ofrece un banquete de brindis jubilosos y el obispo una misa de acción de gracias. Desde Lima, manda el virrey que todas las casas se iluminen por tres noches.

Dentro de un año y medio, en el Cuzco, en la Plaza de la Alegría, el verdugo arrancará de a pedazos la carne de este primo de Túpac Amaru, con tenazas al rojo, antes de colgarlo de la horca. También su madre será ahorcada y descuartizada. El juez, Francisco Díez de Medina, había sentenciado que *ni al Rey ni al Estado conviene quede semilla o raza deste y todo Túpac Amaru por el mucho ruido e impresión que este maldito nombre ha hecho en los naturales.*

(183)

1783
Ciudad de Panamá

Por amor de la muerte

Desde que amanece humea la tierra, suplicando de beber, y los vivos buscan sombra y se dan aire. Si el calor marchita a los vivos que atrapa, ¿qué no hará con los muertos, que no tienen quien los abanique?

Los muertos principales yacen en las iglesias. Así lo quiere la costumbre en la seca meseta de Castilla y por lo tanto así debe ser, también, en este hervidero de Panamá. Los fieles pisan lápidas, o se arrodillan sobre ellas, y desde abajo les murmura la muerte: *Ya vendré por ti;* pero más hace llorar el olor a podrido que el pánico de morir o la memoria de la irreparable pérdida.

Sebastián López Ruiz, sabio investigador de la naturaleza, escribe un informe demostrando que esa costumbre de allá es, acá, enemiga de la higiene y fatal para la salud pública y que más sano sería enterrar a los hidalgos de Panamá en algún lejano camposanto. Se le contesta que bien están los muertos en las iglesias; y que lo que ha sido y es, seguirá siendo.

(323)

1783
Madrid

Reivindicación de las manos

A los vientos proclaman las trompetas que el rey de España ha decidido redimir la mano humana. Desde ahora, no perderá su noble condición el hidalgo que realice trabajo manual. Dice el rey que la industria no deshonra a quien la ejerce, ni a su familia, y que ningún oficio artesanal es indigno de españoles.

Carlos III quiere poner su reino al día. El ministro Campomanes sueña con el fomento de la industria, la educación popular y la reforma agraria. De la gran proeza imperial en América, España recibe los honores y otros reinos de Europa cobran los beneficios. ¿Hasta cuándo la plata de las colonias seguirá pagando mercancías que España no produce? ¿Qué significa el monopolio español si son ingleses, franceses, holandeses o alemanes los productos que salen del puerto de Cádiz?

Los hidalgos, que en España abundan como los frailes, tienen manos útiles para morir por España o matarla. Aunque sean pobres de solemnidad, no se rebajan a producir con sus manos otra cosa que gloria. Hace mucho tiempo que esas manos se han olvidado de trabajar, como las alas de la gallina se han olvidado de volar.

(175)

1785
Ciudad de México

El licenciado Villarroel contra la pulquería

Cada pulquería es una oficina donde se forjan los adulterios, los concubinatos, los estupros, los hurtos, los robos, los homicidios, rifas, heridas y demás delitos... Ellas son los teatros donde se transforman hombres y mujeres en las más abominables furias infernales, saliendo de sus bocas las más refinadas obscenidades, las más soeces palabras y las producciones más disolutas, torpes, picantes y provocativas, que

no era dable que profiriesen los hombres más libertinos, si no estu-
viesen perturbados de los humos de tan fétida y asquerosa bebida...
Estos son los efectos de la incuria, de la omisión y de la tolerancia
de los jueces, no causándoles horror el ver tirados por las calles los
hombres y las mujeres, como si fuesen perros, expuestos a que un
cochero borracho como ellos, les pase por encima el coche, como
sucede, despachándolos a la eternidad en una situación tan infeliz
como en la que se hallan.

(352)

La pulquería

Cuando el virrey expulsó al pulque de la ciudad de México, el
desterrado encontró refugio en los suburbios.

Licor de las verdes matas... En las tabernas de las orillas, el pulquero va y viene sin parar entre las tinajas generosas y los jarros
anhelantes, *tú me tumbas, tú me matas, tú me haces andar a gatas,*
mientras llora un recién nacido a grito pelado en un rincón y en otro
rincón un viejo duerme la mona.

Caballos, burros y gallos de riña, atados a las argollas de fierro,
envejecen esperando afuera. Adentro, las coloridas tinajas lucen nombres desafiantes: «La no me estires», «El de los fuertes», «La valiente»... Adentro no existen las leyes ni el tiempo de afuera. En
el piso de tierra ruedan los dados y sobre un barril se juegan albures
con floreadas barajas. Al son del arpa alegre canta un calavera y alzan
polvo las parejas bailonas, un fraile discute con un soldado y el soldado promete bronca a un arriero, *que soy mucho hombre, que soy*
demasiado, y el pulquero barrigón ofrece: *¿Dónde va l'otra?*

(153 y 266)

El pulque

Quizás el pulque devuelve a los indios sus viejos dioses. A ellos lo ofrecen, regando la tierra o el fuego o alzando el jarro a las estrellas. Quizás los dioses sigan sedientos del pulque que mamaban de las cuatrocientas tetas de la madre Mayahuel.

Quizás beban los indios, también, por darse fuerza y vengarse; y seguramente beben para olvidar y ser olvidados.

Según los obispos, el pulque tiene la culpa de la pereza y de la pobreza y trae idolatría y rebelión. *Vicio bárbaro de un pueblo bárbaro,* dice un oficial del rey: bajo los efectos del espeso vino de maguey, dice, *el niño reniega del padre y el vasallo de su señor.*

(153 y 331)

El maguey

Armado de verdes espadas, el maguey resiste invicto la sequía y el granizo, las noches de hielo y los soles de furia de los desiertos de México.

El pulque viene del maguey, *el árbol que amamanta,* y del maguey vienen el forraje de los animales, las vigas y las tejas de los techos, los troncos de las cercas y la leña de las hogueras. Sus hojas carnosas brindan lazos, bolsas, esteras, jabón y papel, el papel de los antiguos códices, y sus púas valen de agujas y alfileres.

El maguey sólo florece cuando va a morir. Se abre y florece como diciendo adiós. Un altísimo tallo, quizás mástil, quizás pene, busca paso desde el corazón del maguey hacia las nubes, en un estallido de flores amarillas. Entonces el gran tallo cae y con él cae el maguey, arrancado de raíz.

Es raro encontrar un maguey florecido en el árido valle del Mezquital. Apenas empieza a dar tallo, la mano del indio lo castra y revuelve la herida y así el maguey vierte su pulque, que calma la sed, alimenta y consuela.

(32 y 153)

El jarro

El alfarero mexicano tiene larga historia. Tres mil años antes de Hernán Cortés, sus manos convertían la arcilla en vasija o figura humana que el fuego endurecía contra el tiempo. Mucho después, explicaban los aztecas que un buen alfarero *da un ser al barro y hace vivir las cosas.*

La remota tradición se multiplica cada día en botellones, tinajas, vasijas y sobre todo en jarros: marfilinos jarros de Tonalá, peleones jarros de Metepec, jarros barrigones y lustrosos de Oaxaca, humildes jarritos de Chililico; rojizos jarros de Toluca, chorreosos de greda negra... El jarro de barro cocido preside las fiestas y las cocinas y acompaña al preso y al mendigo. Recoge el pulque, despreciado por la copa de cristal, y es prenda de amantes:

> *Cuando muera, de mi barro*
> *hágase, comadre, un jarro.*
> *Si de mí tiene sed, beba:*
> *si la boca se le pega,*
> *serán besos de su charro.*

(18, 153 y 294)

1785
Ciudad de México

Sobre la literatura de ficción en la época colonial

El virrey de México, Matías de Gálvez, firma un nuevo bando en favor de los trabajadores indios. Han de recibir los indios salario justo, buenos alimentos y asistencia médica; y tendrán dos horas de descanso, al mediodía, y podrán cambiar de patrón cuando quieran.

(146)

1785
Guanajuato

El viento sopla donde quiere y donde puede

Un abismo de luz se abre en, el aire transparente y entre las negras murallas de la sierra resplandece el desierto. En el desierto se alzan, fulgor de cúpulas y torres, las ciudades mineras de México. Guanajuato, tan habitada como la capital del virreino, es la más señora. En silla de manos van a misa sus dueños, perseguidos por enjambres de mendigos, siguiendo un laberinto de callejitas y callejones, el callejón del Beso, el del Resbalón, el de los Cuatro Vientos, y entre las piedras pulidas por los pies del tiempo asoman pastos y fantasmas.

En Guanajuato, las campanas de las iglesias organizan la vida; y el azar la gobierna. Algún tahúr burlón y misterioso distribuye los naipes. Dicen que aquí se pisa oro y plata por dondequiera se vaya, pero todo depende de las vetas que culebrean bajo tierra y a su antojo se ofrecen y se niegan. Ayer celebró el golpe de suerte un afortunado caballero, y a todos brindó el mejor vino de beber, y pagó serenatas de flautas y vihuelas, y compró fino encaje de Cambray y calzón de terciopelo y casaca de tisú y camisola de Holanda; y hoy huye sin dejar rastros el filón de plata pura que por un día lo hizo príncipe.

La vida de los indios, en cambio, no depende del azar. Por respirar mercurio quedan para siempre tembleques y sin dientes en las plantas de amalgama, y por respirar polvo asesino y vapores de peste se revientan el pecho en los socavones. A veces saltan en pedazos cuando la pólvora estalla, y a veces resbalan al vacío cuando bajan cargando piedras o cuando suben llevando a la espalda a los capataces, que por eso llaman a los indios *caballitos*.

(6, 261 y 349)

1785
Guanajuato

Retablo de la plata

Conversan las damas con lenguaje de abanicos en los frondosos jardines. Alguien mea contra la pared de una iglesia y al borde de una plaza dos mendigos, sentados al sol, se despiojan mutuamente. Bajo un arco de piedra habla de Derechos del Hombre un ilustrado doctor de vasta toga, y anda un fraile por la callejuela susurrando condenaciones eternas contra los borrachos, las putas y los hampones que se le van cruzando en el camino. No lejos de la ciudad, los *recogedores* cazan indios a lazo.

Hace ya tiempo que Guanajuato ha destronado a Potosí. La reina de la plata en el mundo está hambrienta de mano de obra.

Los obreros, *asalariados libres,* no ven una moneda en su vida, pero están presos de las deudas. Sus hijos heredarán las deudas y también el miedo al dolor y a la cárcel y al hambre y a los dioses antiguos y al dios nuevo.

(261 y 349)

1785
Lisboa

La función colonial

La Corona portuguesa manda liquidar los talleres textiles del Brasil, que en lo sucesivo no podrán producir más que ropa rústica para esclavos. En nombre de la reina, el ministro Melo e Castro envía las instrucciones correspondientes. Observa el ministro que *en la mayor parte de las capitanías del Brasil se han establecido, y se van propagando cada vez más, diversas fábricas y manufacturas de tejidos de varias calidades y hasta de galones de oro y plata.* Éstas son, dice, *perniciosas transgresiones:* si continúan, *la consecuencia será que todas las utilidades y riquezas de estas importantísimas colonias termi-*

narán siendo patrimonio de sus habitantes. Siendo el Brasil tierra tan fértil y abundante en frutos, *quedarán dichos habitantes totalmente independientes de su capital dominante: es, en consecuencia, indispensablemente necesario abolir dichas fábricas y manufacturas.*

(205)

1785
Versalles

La papa se hace gran dama

Hace dos siglos y medio, los conquistadores españoles la trajeron desde el Perú. Venía muy recomendada por los indios, de modo que Europa la destinó a los cerdos, a los presos y a los moribundos. La papa ha sufrido burla y castigo toda vez que ha querido escapar de los chiqueros, las cárceles y los hospitales. En varias comarcas la prohibieron; y en Besançon la acusaron de provocar la lepra.

Antoine Parmentier conoció a la papa en prisión. Estaba Parmentier preso en una cárcel prusiana y no le daban otra cosa que comer. Le pareció boba al principio, pero después supo amarla y le descubrió gracias y sabores.

Ya libre en París, Parmentier organizó un banquete. Asistieron D'Alembert, Lavoisier, el embajador norteamericano Benjamín Franklin y otros célebres. Parmentier les ofreció un menú de pura papa: pan de papa, sopa de papa, puré, ensaladas de papas alegradas con salsas al gusto, papas fritas, buñuelos y pasteles de papa. De postre, torta de papa. Por bebida, aguardiente de papa. Parmentier pronunció un alegato por ella. Exaltó sus virtudes nutritivas, la proclamó necesaria al paladar y a la sangre y declaró que la papa vencería al hambre en Europa, por ser invulnerable al granizo y de fácil cultivo. Los invitados, empapados, lo aplaudieron con emoción y convicción.

Después Parmentier convenció al rey. Luis XVI ordenó cultivar papas en sus tierras del llano de Sablons, cerca de París, y las mandó cercar de soldados en guardia permanente. Así logró excitar la curiosidad y el deseo por el fruto prohibido.

En Versalles ocurre la consagración definitiva. La reina María Antonieta, hecha un jardín de flores de papa, estampa soberano beso en la mejilla de Antoine Parmentier. El rey Luis, que todavía no ha perdido la cabeza, le ofrece su abrazo. Toda la nobleza de Francia asiste a la apoteosis de la papa, en este reino donde el arte del buen comer es la única religión sin ateos.

(156 y 250)

La papa nació del amor y del castigo, según cuentan en los Andes

El Inca, cuentan, condenó a los amantes que violaron las leyes sagradas. Que los entierren vivos y juntos, decidió.

Ella había sido una virgen consagrada al dios Sol. Había huido del templo para darse a un siervo labriego.

Vivos y juntos, decidió el Inca. En pozo profundo fueron enterrados, atados entre sí, boca arriba; y ni una queja se escuchó mientras los cubría la tierra.

Llegó la noche y las estrellas anduvieron por raros caminos. Poco después, desapareció el oro del lecho de los ríos y se volvieron estériles, puro polvo y piedra, los campos del reino. Sólo la tierra que tapaba a los amantes estaba a salvo de la sequía.

Los altos sacerdotes aconsejaron al Inca que desenterrara a los amantes, los quemara y esparciera al viento sus cenizas. Que así sea, decidió el Inca.

Pero no los encontraron. Cavaron mucho y hondo y no encontraron más que una raíz. Esa raíz se multiplicó y la papa fue desde entonces la comida principal de los andinos.

(248)

1790
París

Humboldt

A los veinte años, Alexander von Humboldt descubre la mar y la revolución.

En Dunkerque la mar lo dejó mudo y en Calais le arrancó un grito la luna llena brotando de las olas. Asombro de la mar, revelación de la revolución: en París, a un año del catorce de julio, Humboldt se deja ir en el dulce torbellino de las calles en fiesta, metido en el pueblo que baila y canta a la libertad recién nacida.

Él ha vivido buscando respuestas y encontrando preguntas. Sin darse tregua ha interrogado a los libros y al cielo y a la tierra, persiguiendo enigmas del alma y misterios del cosmos y secretos de los escarabajos y las piedras, siempre enamorado del mundo y de hombres y mujeres que le han dado vértigo y pánico. *Alexander jamás será feliz,* dice su hermano Wilhelm, el preferido de la madre.

A los veinte años, fiebre de vivir, fiebre de ir, Humboldt jura eterna lealtad a las banderas de la revolución francesa y jura que atravesará la mar, como Balboa y Robinsón Crusoe, hacia las tierras donde siempre es mediodía.

(30 y 46)

1790
Petit Goâve

Aunque tengan tierras y esclavos

La gordura de la bolsa puede más, a veces, que el color de la piel. En Haití, son negros los mulatos pobres y mulatos los negros libres que han reunido bastante dinero. Los mulatos ricos pagan inmensas fortunas por convertirse en blancos, aunque pocos consiguen el mágico documento que permite que el hijo del amo y la esclava se haga doctor, se llame señor, use espada y pueda tocar a mujer blanca sin perder el brazo.

Cuelga de una horca el mulato que reivindicó los derechos del ciudadano, recién proclamados en París, y en lo alto de una pica pasea por la villa de Petit Goâve la cabeza de otro mulato que quiso ser diputado.

(115)

1791

Bois Caiman

Los conjurados de Haití

La vieja esclava, la íntima de los dioses, hunde el machete en la garganta de un jabalí negro. La tierra de Haití bebe la sangre. Al amparo de los dioses de la guerra y del fuego, doscientos negros cantan y danzan el juramento de la libertad. En la prohibida ceremonia de vudú, luminosa de relámpagos, los doscientos esclavos deciden convertir en patria esta tierra de castigo.

Se funda Haití en lengua *créole*. Como el tambor, el *créole* es el idioma común que los arrancados del África hablan en varias islas antillanas. Brotó del interior de las plantaciones, cuando los condenados necesitaron reconocerse y resistir. Vino de las lenguas africanas, con africana melodía, y se alimentó de los decires de normandos y bretones. Recogió palabras de los indios caribes y de los piratas ingleses y también de los colonos españoles del oriente de Haití. Gracias al *créole*, los haitianos sienten que se tocan al hablarse.

El *créole* reúne palabras y el vudú, dioses. Esos dioses no son amos sino amantes, muy bailarines, que convierten cada cuerpo que penetran en música y luz, pura luz en movimiento, ondulante y sagrada.

(115 y 265)

Canción haitiana de amor

Me quemo como leña.
Mis piernas se quiebran como cañas.
Ningún plato me tienta la boca.
El más ardiente trago se hace agua.
Cuando pienso en ti,
mis ojos se inundan
y mi razón cae derrotada
por mi dolor.

¿No es muy cierto, hermosa mía,
que poco falta para que vuelvas?
¡Oh! ¡Regresa a mí, mi siempre fiel!
¡Creer es menos dulce que sentir!
No demores demasiado.
Duele mucho.
Ven a liberar de su jaula
al pájaro hambriento.

(265)

1792
Río de Janeiro

Los conjurados del Brasil

Hace apenas medio siglo se creía que las minas del Brasil durarían tanto como el mundo, pero cada vez hay menos oro y menos diamantes y cada vez pesan más los tributos que es preciso pagar a la reina de Portugal y a su corte de parásitos.

Desde allá envían muchos voraces burócratas y ni un solo técnico en minería. Desde allá impiden que los telares de algodón tejan otra cosa que ropa de esclavos y desde allá prohíben la explotación del hierro, que yace al alcance de la mano, y prohíben la fabricación de pólvora.

Para romper con Europa, *que nos chupa como esponja,* conspiró un puñado de señores. Dueños de minas y haciendas, frailes, poetas, doctores, contrabandistas de larga experiencia, organizaron hace tres años un alzamiento que se proponía convertir esta colonia en república independiente, donde fueran libres los negros y mulatos en ella nacidos y todo el mundo vistiera ropa nacional.

Antes de que sonara el primer tiro de mosquete, hablaron los delatores. El gobernador apresó a los conjurados de Ouro Preto. Bajo tormento, confesaron; y se acusaron entre sí con pelos y señales. Basílio de Britto Malheiro se disculpó explicando que quien tiene la desgracia de nacer en Brasil copia malas costumbres de negros, mulatos, indios y otra gente ridícula. Cláudio Manuel da Costa, el más ilustre de los prisioneros, se ahorcó en la celda, o fue ahorcado, por no confesar o por confesar en demasía.

Hubo un hombre que calló. El alférez Joaquim José da Silva Xavier, llamado Tiradentes, *Sacamuelas,* sólo habló para decir:

—*Yo soy el único responsable.*

(205 y 209)

1792
Río de Janeiro

Tiradentes

Parecen cadáveres a la luz de los candiles. Atados por enormes cadenas a los barrotes de las ventanas, los acusados escuchan al juez, desde hace dieciocho horas, sin perder palabra.

Seis meses ha demorado el juez en redactar la sentencia. Muy al fin de la noche, se sabe: son seis los condenados. Los seis serán ahorcados, decapitados y descuartizados.

Calla entonces el juez, mientras los hombres que querían la independencia del Brasil intercambian reproches y perdones, insultos y lágrimas, ahogados gritos de arrepentimiento o protesta.

Y llega, en la madrugada, el perdón de la reina. No habrá muerte, sino destierro, para cinco de los seis condenados. Pero uno, el único que a nadie delató y fue por todos delatado, marchará hacia el patíbulo al amanecer. Por él vibrarán los tambores y la lúgubre voz del pregonero recorrerá las calles anunciando el sacrificio.

Tiradentes no es del todo blanco. De alférez entró al ejército y alférez por siempre quedó, arrancando muelas para redondear el sueldo. Él quiso que los brasileños fueran brasileños. Bien lo saben los pájaros que desaparecen, mientras sale el sol, tras las montañas.

(205)

1794
París

«El remedio del hombre es el hombre»,

dicen los negros sabios, y bien lo saben los dioses. Los esclavos de Haití ya no son esclavos.

Durante cinco años, la revolución francesa se había hecho la sorda. En vano protestaban Marat y Robespierre. La esclavitud continuaba en las colonias: no nacían libres ni iguales, a pesar de la Declaración de los Derechos del Hombre, los hombres que eran propiedad de otros hombres en las lejanas plantaciones de las Antillas. Al fin y al cabo, la venta de negros de Guinea era el negocio principal de los revolucionarios mercaderes de Nantes, Burdeos y Marsella; y del azúcar antillana vivían las refinerías francesas.

Acosado por la insurrección negra, que encabeza Toussaint Louverture, el gobierno de París decreta, por fin, la liquidación de la esclavitud.

(71)

1794
Montañas de Haití

Toussaint

Entró en escena hace un par de años. En París lo llaman *el Espartaco negro*.

Toussaint Louverture tiene cuerpo de renacuajo y los labios le ocupan casi toda la cara. Era cochero de una plantación. Un negro viejo le enseñó a leer y a escribir, a curar caballos y a hablar a los hombres; pero solito aprendió a mirar no solamente con los ojos, y sabe ver el vuelo en cada pájaro que duerme.

(71)

1795
Santo Domingo

La isla quemada

Asustado por la liberación de los esclavos en Haití, el rey de España cede a Francia el territorio de Santo Domingo. De un plumazo se borra la frontera que cortaba en dos la isla, dividida entre la más pobre de las colonias españolas y la más rica de las colonias francesas. Don Manuel Godoy, el mandamás de la corte, dice en Madrid que la revuelta de Haití ha convertido toda la isla en *tierra de maldición para los blancos*.

Ésta había sido la primera colonia de España en América. Aquí había tenido el imperio su primera audiencia, su primera catedral, su primera universidad; desde aquí habían partido las huestes de la conquista hacia Cuba y Puerto Rico. Tal nacimiento anunciaba glorioso destino, pero Santo Domingo fue devastada hace dos siglos. El gobernador Antonio de Osorio convirtió esta colonia en humo.

Día y noche trabajó Osorio achicharrando la tierra pecadora, y palmo a palmo quemó casas y fortalezas y embarcaciones, molinos y chiqueros y corrales y campos de labranza, y todo lo regó con sal, y con sus manos ahorcó a quien osó resistir. En el crepitar de las llamas resonaban las trompetas del Juicio Final. Al cabo de un año y medio de continua quemazón, el incendiador se alzó sobre la isla por él arrasada y recibió del rey de España dos mil ducados en pago de su trabajo de redención por el fuego.

El gobernador Osorio, veterano de las guerras de Flandes, había purificado estos suelos. Había empezado quemando las ciudades del norte, porque por esa costa entraban los piratas ingleses y holandeses trayendo Biblias *de la secta de Lutero* y difundiendo la costumbre hereje de comer carne en Viernes Santo. Había empezado por el norte; y después ya no pudo parar.

(216)

1795
Quito

Espejo

Pasó por la historia cortando y creando.

Escribió las más afiladas palabras contra el régimen colonial y sus métodos de educación, *una educación de esclavos,* y destripó el ampuloso estilo de los retóricos de Quito. Clavó sus diatribas en puertas de iglesias y esquinas principales, para que se multiplicaran después, de boca en boca, porque *escribiendo de anónimo podía muy bien quitar la máscara a los falsos sabios y hacer que parecieran en el traje de su verdadera y natural ignorancia.*

Predicó el gobierno de América por los nacidos en ella. Propuso que el grito de independencia resonara, a la vez, en todos los virreinatos y audiencias, y que se unieran las colonias, para hacerse patrias, bajo gobiernos democráticos y republicanos.

Era hijo de indio. Recibió al nacer el nombre de Chusig, que significa *lechuza.* Para tener título de médico, decidió llamarse Francisco Javier Eugenio de Santa Cruz y Espejo, nombre que suena a linaje largo, y así pudo practicar y difundir sus descubrimientos contra la viruela y otras pestes.

Fundó, dirigió y escribió de cabo a rabo *Primicias de la Cultura,* el primer periódico de Quito. Fue director de la biblioteca pública. Jamás le pagaron el sueldo.

Acusado de crímenes contra el rey y contra Dios, Espejo fue encerrado en celda inmunda. Allí murió, de cárcel; y con el último aliento suplicó el perdón de sus acreedores.

La ciudad de Quito no registra en el libro de gentes principales el fin de este precursor de la independencia hispanoamericana, que ha sido el más brillante de sus hijos.

(17 y 249)

Así se burlaba Espejo
de la oratoria de estos tiempos

Despido las auras volátiles del aliento; pierdo las pulsáticas oscilacio- nes de la vida, cuando oigo estas fulgurosas incomprensibilidades de los retóricos conceptos. ¡Qué deliciosa fruición no es oír a los cisnes canoros de la oradora cancionante palabra, gorgoreando con gutural sonoridad, trinar endechas en sus dulces sílabas! ¡Qué intervalos sápidos de gloriado contento no percibe el alma a los ecos armoniosos de sus fatídicas descripciones!

(17)

1795
Montego Bay

Instrumentos de guerra

Bien merecido tienen su prestigio los perros cubanos. Con ellos los franceses han cazado a muchos negros fugitivos en las montañas de

Haití y unos pocos perros cubanos han bastado para derrotar a los indios misquitos, que habían aniquilado tres regimientos españoles en las costas de Nicaragua.

Los terratenientes ingleses de Jamaica envían a Cuba al coronel William Dawes Quarrell, en busca de perros. Así lo exigen, dice la asamblea, la seguridad de la isla y las vidas de sus habitantes. Los perros son instrumentos de guerra. ¿Acaso los asiáticos no emplean elefantes en sus batallas? Las más civilizadas y pulidas naciones de Europa, razonan los plantadores ingleses, persiguen a caballo a la infantería enemiga. ¿Por qué no rastrear con perros las guaridas de los esclavos cimarrones, siendo los negros más salvajes que los perros?

El coronel Quarrell consigue en Cuba lo que busca, gracias a los buenos oficios de doña María Ignacia de Contreras y Jústiz, marquesa de San Felipe y Santiago, condesa del Castillo y dueña y señora del Bejucal. Hombres y perros embarcan a bordo de la goleta *Mercury*.

Brumas del crepúsculo en la bahía de Montego. Las fieras llegan a Jamaica. Se vacían en un santiamén las calles, se cierran las puertas a cal y canto. Cuarenta rancheadores cubanos forman fila a la luz de las antorchas. Cada uno lleva tres perros enormes, atados a la cintura por tirantes cadenas.

(86 y 240)

1795
La Habana

¿Imaginó el rebelde de Galilea
que sería mayoral de esclavos?

En las plantaciones cubanas de azúcar, los esclavos no sufren desamparo. El amo los redime por el trabajo y les abrevia la estancia en este valle de lágrimas; y los frailes los salvan del infierno. La Iglesia recibe el cinco por ciento de la producción de azúcar por enseñar a los esclavos que Dios los ha hecho esclavos, que esclavo es el cuerpo pero libre el alma, que el alma pura es como el azúcar blanca, limpiada de raspadura en el purgatorio, y que Jesucristo es el gran mayoral que vigila, apunta méritos, castiga y recompensa.

A veces Jesucristo no sólo es el mayoral, sino el amo en persona. El conde de Casa Bayona lavó los pies de doce negros, una noche de Jueves Santo, y los sentó a su mesa y compartió con ellos su cena. Los esclavos le expresaron su gratitud incendiándole el ingenio, y hubo doce cabezas clavadas, ante los campos de caña, en hilera de lanzas.

(222)

1796
Ouro Preto

El Aleijadinho

El Aleijadinho, *el Tullidito,* creador de plenitudes, talla con el muñón. Es de una fealdad espeluznante el escultor de las más altas hermosuras en la región minera del Brasil. Por no servir a señor tan horroroso, quiso suicidarse uno de los esclavos que compró. La enfermedad, lepra o sífilis o misteriosa maldición, lo va devorando a mordiscones. Por cada pedazo de carne que la enfermedad le arranca, él entrega al mundo nuevas maravillas de madera o piedra.

En Congonhas do Campo lo están esperando. ¿Podrá llegar hasta allí? ¿Le quedarán fuerzas para tallar los doce profetas y alzarlos contra el cielo azulísimo? ¿Bailarán su atormentada danza de animales heridos los profetas anunciadores del amor y de la cólera de Dios?

Nadie cree que le quede vida para tanto. Los esclavos lo cargan por las calles de Ouro Preto, siempre escondido bajo la capucha, y le atan el cincel al resto de la mano. Sólo ellos ven los despojos de su cara y de su cuerpo. Sólo ellos se arriman a este esperpento. Antonio Francisco Lisboa, el Aleijadinho, se va rompiendo; y ningún niño sueña que lo pega con saliva.

(29 y 118)

1796

Mariana

Ataíde

Manuel da Costa Ataíde aplica oro y colores a las figuras que el Aleijadinho talla en madera. Y es pintor de fama propia. En las iglesias, Ataíde crea cielos de esta tierra: usando tintas de flores y plantas pinta a la Virgen con la cara de María do Carmo, mujer aquí nacida, madona morena de la que brotan el sol y las estrellas, y pinta angelitos músicos y cantores con párpados y labios bien carnosos, pelo motudo y ojos de asombro o picardía: los ángeles mulatos son sus hijos y la Virgen la madre de sus hijos.

En la iglesia de San Francisco, en Mariana, tiene rasgos africanos el santo del pueblo de Asís que convertía a los lobos en corderos. Viven junto a él las santas blancas, con pelo de verdad y caras de locas.

(123)

1796

San Salvador de Bahía

Noche y nieve

La amante mulata ofrece fiesta sexual y la esposa blanca, prestigio social. Para alcanzar esposa blanca, el mulato necesita blanquearse. Si tiene mucho dinero, compra algún documento que borra el estigma de la abuela esclava y le permite llevar espada y sombrero, botines de piel y parasol de seda. También se hace pintar un retrato que los nietos podrán lucir sin rubor en la sala. Al Brasil han llegado artistas capaces de dar cara europea a cualquier modelo de los trópicos. Marcos dorados, en forma de óvalo, rodean el rostro del patriarca, hombre de piel rosada y lacios cabellos y mirada grave y vigilante.

(65 y 119)

1796
Caracas

Se compra piel blanca

La corona española ya no considera vil el linaje indio; la sangre negra, en cambio, _oscurece los nacimientos_ por muchas generaciones. Los mulatos ricos pueden comprar certificados de blancura pagando quinientas monedas de plata.

Por quitarle el borrón que le aflige en extremo, el rey declara _blanco_ a Diego Mejías Bejarano, mulato de Caracas, _para que su calidad triste e inferior no le sea óbice al uso, trato, alternativa y vestido con los demás sujetos._

En Caracas, sólo los blancos pueden escuchar misa en la catedral y arrodillarse sobre alfombras en cualquier iglesia. _Mantuanos_ se llaman los que mandan, porque la mantilla es privilegio de las blancas damas. Ningún mulato puede ser sacerdote ni doctor.

Mejías Bejarano ha pagado las quinientas monedas, pero las autoridades locales se niegan a obedecer. Un tío de Simón Bolívar y los demás _mantuanos_ del Cabildo declaran que la cédula real _es espantosa a los vecinos y naturales de América_. El Cabildo pregunta al rey: _¿Cómo es posible que los vecinos y naturales blancos de esta provincia admitan a su lado a un mulato descendiente de sus propios esclavos, o de los esclavos de sus padres?_

(174 y 225)

1796
San Mateo

Simón Rodríguez

Orejas de ratón, nariz de borbón, boca de buzón. Una borla roja cuelga, en hilachas, del gorro que tapa la temprana calva. Los anteojos, calzados por encima de las cejas, rara vez ayudan a los ojos azules, ávidos y voladores. Simón Carreño, Rodríguez por nombre elegido, deambula predicando rarezas.

Sostiene este lector de Rousseau que las escuelas deberían abrirse al pueblo, a las gentes de sangre mezclada; que niñas y niños tendrían que compartir las aulas y que más útil al país sería crear albañiles, herreros y carpinteros que caballeros y frailes.

Simón el maestro y Simón el alumno. Veinticinco años tiene Simón Rodríguez y trece Simón Bolívar, el huérfano más rico de Venezuela, heredero de mansiones y plantaciones, dueño de mil esclavos negros.

Lejos de Caracas, el preceptor inicia al muchacho en los secretos del universo y le habla de libertad, igualdad, fraternidad; le descubre la dura vida de los esclavos que trabajan para él y le cuenta que la nomeolvides también se llama *myosotis palustris*. Le muestra cómo nace el potrillo del vientre de la yegua y cómo cumplen sus ciclos el cacao y el café. Bolívar se hace nadador, caminador y jinete; aprende a sembrar, a construir una silla y a nombrar las estrellas del cielo de Aragua. Maestro y alumno atraviesan Venezuela, acampando donde sea, y conocen juntos la tierra que los hizo. A la luz de un farol, leen y discuten *Robinsón Crusoe* y las *Vidas* de Plutarco.

(64, 116 y 298)

1797
La Guaira

El compás y la escuadra

Por fuga del maestro, se interrumpe la educación de Bolívar. Simón Rodríguez, sospechoso de conspiración contra el rey, pasa a llamarse Simón Robinsón. Desde el puerto de La Guaira, navega hacia Jamaica, hacia el exilio.

Los conjurados querían una América independiente y republicana, sin tributo indígena ni esclavitud negra, libre del rey y del papa, donde las gentes de todas las razas serían hermanas en la razón y en Jesucristo.

Masones criollos, de la logia que Francisco de Miranda ha fundado en Londres, encabezaban el movimiento. Se acusa también a tres masones españoles, desterrados en Caracas, y se dice que en la conspi-

ración había franceses sabios en revoluciones y guillotinas. Los alla-
namientos descubrieron más libros prohibidos que armas peligrosas.
En la plaza mayor de Caracas, descuartizan a España. A José María
de España, jefe de la conjura.

(191 y 298)

1799
Londres

Miranda

Hace casi treinta años que Francisco de Miranda salió de Venezuela.
En España fue guerrero victorioso. Se hizo masón en Cádiz y se lanzó
a recorrer Europa en busca de armas y dinero para la independencia
de América. Sobre alfombra mágica ha viajado de corte en corte, llevando por todo equipaje una flauta, un falso título de conde y muchas cartas de presentación. Ha comido con reyes y ha dormido con
reinas. En Francia, la revolución lo hizo general. El pueblo de París
lo aclamó por héroe, pero Robespierre lo condenó por traidor; y por
salvar la cabeza, Miranda volvió a Londres. Atravesó el canal de la
Mancha con pasaporte falso, peluca y lentes de sol.

El jefe del gobierno inglés, William Pitt, lo recibe en su despacho. Hace llamar al general Abercromby y conversan los tres, mientras andan a gatas sobre inmensos mapas desplegados en el suelo:

MIRANDA *(hablando en inglés).*—Quede claro que todo esto se hace
    por la independencia y libertad de aquellas provincias, sin lo
    cual... *(Mirando al techo, concluye la frase en castellano)* ...sería
    una infamia.
ABERCROMBY *(asintiendo con la cabeza).*—Independencia y libertad.
MIRANDA.—Necesito cuatro mil hombres y seis buques de guerra.
    (Señala el mapa con el dedo.) Comenzaríamos atacando Cara-
    cas y...
PITT.—No lo toméis a mal, pero os hablaré francamente. Antes pre-
    fiero el opresivo gobierno de España que el abominable sistema
    de la Francia.

MIRANDA *(cierra los ojos y susurra en castellano).*—El enemigo de mi enemigo es mi amigo. El enemigo de mi enemigo es mi amigo. El enemigo...

PITT.—No quisiera empujar a los americanos a las calamidades de semejante revolución.

MIRANDA.—Interpreto y comparto vuestra inquietud, excelentísimo señor. Precisamente con ese fin solicito la alianza, para que en común luchemos contra los principios monstruosos de la libertad francesa. *(Vuelve al mapa.)* Caracas caerá sin dificultad...

ABERCROMBY.—¿Y si las gentes de color tomasen las armas? ¿Y si se alzaran con el mando, como en Haití?

MIRANDA.—En mi tierra, la bandera de la libertad está en manos de ilustres ciudadanos, de tan civilizadas costumbres que bien los hubiera deseado Platón para su república. *(Desliza la mano hacia la provincia de Santa Fe. Los tres clavan la mirada en el puerto de Cartagena.)*

ABERCROMBY.—Parece difícil.

MIRANDA.—Parece invulnerable. Pero conozco un punto que hace flaquísima esta plaza. En el flanco izquierdo de la muralla...

(150 y 191)

Miranda sueña con Catalina de Rusia

A veces, muy en la noche, Miranda vuelve a San Petersburgo y resucita a Catalina la Grande en sus aposentos íntimos del Palacio de Invierno. La infinita cola del manto de la emperatriz, que miles de pajes sostienen en vilo, es un túnel de seda recamada por donde corre Miranda hasta hundirse en un mar de encajes. Buscando el cuerpo que arde y espera, Miranda hace saltar broches de oro y guirnaldas de perlas y se abre paso entre las telas crujientes, pero más allá de la amplia falda abullonada le arañan los alambres del miriñaque. Consigue atravesar esta armadura y llega a la primera enagua y la desgarra de un tirón. Debajo encuentra otra, y luego otra y otra, muchas enaguas de raso nacarado, capas de cebolla que sus manos van arrancando cada vez con menos brío, y cuando a duras penas rompe la última enagua aparece el corsé, invulnerable bastión defendido por un ejército de cinchas y ganchitos y lacitos y botoncitos, mientras la augusta señora, carne jamás cansada, gime y suplica.

1799
Cumaná

Un par de sabios a lomo de mula

No cabe el Nuevo Mundo en los ojos de los dos europeos recién desembarcados en Cumaná. Fulgura el puerto sobre el río, incendiado de sol, casas de madera blanca o bambú junto al fortín de piedra, y más allá, verde mar, tierra verde, resplandece la bahía. Todo es nuevo de verdad, nunca usado, jamás visto: el plumaje de los flamencos y el pico de los pelícanos, los cocoteros de veinte metros y las inmensas flores de terciopelo, los troncos acolchados de lianas y hojarasca, la siesta eterna de los cocodrilos, los cangrejos celestes, amarillos, rojos... Hay indios durmiendo desnudos en la arena caliente y mulatas vestidas de muselina bordada que descalzas acarician lo que pisan. Aquí no hay árbol que no ofrezca el fruto prohibido desde el centro del perdido jardín.

Alexander von Humboldt y Aimé Bonpland alquilan una casa que da a la plaza principal, con una buena azotea para emplazar el telescopio. Desde esa azotea ven, mirando hacia arriba, un eclipse de sol y una lluvia de meteoros, el cielo en cólera escupiendo fuego durante toda una noche, y mirando hacia abajo ven cómo los compradores de esclavos abren las bocas de los negros recién llegados al mercado de Cumaná. En esta casa sufren el primer terremoto de sus vidas y desde aquí salen a explorar la región: clasifican helechos y pájaros raros y buscan a Francisco Loyano, que dio de mamar a su hijo durante cinco meses y tuvo tetas y suave y dulce leche mientras duró la enfermedad de su mujer.

Después, Humboldt y Bonpland emprenden viaje hacia las tierras altas del sur. Cargan sus instrumentos: el sextante, la brújula, el termómetro, el higrómetro, el magnetómetro. También llevan papel para secar las flores, bisturíes para la autopsia de pájaros, peces y cangrejos; y tinta y pluma para dibujar sus asombros. A lomo de mula marchan, abrumados de equipaje, el alemán de galera negra y ojos azules y el francés de la lupa insaciable.

Las selvas y las montañas de América, perplejas, abren paso a estos dos locos.

(30 y 46)

1799
Montevideo

El Padre de los pobres

Francisco Antonio Maciel ha fundado el primer saladero de esta margen del Plata. Suya es, también, la fábrica de jabón y velas de sebo. Enciende velas de Maciel el farolero que anda por las calles de Montevideo, a la caída de la noche, antorcha en mano y escalera al hombro.

Cuando no anda recorriendo sus campos, Maciel revisa en el saladero las lonjas de tasajo que venderá a Cuba o al Brasil, o echa un vistazo, en los muelles, a los cueros que embarca. Suele acompañar a sus bergantines, que lucen nombres de santos, hasta más allá de la bahía. Los montevideanos lo llaman *el Padre de los pobres,* porque nunca le falta tiempo, y parece milagro, para dar socorro a los enfermos dejados de la mano de Dios, y a cualquier hora y en cualquier sitio el piadoso Maciel tiende el plato suplicando limosna para el Hospital de Caridad por él creado. Tampoco olvida visitar a los negros que pasan la cuarentena en las barracas de la boca del arroyo Miguelete. Él fija personalmente el precio mínimo de cada uno de los esclavos que sus barcos traen desde Río de Janeiro o La Habana. Doscientos pesos fuertes valen los que tienen dentadura completa; cuatrocientos los que saben artes de albañil o carpintero.

Maciel es el más importante de los comerciantes montevideanos especializados en el intercambio de carne de vaca por carne de gente.

(195 y 251)

1799
Guanajuato

Vida, pasión y negocio de la clase dominante

A lo largo del siglo que está muriendo, los dueños de las minas de
Guanajuato y Zacatecas han comprado dieciséis títulos de alta nobleza. Diez mineros se han convertido en condes y seis en marqueses.
Mientras ellos estrenaban abolengos y ensayaban pelucas, un nuevo
código laboral transformaba a sus obreros en esclavos por deudas.
Durante el siglo XVIII, Guanajuato ha multiplicado por ocho su producción de plata y oro.

Mientras tanto, la varita mágica del dinero tocó también a siete
mercaderes de la ciudad de México, labradores venidos de las montañas del norte de España, y los hizo marqueses y condes.

Algunos mineros y mercaderes, ansiosos de prestigio aristocrático,
compran tierras además de comprar títulos. Por todo México, las
infinitas haciendas avanzan devorando el espacio tradicional de las
comunidades indias.

Otros, en cambio, prefieren invertir en la usura. El prestamista
José Antonio del Mazo, por ejemplo, arriesga poco y gana mucho.
El amigo Mazo, escribe Francisco Alonso Terán, *es uno de los que
más negocios hace en Guanajuato. Si Dios le da mucha vida, encerrará
toda la ciudad en su panza.*

(49 y 223)

1799
Ciudad Real de Chiapas

Los tamemes

Don Agustín de las Quentas Zayas, gobernador de Chiapas, proyecta
un nuevo camino desde el río Tulijá hasta Comitán, rumbo a Guatemala. Mil doscientos *tamemes* transportarán los materiales necesarios.

Los tamemes, mulas de dos piernas, son indios capaces de sopor-
tar hasta siete arrobas. Con cuerdas atadas a la frente, cargan sobre

sus espaldas inmensos bultos o personas sentadas en sillón, y así atraviesan las altas montañas y bordean precipicios con un pie dentro de la vida y otro afuera.

(146 y 321)

1799
Madrid

Fernando Túpac Amaru

En la calle, alguien arranca gemidos a una guitarra.

Adentro, Fernando Túpac Amaru tiembla de fiebre y muere soñando que se saca nieve de la boca.

No alcanza a cumplir treinta años el hijo del gran caudillo del Perú. Pobre como rata, acaba en Madrid su breve vida de destierro y cárcel.

Hace veinte años, la lluvia violenta barrió la Plaza Mayor del Cuzco y desde entonces no ha cesado de llover en el mundo.

El médico dice que Fernando ha muerto de melancolía.

(344)

1800
Río Apure

Hacia el Orinoco

América arde y gira, quemada y mareada por sus soles, pero los árboles gigantes se abrazan sobre los ríos y a su sombra resplandece la canoa de los sabios.

La canoa avanza perseguida por los pájaros y por hambrientas hordas de jejenes y zancudos. Humboldt y Bonpland se defienden a bofetada limpia de las continuas cargas de los lanceros, que atraviesan la ropa y el cuero y llegan al hueso, mientras el alemán estudia la anatomía del manatí, el gordo pez con manos, o la electricidad de la an-

guila o la dentadura de la piraña, y el francés recoge y clasifica plantas
o mide un cocodrilo y le calcula la edad. Juntos dibujan mapas, registran la temperatura del agua y la presión del aire, analizan las placas
de mica de la arena y las conchas de los caracoles y el deambular de
las tres marías por el cielo. Ellos quieren que América les cuente todo
lo que sabe y en estos reinos no hay hoja ni piedrita muda.

Han acampado en una pequeña ensenada, han desembarcado los
fastidiosos instrumentos. Han encendido la hoguera para espantar
los mosquitos y cocinar. En eso, el perro ladra como avisando que
viene el jaguar, y corre a esconderse tras las piernas de Bonpland.
El tucán que Humboldt lleva al hombro le picotea, nervioso, el sombrero de copa. Cruje la maleza y entre los árboles asoma un hombre
desnudo, piel de cobre, cara india, pelo africano:

—Bienvenidos a mis tierras, caballeros.

Y les hace una reverencia:

—Don Ignacio, para servirlos.

Ante el improvisado fogón, don Ignacio hace una mueca. Los
sabios están asando una capibara.

—Ésa es comida de indios —dice, desdeñoso, y los invita a
cenar en su casa un espléndido venado recién cazado a flecha.

La casa de don Ignacio consiste en tres redes tendidas entre los
árboles, no lejos del río. Allí les presenta a su mujer, doña Isabela,
y a su hija, doña Manuela, no tan desnudas como él. Ofrece cigarros
a los viajeros. Mientras se dora el venado, los acribilla a preguntas.
Don Ignacio está ávido por conocer las novedades de la corte de
Madrid y las últimas noticias de esas guerras de nunca acabar que
tanto lastiman a Europa.

(338)

1800
Esmeralda del Orinoco

El amo del veneno

Navegan río abajo.

Al pie de una montaña de roca, en la remota misión cristiana de
Esmeralda, encuentran al amo del veneno. Su laboratorio es la choza

más limpia y ordenada de la aldea. El viejo indio, rodeado de humeantes calderas y vasijas de barro, vierte un jugo amarillento en cornetes de hojas de plátano y embudos de palma: el espeluznante curare va cayendo, gota a gota, y burbujea. La flecha untada de este curare entrará y matará más que colmillo de serpiente.

—Superior a todo —dice el viejo, mientras machaca una pasta de lianas y cortezas—. Superior a todo lo que ustedes hacen.

Y Humboldt piensa: *Tiene el mismo tono pedante y el mismo aire almidonado de nuestros farmacéuticos.*

—Ustedes han inventado la pólvora negra —continúa el viejo, y muy lentamente, con minuciosa mano, va echando agua sobre la pasta.

—La conozco —dice, al rato—. La tal pólvora no vale nada. Es ruidosa. Es desleal. La pólvora no es capaz de matar en silencio y mata aunque se yerre el golpe.

Aviva el fuego bajo las ollas y las vasijas. Desde el humo, pregunta:

—¿Saben hacer jabón?

—Él sabe —dice Bonpland.

El viejo mira a Humboldt con respeto:

—Después del curare —sentencia— el jabón es lo más principal.

(338)

Curare

Guam, el niño dios de los indios tukano, consiguió llegar al reino del veneno. Allí atrapó a la hija de Curare y le hizo el amor. Ella escondía arañas, alacranes y serpientes entre las piernas. Cada vez que entraba en ese cuerpo, Guam moría; y al resucitar veía colores que no eran de este mundo.

Ella le condujo a casa de su padre. El viejo Curare, que comía gente, se relamió. Pero Guam se hizo pulga, y hecho pulga se metió por la boca del viejo, le buscó el hígado y mordió. Curare se tapó la boca, la nariz, las orejas, los ojos, el ombligo, el culo y el pene, para que la pulga no tuviera por donde escapar. Guam le hizo cosquillas por dentro y huyó en el estornudo.

Volvió a su tierra volando, y en su pico de pájaro traía un pedacito de hígado de Curare.

Así los indios tukano consiguieron el veneno, según cuentan los hombres de mucho tiempo, los guardadores de la memoria.

(164)

1800
Uruana

Tierra y siempre

Frente a la isla de Uruana, Humboldt conoce a los indios que comen tierra.

Todos los años se alza el Orinoco, *el Padre de los ríos,* y durante dos o tres meses inunda sus orillas. Mientras dura la creciente, los otomacos comen suave arcilla, apenas endurecida al fuego, y de eso viven. Es tierra pura, comprueba Humboldt, no mezclada con harina de maíz ni aceite de tortuga ni grasa de cocodrilo.

Así viajan por la vida hacia la muerte estos *indios andantes,* barro que anda hacia el barro, barro erguido, comiendo la tierra que los comerá.

(338)

1801
Laguna Guatavita

La diosa en el fondo de las aguas

En los mapas de América, El Dorado sigue ocupando una buena parte de la Guayana. La laguna de oro huye cuando sus perseguidores se aproximan, y los maldice y los mata; pero en los mapas es una tranquila mancha azul que se une con el alto Orinoco.

Humboldt y Bonpland descifran el misterio de la laguna engañera. En los fulgores de mica de una montaña, que los indios llaman Montaña Dorada, descubren una parte de la alucinación; y otra en las aguas de un laguito que en época de lluvias invade la vasta llanura vecina a las fuentes del Orinoco y luego, cuando las lluvias pasan, se desvanece.

En la Guayana está la laguna fantasma, el más tentador de los delirios de América. Lejos, en la meseta de Bogotá, está El Dorado de verdad. Humboldt y Bonpland lo encuentran, al cabo de muchas leguas de piragua y mula, en la sagrada laguna Guatavita. El espejo de aguas repite fielmente hasta la hoja más minúscula del bosque que lo encierra: al fondo, yacen los tesoros de los indios muiscas.

Hasta este santuario llegaban los príncipes, radiante de polvo de oro el cuerpo desnudo, y al centro de la laguna dejaban caer las más bellas obras de los orfebres. Tras ellas se sumergían y nadaban. Si reaparecían limpios, sin una sola mota de oro en la piel, la diosa Furatena había aceptado las ofrendas. En aquellos tiempos, la diosa Furatena, diosa serpiente, gobernaba el mundo desde las profundidades.

(326 y 338)

1801
Bogotá

Mutis

El viejo fraile conversa mientras pela naranjas y una incesante espiral de oro se desliza hacia un tacho entre sus pies.

Por verlo, por escucharlo, Humboldt y Bonpland se han desviado de su ruta hacia el sur y han subido el río durante cuarenta días. José Celestino Mutis, patriarca de los botánicos de América, se duerme ante los discursos pero disfruta como nadie de las charlas cómplices.

Los tres hombres, sabios siempre atónitos ante la hermosura y el misterio del universo, intercambian plantas, ideas, dudas, descubrimientos. Mutis se entusiasma escuchando hablar de la laguna Guatavita, las salinas de Zipaquirá y el salto de Tequendama. Elogia el mapa del río Magdalena, que Humboldt acaba de dibujar, y discretamente sugiere algunos cambios, con la suavidad de quien mucho anduvo y mucho conoce y se sabe, muy al fondo, muy de veras, continuado en el mundo.

Y todo lo muestra y todo lo cuenta. Mientras come y ofrece naranjas, Mutis habla de las cartas que Linneo le escribía, y de cuánto esas cartas le enseñaron, y de los problemas que tuvo con la Inquisición. Y recuerda y comparte sus hallazgos sobre los poderes curativos de la corteza de quina, o la influencia de la luna en el barómetro, o los ciclos de vigilia y sueño de las flores, que duermen como nosotros y como nosotros se desperezan y despiertan poquito a poco, desplegando los pétalos.

(148)

1802
Mar de las Antillas

Napoleón restablece la esclavitud

Escuadrones de patos salvajes escoltan al ejército francés. Huyen los peces. Por la mar turquesa, erizada de corales, los navíos persiguen las azules montañas de Haití. Pronto asomará en el horizonte la tierra de los esclavos victoriosos. El general Leclerc se alza a la cabeza de la flota. Su sombra de mascarón de proa es la primera en partir las olas. Atrás se desvanecen otras islas, castillos de roca, verdísimos fulgores, centinelas del nuevo mundo que hace tres siglos fue encontrado por quienes no lo buscaban.

—*¿Cuál ha sido el régimen más próspero para las colonias?*
—*El anterior.*
—*Pues, que se restablezca* —decidió Napoleón.

Ningún hombre, nacido rojo, negro o blanco, puede ser propiedad de su prójimo, había dicho Toussaint Louverture. Ahora la flota francesa trae la esclavitud a las Antillas. Más de cincuenta naves, más de veinte mil soldados, vienen desde Francia a devolver el pasado a cañonazos.

En el camarote de la nave capitana, una esclava abanica a Paulina Bonaparte y otra le rasca suavemente la cabeza.

(71)

1802
Pointe-à-Pitre

Los indignados

También en la isla de Guadalupe, como en todas las colonias francesas, los negros libres vuelven a ser esclavos. Los ciudadanos negros se reincorporan a los inventarios y a los testamentos de sus amos, en calidad de bienes muebles embargables; y nuevamente pasan a formar parte de las herramientas de las plantaciones, los aparejos de los barcos y el arsenal del ejército. El gobierno colonial convoca a los blancos que han abandonado la isla y les garantiza la devolución de sus propiedades. Los negros no reclamados por sus dueños se venden en provecho del tesoro público.

La cacería se vuelve carnicería. Las autoridades de Guadalupe pagan cuarenta y cuatro francos por cada cabeza de rebelde. Los ahorcados se pudren a perpetuidad en lo alto de la colina Constantin. En la plaza de la Victoria, en Pointe-à-Pitre, el quemadero de negros no se apaga nunca y las llamas son más altas que las casas.

Tres blancos protestan. Por dignos, por indignados, los condenan. A Millet de La Girardière, viejo oficial del ejército francés, varias veces condecorado, lo sentencian a morir en jaula de hierro, expuesto al público, sentado desnudo sobre una hoja cortante. A los otros dos, Barse y Barbet, les romperán los huesos antes de quemarlos vivos.

(180)

1802
Volcán Chimborazo

En las cumbres del mundo

Trepan sobre nubes, entre abismos de nieve, abrazados al áspero
cuerpo del Chimborazo, desgarrándose las manos contra la roca desnuda.
Han dejado las mulas a mitad de camino. Humboldt carga a la
espalda una bolsa llena de piedras que hablan del origen de la cordillera de los Andes, nacida de un descomunal vómito desde el vientre incandescente de la tierra. A cinco mil metros, Bonpland ha cap-
turado una mariposa y más arriba una mosca increíble y han seguido
subiendo, a pesar de la helazón y el vértigo y los resbalones y la
sangre que les brota de los ojos y las encías y los labios partidos.
Los envuelve la niebla y continúan, a ciegas, volcán arriba, hasta que
un hachazo de luz rompe la niebla y deja desnuda la cumbre, alta
torre blanca, ante los atónitos viajeros. ¿Será, no será? Jamás hombre alguno ha subido tan cerca del cielo y se dice que en los techos
del mundo aparecen caballos volando hacia las nubes y estrellas de
colores en pleno mediodía. ¿Será pura alucinación esta catedral de
nieve alzada entre el cielo del norte y el cielo del sur? ¿No los enga-
ñan los ojos lastimados?
Humboldt siente una plenitud de luz más intensa que cualquier
delirio: estamos hechos de luz, siente Humboldt, de luz nosotros y
de luz la tierra y el tiempo, y siente unas tremendas ganas de con-
társelo ya mismo al hermano Goethe, allá en su casa de Weimar.

(338)

1803
Fort Dauphin

La isla requemada

Toussaint Louverture, jefe de los negros libres, murió prisionero en
un castillo de Francia. Cuando el carcelero abrió el candado, al alba,
y descorrió el cerrojo, encontró a Toussaint helado en su silla.

Pero la vida de Haití ha mudado de cuerpo y sin Toussaint el ejército negro ha vencido a Napoleón Bonaparte. Veinte mil soldados franceses han caído por degüello o fiebre. Vomitando sangre negra, sangre muerta, se desplomó el general Leclerc, y fue su mortaja la tierra que él había querido avasallar.

Haití ha perdido a la mitad de su población. Se escuchan tiros todavía, y martillos clavando ataúdes, y fúnebres tambores, en el vasto cenizal regado de cadáveres que los buitres desprecian. Esta isla, incendiada hace dos siglos por un ángel exterminador, ha sido nuevamente comida por el fuego de los hombres en guerra.

Sobre la tierra humeante, los que fueron esclavos proclaman la independencia. Francia no perdonará la humillación.

En la costa, forman hileras de lanzas las palmeras inclinadas contra el viento.

(71)

1804
Ciudad de México

La más rica colonia de España

Todavía los profesores de teología ganan cinco veces más que sus colegas de cirugía o astronomía, pero Humboldt encuentra, en la ciudad de México, un asombroso vivero de jóvenes científicos. Ésta es la herencia de algunos sacerdotes jesuitas, amigos de la física experimental, la nueva química y ciertas teorías de Descartes, que aquí enseñaron y contagiaron, a pesar de la Inquisición; y es también la obra del virrey Revillagigedo, hombre abierto a los vientos del tiempo, desafiador de dogmas, que hace pocos años gobernó estas tierras con angustiosa preocupación por la falta de máquinas y laboratorios y obras modernas que leer.

Humboldt descubre y elogia la Escuela de Minas y a sus sabios profesores, mientras México produce más plata que todo el resto del mundo, creciente río de plata que fluye hacia Europa por el puerto de Veracruz; pero a la vez advierte Humboldt que la tierra se trabaja poco y mal y que el monopolio colonial del comercio y la miseria del pueblo bloquean el desarrollo de las manufacturas. *México es el país de la desigualdad,* escribe: salta a la vista *la desigualdad monstruosa de los derechos y las fortunas.* Los condes y los marqueses pintan sus recién comprados escudos de armas en los carruajes y el pueblo malvive en una indigencia enemiga de toda industria. Los indios padecen espantosa penuria. Como en toda América, también aquí *la piel más o menos blanca decide la clase que ocupa el hombre en la sociedad.*

(163 y 217)

1804

Madrid

El fiscal del Consejo de Indias aconseja no exagerar en la venta de cédulas de blancura

con el objeto de que los pardos no intenten generalizar estas gracias, y a su sombra, creyéndose igualados por ellas a los blancos sin otra diferencia que la accidental de su color, se estimen capaces de obtener todos los destinos y empleos y enlazarse con cualquier familia legítima y limpia de mezcla... consecuencias que es preciso evitar en una monarquía, donde la clasificación de clases contribuye a su mejor orden, seguridad y buen gobierno...

Los pardos o morenos provenientes de mezclas infectas, constituyen una especie muy inferior, y por su viciada índole, su orgullo e inclinación a la libertad, han sido y son poco afectos a nuestro gobierno y nación...

(174)

1804
Catamarca

El pecado de Ambrosio

Atado al poste de la Plaza Mayor de Catamarca, Ambrosio Millicay recibe veinticinco azotes.

El mulato Ambrosio, que pertenece al maestre de campo Nieva y Castillo, fue denunciado a las autoridades porque había cometido el delito de aprender a leer y a escribir. Le acribillaron la espalda a latigazos *para escarmiento de indios y mulatos tinterillos metidos a españoles.*

Boca abajo sobre las piedras del patio, Ambrosio gime y delira y sueña venganzas:

—*Permisito* —pide en sueños, y clava el cuchillo.

(272)

1804
París

Napoleón

Los graves acordes del órgano convocan a los sesenta reyes que en Francia fueron, y quizás a los ángeles, mientras el papa de Roma ofrece la corona a Napoleón Bonaparte.

Napoleón ciñe su propia frente con el laurel de los césares. Después desciende, lento, majestuoso de armiño y púrpura, y coloca la diadema que consagra a Josefina primera emperatriz de la historia de Francia. En carroza de oro y cristal han llegado al trono de esta nación el pequeño extranjero, gran guerrero, brotado de las ásperas montañas de Córcega, y su esposa Josefina, nacida en la Martinica, antillana que dicen que abrazando carboniza. Napoleone, el teniente de artillería que odiaba a los franceses, se convierte en Napoleón I.

El fundador de la dinastía que hoy se inaugura, ha ensayado mil veces esta ceremonia de coronación. Cada personaje del cortejo, cada actor, se ha vestido como él decidió, se ha situado donde él quiso, se ha movido tal como él mandó.

—¡*Ah, José! Si nuestro padre nos viera...*

La voraz parentela, príncipes y princesas de la nueva nobleza de Francia, ha cumplido su deber. Es verdad que se ha negado a venir la madre, Letizia, que está en palacio murmurando rencores, pero Napoleón ordenará a David, artista oficial, que otorgue a Letizia lugar prominente en el cuadro que relatará estos fastos a la posteridad.

Los invitados desbordan la catedral de Notre-Dame. Entre ellos, un joven venezolano estira el pescuezo para no perder detalle. A los veinte años, Simón Bolívar asiste, alucinado, al nacimiento de la monarquía napoleónica: *No soy más que un brillante del puño de la espada de Bonaparte...*

En estos días, en un salón dorado de París, Bolívar ha conocido a Alexander von Humboldt. El sabio aventurero, recién llegado de América, le ha dicho:

—*Creo que su país está maduro para la independencia, pero no veo al hombre que pueda...*

(20 y 116)

1804
Sevilla

Fray Servando

Por querer la independencia de México, y por creer que el dios pagano Quetzalcóatl era el apóstol santo Tomás en persona, fray Servando ha sido condenado al destierro en España.

De cárcel en cárcel y de fuga en fuga, el hereje mexicano recibió hospedaje en los más diversos calabozos españoles. Pero este artista de la lima, el túnel y el salto de altura, ha logrado andar mucho camino en el viejo continente.

Trotamundos, rompemundos: pajarito de alas ágiles y pico de acero, fray Servando se defiende de la fascinación de Europa maldiciendo todo lo que ve. *Soy mexicano*, dice y se dice a cada paso, y opina que las mujeres francesas tienen cara de rana chata y bocona, que en Francia los hombres son como mujeres y las mujeres como niños, que la lengua italiana está hecha para mentir y que Italia es la patria del superlativo y del fraude, aunque hay allá una ciudad que vale la pena, Florencia, porque se parece bastante a las ciudades de México. Contra España, este fraile impertinente reza un rosario de insultos: dice que los españoles imitan como monos a los franceses, que la Corte es un lupanar y el Escorial no más que un montón de piedras, que los vascos clavan clavos con la frente y los aragoneses también, pero con la punta hacia afuera; que los catalanes no dan un paso sin linterna ni admiten visita de pariente que no traiga la comida y que los madrileños son enanos fundadores de rosarios y herederos de presidios, condenados a un clima de ocho meses de invierno y cuatro de infierno.

Ahora, en un calabozo de Sevilla, fray Servando se está arrancando los piojos del pecho, a puñados, mientras un ejército de chinches hace olas en la frazada y las pulgas se burlan de los manotazos y las ratas de los palazos. Todos quieren almorzar a fray Servando y él pide, por favor, una tregua. Necesita un ratito de paz para ultimar los detalles de su próxima fuga, que ya la tiene casi a punto.

(318 y 346)

1806

Isla de Trinidad

Aventuras, desventuras

Tras muchos años de inútil espera, Francisco de Miranda se va de Londres. Los ingleses le han brindado un sueldo de buen pasar, unas cuantas promesas y benevolentes sonrisas, pero ni una bala para su expedición libertadora. Miranda escapa del tablero de la diplomacia británica y prueba suerte en los Estados Unidos.

En Nueva York consigue un barco. Doscientos voluntarios lo acompañan. Desembarca en las costas venezolanas del golfo de Coro, al cabo de treinta y seis años de exilio.

Había prometido a sus reclutas una gloriosa bienvenida, flores y música, honores y tesoros, pero encuentra silencio. Nadie responde a las proclamas que anuncian la libertad. Miranda ocupa un par de poblaciones, las cubre de banderas y palabras, y abandona Venezuela antes de que lo aniquilen los cinco mil soldados que vienen de Caracas.

En la isla de Trinidad recibe noticias indignantes. Los ingleses se han apoderado del puerto de Buenos Aires y proyectan la conquista de Montevideo, Valparaíso y Veracruz. Desde Londres, el ministro de Guerra ha dado claras instrucciones: *Lo nuevo consistirá, únicamente, en la sustitución del dominio del rey español por el dominio de Su Majestad británica.*

Miranda regresará a Londres, a su casa de la calle Grafton, y de viva voz expresará su protesta. Allá le subirán la pensión anual de trescientas a setecientas libras esterlinas.

(150)

1808
Río de Janeiro

Se prohíbe quemar al Judas

Por voluntad del príncipe portugués, recién llegado al Brasil, queda prohibida en esta colonia la tradicional quema de los Judas en Semana Santa. Por vengar a Cristo y vengarse, el pueblo arrojaba al fuego, una noche por año, al mariscal y al arzobispo, al rico mercader, al gran terrateniente y al comandante de la policía; y gozaban los desnudos viendo cómo los muñecos de trapo, ataviados de gran lujo y rellenos de cohetes, se retorcían de dolor y estallaban entre las llamas.

Desde ahora, ni en Semana Santa sufrirán los poderosos. La familia real, que acaba de venir de Lisboa, exige silencio y respeto. Un barco inglés ha rescatado al príncipe portugués con toda su corte y su joyería, y lo ha traído a estas lejanas tierras.

La eficaz maniobra pone a la dinastía portuguesa a salvo de la embestida de Napoleón Bonaparte, que ha invadido España y Portugal, y brinda a Inglaterra un eficaz centro de operaciones en América. Los ingleses han sufrido tremenda paliza en el río de la Plata.

Expulsados de Buenos Aires y Montevideo, penetran ahora por Río de Janeiro, a través del más incondicional de sus aliados.

(65 y 171)

1809

Chuquisaca

El grito

de América estalla en Chuquisaca. Mientras hierve España, alzada contra los invasores franceses, América se subleva. Los criollos desconocen el trono que José Bonaparte, hermano de Napoleón, ocupa en Madrid.

Chuquisaca es la primera. La rebelión de la Salamanca americana anuncia que España perderá el señorío de las Indias.

Chuquisaca, que se llamó La Plata y Charcas y se llamará Sucre, yace al pie de dos cerros amantes. De sus patios y jardines fluye un aroma de azahares; y por sus calles circulan más hidalgos que villanos. Nada abunda tanto como las togas y las tonsuras: muy de Chuquisaca son los doctores, tiesos como sus bastones de dorada empuñadura, y los frailes que andan rociando casas con el hisopo.

Aquí el mundo parecía inmutable y a salvo. Asombrosamente, el ronco grito de la libertad ha brotado de esta boca acostumbrada al latín en tono de falsete. En seguida le hacen eco La Paz y Quito y Buenos Aires. Al norte, en México...

(5)

1810

Atotonilco

La Virgen de Guadalupe
contra la Virgen de los Remedios

Abriéndose paso entre cortinas de polvo, la multitud atraviesa el pueblo de Atotonilco.

—*¡Viva la América y muera el mal gobierno!*

El padre Miguel Hidalgo arranca de la iglesia la imagen de la
Virgen de Guadalupe y ata el lienzo a la lanza. El estandarte fulgura
sobre el gentío.

—*¡Viva Nuestra Señora de Guadalupe! ¡Mueran los gachupines!*

Fervor de la revolución, pasión de la religión; la campana ha
repicado en la iglesia de Dolores, el cura Hidalgo llama a pelear y
la Virgen mexicana de Guadalupe declara la guerra a la Virgen española de los Remedios. La Virgen india desafía a la Virgen blanca;
la que eligió a un indio pobre en la colina de Tepeyac marcha contra
la que salvó a Hernán Cortés en la huida de Tenochtitlán. Nuestra
Señora de los Remedios será vestida de generala y el pelotón de fusilamiento acribillará el estandarte de la de Guadalupe por orden del
virrey.

Madre, reina y diosa de los mexicanos, la Virgen de Guadalupe
se llamaba Tonantzin, entre los aztecas, antes de que el arcángel
Gabriel pintara su imagen en el santuario del Tepeyac. Año tras año
acude el pueblo a Tepeyac, en procesión, *Ave Virgen y preñada, Ave
doncella parida,* sube de rodillas hasta la roca donde ella apareció y
la grieta donde brotaron las rosas, *Ave de Dios poseída, Ave de Dios
más amada,* bebe agua de sus fuentes, *Ave que a Dios haces nido,*
y suplica amor y milagros, protección, consuelo, *Ave María, Ave Ave.*

Ahora la Virgen de Guadalupe avanza matando por la independencia de México.

(178)

1810
Guanajuato

El Pípila

Las tropas de Hidalgo se abren paso, en tromba, desde las breñas
de los cerros, y a pedradas se descargan sobre Guanajuato. El pueblo
minero se suma a la avalancha insurgente. A pesar de los estragos
de la fusilería del rey, la multitud inunda las calles y el oleaje arrolla
a los soldados y arremete contra el bastión del poder español: en

la Alhóndiga de Granaditas, bajo las bóvedas de treinta salas, hay cinco mil fanegas de maíz y una incontable fortuna en barras de plata, oro y alhajas. Los señores de la colonia, despavoridos, se han encerrado allí con sus caudales.

En vano imploran piedad los petimetres. Hay degollatina, saqueo y borrachera corrida y los indios desnudan a los muertos por ver si tienen rabo.

El Pípila, obrero de las minas, es el héroe de la jornada. Dicen que él se echó a la espalda una enorme losa, atravesó como tortuga la lluvia de balas y con una tea encendida y mucha brea incendió la puerta de la Alhóndiga. Dicen que el Pípila se llama Juan José Martínez y dicen que tiene otros nombres, todos los nombres de los indios que en los socavones de Guanajuato son o han sido.

(197)

1810
Guadalajara

Hidalgo

Todo el mundo sabía, en el pueblo de Dolores, que el cura Hidalgo tenía la mala costumbre de leer mientras caminaba por las calles, las grandes alas del sombrero entre el sol y las páginas, y que de puro milagro no lo atropellaban los caballos o la Inquisición, porque más peligroso que leer era leer lo que leía. A paso lento atravesaba el cura la neblina de polvo de las calles de Dolores, siempre con algún libro francés tapándole la cara, uno de esos libros que hablan de contrato social y derechos del hombre y libertades del ciudadano; y si no saludaba era por sed de ilustración y no por bruto.

El cura Hidalgo se alzó, junto a los veinte indios que con él hacían cuencos y vasijas, y al cabo de una semana fueron cincuenta mil. Entonces lo embistió la Inquisición. El Santo Oficio de México lo ha declarado *hereje, apóstata de la religión, negador de la virginidad de María, materialista, libertino, abogado de la fornicación, sedicioso, cismático y sectario de la libertad francesa.*

La Virgen de Guadalupe invade Guadalajara, a la cabeza del

ejército insurgente. Miguel Hidalgo manda retirar de las paredes el retrato del rey Fernando y responde a la Inquisición decretando la abolición de la esclavitud, la confiscación de los bienes de los europeos, el fin de los tributos que pagan los indios y la devolución de las tierras de cultivo que les han usurpado.

(127, 203 y 321)

1810
Pie de la Cuesta

Morelos

Es cura de campaña, como Hidalgo. Como Hidalgo, nació en el país de los tarascos, en las sierras de Michoacán donde el obispo Vasco de Quiroga había creado, hace dos siglos y medio, su utopía comunista —comarcas de redención después asoladas por las pestes y por el trabajo forzado de miles de indios arrojados a las minas de Guanajuato.

—*Me paso con violencia a recorrer las tierras calientes del sur.*

José María Morelos, pastor y arriero, cura de Carácuaro, se suma a la revolución. Se echa al camino con veinticinco lanzas y unas cuantas escopetas. Tras el blanco pañuelo de seda que le ata la cabeza, va creciendo la tropa.

En busca de los indios de Atoyac, escondidos en los palmares, Morelos atraviesa el pueblito de Pie de la Cuesta.

—*¿Quién vive?*

—*¡Santo Dios!* —dicen los indios.

Morelos les habla. Desde ahora, al grito de *quién vive*, responderán *América*.

(332 y 348)

1811

Buenos Aires

Moreno

Las grandes fortunas en pocas manos, creía Mariano Moreno, son aguas estancadas que no bañan la tierra. *Para no mudar de tiranos sin destruir la tiranía,* había que expropiar los capitales parasitarios amasados en el negocio colonial. ¿Por qué buscar en Europa, al precio de desolladores intereses, el dinero que sobraba adentro? Del extranjero había que traer máquinas y semillas, en vez de pianos Stoddard y jarrones chinos. El Estado, creía Moreno, debía convertirse en el gran empresario de la nueva nación independiente. La revolución, creía, debía ser terrible y astuta, implacable con los enemigos y vigilante con los espectadores.

Fugazmente tuvo el poder, o creyó que lo tenía.

—*Gracias a Dios* —suspiran los mercaderes de Buenos Aires. Mariano Moreno, *el demonio del infierno,* ha muerto en alta mar. Sus amigos French y Beruti marchan al destierro. Se dicta orden de prisión contra Castelli.

Cornelio Saavedra manda recoger los ejemplares del «Contrato social», de Rousseau, que Moreno había editado y difundido; y advierte que no hay lugar para ningún Robespierre en el río de la Plata.

(2 y 267)

1811

Buenos Aires

Castelli

Eran dos: una pluma y una voz. Un Robespierre que escribía, Mariano Moreno, y otro que hablaba. *Todos son perversos,* decía un comandante español, *pero Castelli y Moreno son perversísimos.* Juan José Castelli, el gran orador, está preso en Buenos Aires.

Usurpada por los conservadores, la revolución sacrifica a los revolucionarios. Se descargan las acusaciones: Castelli es mujeriego, borrachín, timbero y profanador de iglesias. El prisionero, agitador de indios, justiciero de pobres, vocero de la causa americana, no puede defenderse. Un cáncer le ha atacado la boca. Es preciso amputarle la lengua.

La revolución queda muda en Buenos Aires.

(84)

1811
Bogotá

Nariño

Hemos mudado de amos, escribe Antonio Nariño en Colombia.

«La Bagatela», periódico por él fundado y dirigido y redactado de cabo a rabo, no deja títere con cabeza ni prócer con pedestal. Nariño denuncia que el alzamiento patriótico de los colombianos se está convirtiendo en baile de máscaras y exige que se declare la independencia de una buena vez. También exige, voz en el desierto, que se reconozca a los humildes del derecho de voto y que tanto valga la voluntad del plebeyo desnudo como la del señor forrado en terciopelo.

Hemos mudado de amos, escribe. Hace unos meses, el pueblo invadió la Plaza Mayor de Bogotá y los hombres se llevaron preso al virrey y las mujeres arrojaron a la virreina a la cárcel para putas. El fantasma de José Antonio Galán, capitán de comuneros, embestía a la cabeza de la multitud enfurecida. Entonces se pegaron un buen susto los doctores y los obispos y los mercaderes y los dueños de tierras y de esclavos: jurando evitar a cualquier precio *los errores de los libertinos de Francia,* facilitaron a la pareja virreinal una fuga sigilosa.

Hemos mudado de amos. Gobiernan Colombia los caballeros de camisa de mucho almidón y casaca de mucho botón. *Hasta en el Cielo hay jerarquías,* predica el canónigo de la Catedral; *y ni los dedos de la mano son iguales.* Se persignan las damas inclinando una maraña de rulos, flores y cintas bajo la negra mantilla. La Junta de Notables emite sus primeros decretos. Entre otras patrióticas medidas, resuelve despojar a los despojados indios de lo único que les queda. So pretexto de liberarlos de tributos, la Junta arranca a los indios sus tierras comunales para obligarlos a servir en las grandes haciendas que ostentan un cepo en medio del patio.

(185 y 235)

Coplas del mundo al revés, para guitarra acompañada de cantor

Pintar el mundo al revés
se ha visto entre tanto yerro:
el zorro corriendo al perro
y el ladrón por tras del juez.
Para arriba van los pies,
con la boca va pisando,
el fuego al agua apagando,
el ciego enseñando letras,
los bueyes en la carreta
y el carretero tirando.

A las orillas de un hombre
estaba sentado un río,
afilando su caballo
y dando agua a su cuchillo.

(179)

1811
Chilapa

El barrigón

En México, el orden militar está venciendo al tumulto popular. Hidalgo ha sido fusilado en Chihuahua. Se dice que había renegado de sus ideas, al cabo de cuatro meses de cadenas y tormentos. La independencia depende, ahora, de las fuerzas que siguen a Morelos.

Ignacio López Rayón envía a Morelos un urgente mensaje de advertencia: *Sé de buena fuente que el virrey ha pagado a un asesino para que lo mate a usted. No puedo darle más señas de ese hombre, sino que es muy barrigón...*

Al alba, reventando caballos, llega el mensajero al campamento de Chilapa.

Al mediodía, el asesino viene a ofrecer sus servicios a la causa nacional. Cruzado de brazos, Morelos recibe una andanada de discursos patrios. Sin decir palabra, sienta al asesino a su diestra y lo invita a compartir su almuerzo. Morelos mastica cada bocado durante una eternidad. Mira comer al asesino, que mira el plato.

A la noche, cenan juntos. El asesino come y habla y se atraganta. Morelos, cortés estatua, le busca los ojos.

—Tengo un mal presentimiento —dice de pronto, y espera la crispación, el crujido de la silla, y regala alivio:

—Otra vez el reuma. Lluvia.

Su mirada sombría corta la risa.

Enciende un cigarro. Estudia el humo.

El asesino no se atreve a levantarse. Tartamudea gratitudes. Morelos le acerca la cara:

—Seré curioso —dice.

Comprueba el respingo del asesino y cuenta las gotas de transpiración que le bañan la frente. Demora la pregunta:

—¿Tiene usted sueño?

Y en seguida:

—¿Me haría usted el honor de dormir a mi lado?

Se tienden, separados por una vela que agoniza sin decidirse a morir. Morelos ofrece la espalda. Respira hondo, quizás ronca. Antes del amanecer, escucha los cascos del caballo que se aleja.

A media mañana, pide al asistente el recado de escribir.

Carta para Ignacio López Rayón: *Gracias por el aviso. En este campamento, no hay más barrigón que yo.*

(348)

1811
Campos de la Banda Oriental

«Naides es más que naides»,

dicen los jinetes pastores. La tierra no puede tener dueño, porque no lo tiene el aire. No se conoce mejor techo que las estrellas, ni gloria que se compare con la libertad de vagar sin rumbo, sobre el caballo amigo, a través de la pradera ondulada como mar.

Habiendo reses que voltear en campo abierto, hay casi todo. Los gauchos no comen más que carne, porque la verdura es pasto y el pasto es para las vacas. El asado se completa con tabaco y caña, y con guitarras que cantan sucedidos y milagros.

Los gauchos, *hombres sueltos* que el latifundio usa y expulsa, juntan lanzas en torno a José Artigas. Se encienden las llanuras al este del río Uruguay.

(277 y 278)

1811
Orillas del río Uruguay

El éxodo

Buenos Aires pacta con el virrey y retira las tropas que sitiaban Montevideo. José Artigas se niega a cumplir el armisticio, que devuelve su tierra a los españoles, y jura que continuará la guerra *aunque sea con los dientes, con las uñas.*

Emigra el caudillo hacia el norte, a organizar el ejército de la independencia, y un pueblo disperso se une y nace en su huella. La hueste andariega junta gauchos montaraces, peones y labriegos, estancieros patriotas. Al norte marchan mujeres que curan heridos o empuñan la lanza y frailes que van bautizando, a lo largo de la marcha, soldados recién nacidos. Eligen la intemperie los bien abrigados y el peligro los tranquilos. Marchan al norte maestros de letras y maestros del cuchillo, doctores de palabra fácil y cavilosos matreros que deben alguna muerte. Marchan sacamuelas y manosantas, desertores de barcos y fortines, esclavos fugados. Los indios queman sus tolderías y se agregan con flechas y boleadoras.

Al norte va la larga caravana de carretas y caballos y gentes de a pie. A su paso se despuebla, queriendo patria, la tierra que se llamará Uruguay. Ella misma se va con sus hijos, se va en ellos, y atrás no queda nada. Ni siquiera ceniza, ni siquiera silencio.

(277)

1812
Cochabamba

Mujeres

En Cochabamba, muchas hombres han huido. Mujeres, ninguna. En la colina, resuena el clamoreo. Las plebeyas cochabambinas, acorraladas, pelean desde el centro de un círculo de fuego. Cercadas por cinco mil españoles, resisten disparando rotosos cañones de estaño y unos pocos arcabuces; y combaten hasta el último alarido.

La larga guerra de la independencia recogerá los ecos. Cuando la tropa afloje, el general Manuel Belgrano gritará las palabras infalibles para devolver templanzas y disparar corajes. El general preguntará a los soldados vacilantes: *¿Están aquí las mujeres de Cochabamba?*

(5)

1812
Caracas

Bolívar

Un terremoto arrasa Caracas, La Guaira, San Felipe, Barquisimeto y Mérida. Son las ciudades venezolanas que han proclamado la independencia. En Caracas, centro de la insurrección criolla, diez mil muertos yacen bajo los escombros. No se escuchan más que letanías y maldiciones mientras la multitud busca cuerpos entre las piedras.

¿Será Dios español? El terremoto se ha tragado el patíbulo alzado por los patriotas y no ha dejado en pie ninguna de las iglesias que habían cantado el Tedéum en honor de la naciente república. En la arrasada iglesia de las Mercedes, se alza intacta la columna que luce el blasón imperial de España. Coro, Maracaibo, Valencia y Angostura, ciudades leales al rey, no han sufrido ni un rasguño.

En Caracas, arde el aire. Desde las ruinas se levanta un polvo espeso, que para la mirada. Un monje arenga al gentío. Proclama el monje que Dios ya no aguanta que le tomen el pelo.

—¡*Venganza*!

La multitud se apiña a su alrededor, en lo que era el convento de San Jacinto. Encaramado sobre los restos del altar, el monje exige el castigo de los culpables de la ira de Dios.

—¡*Venganza*! —ruge el azote de Cristo, y su dedo acusador señala a un oficial patriota que, cruzado de brazos, contempla la escena. La multitud se vuelve contra el oficial, corto, huesudo, de brillante uniforme, y avanza para aplastarlo.

Simón Bolívar no suplica ni retrocede: embiste. Sable en mano atraviesa la furia, trepa al altar y voltea al apocalíptico fraile de un planazo.

El pueblo, mudo, se dispersa.

(116)

1813
Chilpancingo

La independencia es revolución o mentira

En tres campañas militares, Morelos ha ganado buena parte del territorio mexicano. El Congreso de la futura república, Congreso errante, peregrina tras el caudillo. Los diputados duermen en el suelo y comen ración de soldados.

A la luz de un velón de sebo, Morelos redacta las bases de la Constitución nacional. Propone una América libre, independiente y católica; sustituye los tributos de los indios por el impuesto a la renta y aumenta el jornal del pobre; confisca los bienes del enemigo; establece la libertad de comercio, pero con barreras aduaneras; suprime la esclavitud y la tortura y liquida el régimen de castas, que funda las diferencias sociales en el color de la piel, de modo que *sólo distinguirán a un americano de otro, el vicio y la virtud.*

Los criollos ricos van de susto en susto. Las tropas de Morelos marchan expropiando fortunas y dividiendo haciendas. ¿Guerra contra España o levantamiento de los siervos? Esta independencia no les conviene. Ellos harán otra.

(348)

1814
San Mateo

Boves

En Venezuela, la palabra *independencia* no significa, todavía, mucho más que *libertad de comercio* para los criollos ricos.

El jefe de los españoles, un hércules de barba roja y ojos verdes, es el caudillo de los negros y los pardos. En busca de José Tomás Rodríguez Boves, el *Taita* Boves, huyen los esclavos. Diez mil jinetes de los llanos incendian plantaciones y degüellan amos en nombre de Dios y del rey. La bandera de Boves, una calavera sobre fondo negro, promete saqueo y revancha, guerra a muerte contra la oligarquía del cacao que pretende independizarse de España. En los campos de San Mateo, Boves entra a caballo en la mansión de la familia Bolívar y a punta de cuchillo graba su nombre en la puerta del vestíbulo principal.

La lanza no se arrepiente, la bala no se arrepiente. Antes de matar con plomo, Boves fusila con salvas de pólvora, por el gusto de ver la cara que ponen las víctimas. Entre sus soldados más valientes reparte a las señoritas de las mejores familias. Disfruta toreando a los patriotas de buen trapío, después de clavarles banderillas en la nuca. Decapita como si fuera chiste.

De aquí a poco, una lanza lo atravesará. Lo enterrarán con los pies atados.

(160)

1815
San Cristóbal Ecatepec

El lago viene a buscarlo

En el espinoso lomerío de Tezmalaca, los españoles atrapan a José María Morelos. Después de muchos errores y derrotas, le dan caza en las zarzas, solo, la ropa en jirones, sin armas ni espuelas.

Lo encadenan. Lo increpan. Pregunta el teniente coronel Eugenio Villasana:

—¿Qué haría usted si fuera el vencedor, y yo el vencido?

—*Le doy dos horas para confesarse* —dice el cura Morelos— *y lo fusilo.*

Lo llevan a las celdas secretas de la Inquisición.

Lo degradan de rodillas. Lo ejecutan de espaldas.

Dice el virrey que el rebelde ha muerto arrepentido. Dice el pueblo mexicano que el lago ha escuchado la descarga de fusilería y se ha encrespado y se ha desbordado y ha venido a llevarse el cuerpo.

(178 y 332)

1815
París

Navegantes de mares o bibliotecas

Julien Mellet, escritor viajero, cuenta al público europeo sus aventuras en la América meridional. Entre otras cosas, describe *una danza muy viva y lasciva* que se baila mucho en Quillota, en Chile, y que ha sido traída *por los negros de la Guinea*. Mellet copia, haciéndose el distraído, la descripción de una danza de los negros de Montevideo, tal cual la publicó el viajero Anthony Helms, hace ocho años, en Londres. A su vez, Helms había robado su texto, línea por línea, del libro que Dom Pernetty había publicado en París en 1770. Pernetty, por su parte, había retratado de primera mano el baile de los esclavos de Montevideo con palabras asombrosamente iguales a las que el padre Jean Baptiste Labat había consagrado a los negros de Haití, en un libro editado medio siglo antes en La Haya.

Desde el Caribe hasta la ciudad chilena de Quillota, pasando por Montevideo, y desde La Haya hasta París, pasando por Londres, esas frases del padre Labat han viajado mucho más que su autor. Sin pasaporte ni disfraz.

(19)

1815
Mérida de Yucatán

Fernando VII

Los almidonados señores de Yucatán atraviesan la Plaza de Armas de Mérida, blanca de polvo y sol, y en muy solemne procesión entran en la catedral. Desde la sombra de los portales, los indios vendedores de tamales y collares no entienden por qué se alegran tanto las campanas, ni saben de quién es esa cara coronada que los señores llevan en estandarte.

La aristocracia colonial está celebrando las novedades de Madrid.

Con demora se ha sabido que los franceses han sido expulsados y que Fernando VII reina en España. Cuentan los mensajeros que en torno al monarca se escucha gritar: *¡Vivan las cadenas!* Mientras tintinean las sonajas de los bufones, el rey Fernando manda encarcelar o fusilar a los guerrilleros que lo han traído al trono, restaura la Inquisición y devuelve sus privilegios al clero y a la nobleza.

(339)

1815
Curuzú-Cuatiá

El ciclo del cuero en el río de la Plata

En la punta de la lanza, la filosa media luna busca las patas del animal que huye. Un solo tajo: el jinete golpea, certero, y el novillo cojea y boquea y cae. El jinete desmonta. Degüella y desuella.

No siempre mata así. Más fácil resulta arrear a gritos al ganado cimarrón y pasarlo a cuchillo en los corrales, miles y miles de reses o caballos salvajes corridos en estampida hacia la muerte; y más fácil todavía es sorprender a los animales monte adentro, en la noche, mientras duermen.

El gaucho arranca el cuero y lo estaquea al sol. Del resto, lo que no quiere la boca queda para los cuervos.

Los hermanos Robertson, John y William, mercaderes escoceses, andan por estas tierras con talegas que parecen salchichas rellenas de monedas de oro. Desde una estancia de Curuzú-Cuatiá, envían diez mil cueros hacia el pueblo de Goya, en sesenta carretas.

Giran quejándose las enormes ruedas de madera y las picanas empujan a los bueyes. Cortan campo las carretas; trepan lomas, atraviesan esteros y arroyos crecidos. Al anochecer, las carretas rodean los fogones. Mientras los gauchos fuman y matean, el aire se vuelve espeso aroma de carne dorándose a las brasas. Después del asado, suenan cuentos y guitarras.

Desde el pueblo de Goya, los cueros seguirán viaje al puerto de Buenos Aires y atravesarán la mar hacia las curtiembres de Liverpool.

El precio se habrá multiplicado muchas veces cuando los cueros regresen al río de la Plata, tiempo después, convertidos en botas, zapatos y rebenques de manufactura británica.

(283)

1815
Buenos Aires

Los próceres buscan rey en Europa

La pluma de ganso escribe: *José Artigas, traidor a la patria.*
En vano le han propuesto oro y galones. Tenderos expertos en varas de medir y balanzas de precisión, los patricios de Buenos Aires calculan el precio de Artigas vivo o muerto. Están dispuestos a pagar seis mil duros por la cabeza del caudillo de los campos rebeldes.
   Para exorcizar a estas tierras del demonio gaucho, Carlos de Alvear las ofrece a los ingleses: *Estas provincias,* escribe Alvear a lord Castlereagh, *desean pertenecer a la Gran Bretaña sin condición alguna.* Y suplica a lord Strangford: *La Nación Británica no puede abandonar a su suerte a los habitantes del río de la Plata en el acto mismo en que se arrojan a sus brazos generosos...*
   Manuel de Sarratea viaja a Londres en busca de un monarca para coronar en Buenos Aires. El interior, republicano y federal, amenaza los privilegios del puerto, y el pánico se lleva por delante cualquier juramento. En Madrid, Manuel Belgrano y Bernardino Rivadavia, que habían sido republicanos ardientes, proponen el trono al infante Francisco de Paula, hermano de Fernando VII. Los emisarios porteños prometen un poder hereditario, que abarcaría toda la región del río de la Plata, Chile y Perú. El nuevo reino independiente tendría bandera azul y blanca; serían sagradas la libertad y la propiedad y formarían la corte distinguidos criollos ascendidos a duques, condes y marqueses.
   Nadie acepta.

(2 y 278)

1815
Campamento de Purificación

Artigas

Aquí, donde el río se enoja y se revuelve en hervores y remolinos, sobre la meseta purpúrea rodeada de fosas y cañones, gobierna el general Artigas. Estos mil fogones de criollos pobres, estos ranchos de barro y paja y ventanas de cuero, son la capital de la confederación de pueblos del interior del río de la Plata. Ante la choza de gobierno, los caballos esperan a los mensajeros que galopan trayendo consultas y llevando decretos. No luce alamares ni medallas el uniforme del caudillo del sur.

Artigas, hijo de la pradera, había sido contrabandista y perseguidor de contrabandistas. Él conoce los pasos de cada río, los secretos de cada monte, el sabor del pasto de cada comarca; y más conoce los hondones del alma de los huraños jinetes que sólo tienen la vida para dar y la dan peleando a lanza en alucinante torbellino.

Las banderas de Artigas flamean sobre la región que mojan los ríos Uruguay y Paraná y que se extiende hasta las sierras de Córdoba. Comparten este inmenso espacio las provincias que se niegan a ser colonia de Buenos Aires después de haberse liberado de España.

El puerto de Buenos Aires vive de espaldas a la tierra que desprecia y teme. Asomados a los miradores, los mercaderes esperan los navíos que no traen ningún rey pero sí traen novedades para vestir, decir y pensar.

Ante la avalancha de mercancías europeas, Artigas quiere levantar diques que defiendan *nuestras artes o fábricas,* con libre acceso para máquinas, libros y medicinas; y deriva hacia el puerto de Montevideo el comercio provincial que Buenos Aires usurpa en monopolio. La liga federal artiguista no quiere rey, sino asambleas y congresos de vecinos; y para colmo de escándalos el caudillo decreta la reforma agraria.

(277 y 278)

1816
Campos de la Banda Oriental

La reforma agraria

En Buenos Aires ponen el grito en el cielo. Al este del río Uruguay, Artigas expropia tierras de la familia Belgrano y de la familia Mitre, del suegro de San Martín, de Bernardino Rivadavia, de Azcuénaga y de Almagro y de Díaz Vélez. En Montevideo llaman a la reforma agraria *proyecto criminal*. Artigas tiene presos, con hierros en los pies, a Lucas Obes, Juan María Pérez y otros artistas del minué y de la manganeta.

Para los dueños de la tierra, devoradores de leguas comidas por merced del rey, fraude o despojo, el gaucho es carne de cañón o siervo de estancia, y a quien se niegue hay que clavarlo al cepo o meterle bala. Artigas quiere que cada gaucho se haga dueño de un pedazo de tierra.

El pobrerío invade las estancias. En los campos orientales, arrasados por la guerra, empiezan a brotar ranchos, sementeras y corrales. Se hace atropellador el paisanaje atropellado. Se niegan a volver al desamparo los hombres que han puesto los muertos en la guerra de independencia. El cabildo de Montevideo llama *forajido, perverso, vago y turbulento* a Encarnación Benítez, soldado de Artigas, que galopa repartiendo tierras y vacas al frente de *un tropel de malvados*. A la sombra de su lanza encuentran refugio los humildes, pero este pardo analfabeto, corajudo, quizás feroz, nunca será estatua, ni llevará su nombre ninguna avenida, ni calle, ni caminito vecinal.

(335)

1816
Cerro de Chicote

El arte de la guerra

En el cerro de Chicote, la infantería realista ha cercado a un puñado de patriotas del Alto Perú.

—*¡Yo no me doy preso al enemigo!* —grita el soldado Pedro Loayza, y se arroja al precipicio.

—*¡Moriremos por la patria!* —proclama el comandante Eusebio Lira, y toma impulso para tirarse también.

—*Moriremos si somos zonzos* —lo ataja José Santos Vargas, tambor mayor de la banda de musiqueros.

—*Quememos el pajonal* —propone el sargento Julián Reinaga.

Arden las altas pajas y el viento empuja las llamas hacia las filas enemigas. En oleajes acomete el fuego. Los sitiadores huyen a la atropellada, lanzando a los aires fusiles y cartucheras y suplicando misericordia al Todopoderoso.

(347)

1816
Tarabuco

Juana Azurduy,

instruida en catecismos, nacida para monja de convento en Chuquisaca, es teniente coronel de los ejércitos guerrilleros de la independencia. De sus cuatro hijos sólo vive el que fue parido en plena batalla, entre truenos de caballos y cañones; y la cabeza del marido está clavada en lo alto de una pica española.

Juana cabalga en las montañas, al frente de los hombres. Su chal celeste flamea a los vientos. Un puño estruja las riendas y el otro parte cuellos con la espada.

Todo lo que come se convierte en valentía. Los indios no la llaman Juana. La llaman Pachamama, la llaman Tierra.

(126)

Pétion

Haití yace en ruinas, bloqueada por los franceses y aislada por todos los demás. Ningún país ha reconocido la independencia de los esclavos que derrotaron a Napoleón.

La isla está dividida en dos.

Al norte, Henri Christophe se ha proclamado emperador. En el castillo de Sans-Souci, baila el minué la nueva nobleza negra, el duque de Mermelada, el conde de Limonada, mientras hacen reverencias los lacayos negros de pelucas de nieve y los húsares negros pasean sus emplumados bonetes por jardines copiados de Versalles.

Al sur, Alexandre Pétion preside la república. Distribuyendo tierras entre los antiguos esclavos, Pétion intenta crear una nación de campesinos, muy pobres pero libres y armados, sobre las cenizas de las plantaciones arrasadas por la guerra.

En la costa del sur de Haití desembarca Simón Bolívar, en busca de refugio y ayuda. Viene de Jamaica, donde ha vendido hasta el reloj. Nadie cree en su causa. No han sido más que un espejismo las brillantes campañas militares. Francisco de Miranda agoniza encadenado a un muro del arsenal de Cádiz; y los españoles han reconquistado Venezuela y Colombia, que prefieren el pasado o todavía no creen en el futuro que los patriotas prometen.

Pétion recibe a Bolívar no bien llega, el día de año nuevo. Le entrega siete naves, doscientos cincuenta hombres, mosquetes, pólvora, víveres y dinero. Sólo pone una condición. Pétion, que nació esclavo, hijo de negra y francés, exige a Bolívar la libertad de los esclavos en las tierras que va a liberar.

Bolívar le aprieta la mano. La guerra mudará de rumbo. Quizás América también.

(115, 116 y 202)

1816
Ciudad de México

«El Periquillo Sarniento»

La primera novela latinoamericana nace en una imprenta de la calle de Zuleta. En tres cuadernos, José Joaquín Fernández de Lizardi cuenta las malandanzas de *El Periquillo Sarniento;* y los lectores devoran y festejan. El virrey prohíbe el cuarto cuaderno cuando está a punto de salir, pero ya no hay modo de atrapar al personaje.

El Periquillo, hijo americano de la picaresca española, ha ganado las calles de México. Anda por todas partes, desnudando costumbres; salta de la mesa del tahúr al despacho del notario y del sillón del barbero al suelo de la cárcel. Mucho no disfruta sus aventuras. El padre lo abruma con sus edificantes sermones. Lizardi, moralista ilustrado, convierte todo juego en moraleja.

(9, 111 y 303)

1817
Santiago de Chile

Lucifereando

Los jóvenes elegantes fuman sosteniendo el cigarrillo con tenacita de oro, por no mancharse los dedos, pero Santiago de Chile limita con basura por los cuatro costados. Al norte, las casas miran al basural del río Mapocho. Al sur se extienden las porquerías de la Cañada. Se alza el sol sobre montones de desperdicios en el cerro Santa Lucía y los últimos rayos iluminan los vertederos de los suburbios de San Miguel y San Pablo.

De alguno de esos basurales ha brotado el visitante que anoche atravesó la ciudad, ráfaga de azufre que hizo temblar las velitas de sebo en los faroles, y que se quedó curioseando o amenazando allá cerca del templo de la Compañía hasta que la voz del sereno cantó las once:

—*¡Ave María Purísiiimaaaaa...!*
El Diablo huyó a la disparada.
El zapato que perdió está recorriendo Santiago, de casa en casa.
Un fraile lo lleva, cubierto por una servilleta, en bandeja de plata.
Se santiguan las beatas.

(256)

1817
Santiago de Chile

Manuel Rodríguez

Quien habla de emancipación americana, firma su sentencia. Quien recibe carta desde Mendoza, marcha a la horca o al paredón. El Tribunal de Vigilancia da curso a las delaciones en Santiago de Chile.

Desde Mendoza y hacia Mendoza, los patriotas están reorganizando el ejército triturado por los españoles. El viento de la resistencia va y viene a través de la cordillera, en el fulgor de la nieve, sin dejar huella.

El mensajero desliza una orden en Santiago, en la riña de gallos, y a la vez otra en el lucido sarao, mientras recoge un informe entre dos carreras de caballos en los suburbios. Se anuncia el mensajero en una casa principal, tres golpecitos de aldaba, y al mismo tiempo emerge en las montañas, a lomo de mula, y a caballo galopa praderas. El guerrillero se lanza al asalto de Melipilla mientras atraviesa el pueblo de San Fernando. Golpeando en Rancagua, el guerrillero desmonta en Pomaire y bebe un vaso de vino.

El gobernador español ha puesto precio a la cabeza de Manuel Rodríguez, el mensajero, el guerrillero, pero su cabeza viaja oculta por el capuchón del fraile, el sombrerón del arriero, el cesto del vendedor ambulante o la galera de felpa del gran señor. No hay quien lo atrape, porque vuela sin moverse y sale hacia adentro y entra hacia afuera.

(106)

1817

Montevideo

Imágenes para una epopeya

Un enorme ejército viene desde Río de Janeiro, por tierra y por mar, con la misión de aniquilar a José Artigas y para no dejar ni la sombra de la memoria de su contagioso ejemplo. Las tropas del Brasil invaden a sangre y fuego, anunciando que limpiarán de bandidos estos campos: el general Lecor promete restablecer los lastimados derechos de propiedad y herencia.

Lecor entra en Montevideo bajo palio. El padre Larrañaga y Francisco Javier de Viana ofrecen las llaves de la ciudad a los redentores del latifundio, y las damas arrojan flores y lacitos azules al paso del jamás visto desfile de entorchados, condecoraciones y penachos. Repican las campanas de la catedral, hartas de tocar a duelo. Se balancean los incensarios y se balancean los hombres de negocios, en reverencias y besamamos de nunca acabar.

(195, 278 y 335)

1817

Quito

Manuela Sáenz

Nació Quito entre volcanes, alta, lejana de la mar; y entre la catedral y el palacio, en la Plaza Mayor, nació Manuela. Llegó a Quito en lecho de raso, sobre sábanas de Bruselas, hija de amores secretos de don Simón Sáenz, el matador de los criollos que aquí se habían sublevado.

A los quince años, Manuela vestía ropa de varón, fumaba y domaba caballos. No montaba de costado, como las señoras, sino de piernas abiertas y despreciando monturas. Su mejor amiga era su esclava negra, Jonatás, que maullaba como gato, cantaba como pájaro y caminando ondulaba como serpiente. Tenía Manuela dieciséis años

cuando la encerraron en uno de los muchos conventos de esta ciudad
rezadora y pecadora, donde los frailes ayudan a las monjas viejas a
bien morir y a las monjas jóvenes a bien vivir. En el convento de
Santa Catalina aprendió Manuela a bordar, a tocar el clavicordio, a
simular virtudes y a desmayarse con ojos en blanco. A los diecisiete
años, loca por los uniformes, se fugó con Fausto D'Elhuyar, oficial
del rey.

A los veinte, relampaguea. Todos los hombres quieren ser la
ostra de esta perla. La casan con James Thorne, respetable médico
inglés. La fiesta dura una semana corrida.

(295)

1818
Campamento de Colonia

La guerra de los de abajo

Ya es puro pueblo desnudo la tropa de Artigas. Los que no tienen
más propiedad que el caballo, y los negros, y los indios, saben que
en esta guerra se juega su suerte. Desde los campos y los ríos, acometen a lanza y cuchillo, en montonera, al bien armado y numeroso
ejército del Brasil; y en seguida se desvanecen como pájaros.

Mientras tocan a degüello los clarines en la tierra invadida, el
gobierno de Buenos Aires difunde propaganda dirigida *a quienes
tienen bienes que perder.* Un folleto firmado por «El amigo del
Orden» llama a Artigas *genio maléfico, apóstol de la mentira, lobo
devorador, azote de su patria, nuevo Atila, oprobio del siglo y afrenta
del género humano.*

Alguien lleva esos papeles al campamento. Artigas no desvía la
vista del fogón:

—*Mi gente no sabe leer* —dice.

(277)

1818

Corrientes

Andresito

—*Ellos tienen el principal derecho* —ha dicho Artigas de los indios, y ellos han sufrido mucha muerte por serle leales.

Andrés Guacurarí, Andresito, indio guaraní, hijo adoptivo de Artigas, es el jefe. En aluvión invadió Corrientes hace un par de meses, flechas contra fusiles, y pulverizó a los aliados de Buenos Aires.

Desnudos, a no ser por el barro del camino y algún andrajo, los indios de Andresito entraron en la ciudad. Traían unos cuantos niños indios que los correntinos habían tenido de esclavos. Encontraron silencio y postigos cerrados. El comandante de la guarnición enterró su fortuna en el jardín y el notario murió del susto.

Los indios llevaban tiempo sin comer, pero nada arrebataron ni nada pidieron. No bien llegaron ofrecieron una función de teatro en homenaje a las familias principales. Inmensas alas de papel de plata, desplegadas sobre armazones de caña, convirtieron a los indios en ángeles guardianes. Para nadie, porque nadie acudió, representaron «La tentación de san Ignacio», vieja pantomima del tiempo de los jesuitas.

—*¿Así que no quieren venir a fiestas de indios?*

Andresito encendió un enorme cigarro y el humo se le salía por las orejas y por los ojos.

Al amanecer, los tambores tocaron a las armas. A punta de lanza, los más respetables caballeros de Corrientes fueron obligados a cortar la hierba de la plaza y a barrer las calles hasta dejarlas transparentes. Todo ese día estuvieron atareados los caballeros en tan noble tarea y esa noche, en el teatro, dejaron a los indios sordos de tanto aplaudir.

Andresito gobierna Corrientes hasta que Artigas lo manda llamar.

Ya se alejan los indios por el camino. Llevan puestas aquellas enormes alas de plata. Hacia el horizonte cabalgan los ángeles y el sol les da fulgores y les da sombras de águilas en vuelo.

(283)

1818
Río Paraná

Los corsarios patriotas

La tropa de Andresito baja hacia Santa Fe, costeando el río. Por las aguas del Paraná, acompaña a los indios la flotilla de los corsarios patriotas.

Canoas, lanchas y algunos bergantines bien artillados hacen la vida imposible a los buques mercantes del Brasil. El pabellón tricolor de Artigas navega y pelea en los ríos y en la mar. Los corsarios desvalijan las naves enemigas en fulminantes abordajes y llevan los frutos de sus saqueos hasta las lejanas Antillas.

Pedro Campbell es el almirante de esta escuadra de barcos y barquitos.

Campbell había llegado aquí con los invasores ingleses, hace unos años. Desertó y se lanzó a galopar por la llanura. Pronto echó fama el gaucho irlandés de aros en las orejas y torva mirada acechando en la maraña del pelo colorado. Cuando Artigas lo hizo jefe de corsarios, ya Campbell había sido tajeado en varios duelos criollos y debía algunas muertes y ninguna traición. Todo el mundo sabe que su cuchillo de plata es una serpiente que jamás muerde por la espalda.

(277 y 283)

1818
San Fernando de Apure

La guerra a muerte

Al frente de un ejército triturado por las derrotas, cabalga Bolívar. Un capote de peregrino le echa sombra en la cara; en la sombra destellan los ojos, que miran devorando, y la melancólica sonrisa.

Bolívar cabalga en el caballo del finado Rafael López. La silla luce las iniciales de plata del muerto, un oficial español que disparó contra Bolívar mientras el jefe patriota dormía en una hamaca.

La ofensiva al norte ha fracasado.

En San Fernando de Apure, Bolívar pasa revista a los restos de la tropa.

—*Está loco* —piensan o murmuran los soldados descalzos, extenuados, lastimados, mientras les anuncia que pronto llevarán esta guerra, guerra santa, guerra a muerte, hasta Colombia y Perú y la cumbre de Potosí.

(53 y 116)

1819

Angostura

Láminas escolares: la Asamblea Constituyente

Bajo el toldo, en una barca que navega por el Orinoco, Bolívar dicta a los secretarios su proyecto de Constitución. Escucha, corrige y vuelve a dictar en el campamento, mientras el humo de la hoguera lo defiende de los mosquitos. Otras barcas traen diputados desde Caracas, Barcelona, Cumaná, Barinas, Guayana y la isla Margarita. De pronto han cambiado los vientos de la guerra, quizás en homenaje a la obstinación de Bolívar, y en súbita ráfaga la mitad de Venezuela ha vuelto a manos de los patriotas.

Los delegados al congreso desembarcan en el puerto de Angostura, pueblo de casitas dibujadas por un niño. En prensa de juguete se imprime aquí, semana tras semana, *El Correo del Orinoco*. Desde la selva, el portavoz del pensamiento republicano difunde los artículos de los doctores criollos y avisos que anuncian la llegada de cerveza, cortaplumas, monturas y soldados voluntarios desde Londres.

Tres salvas de cañón saludan a Bolívar y a su estado mayor. Huyen los pájaros, pero un guacamayo camina, indiferente, con andares de matón.

Los diputados suben la escalinata de piedra.

Francisco Antonio Zea, alcalde de Angostura, abre la sesión. Su discurso compara a esta patriótica villa con Menfis, Tebas, Alejandría y Roma. El congreso confirma a Bolívar como jefe del ejército y presidente de plenos poderes. Se designa el gabinete.

Después Bolívar ocupa la tribuna. *Los ignorantes*, advierte, *confunden la realidad con la imaginación y la justicia con la venganza...* Expone sus ideas sobre la necesaria creación de la Gran Colombia y fundamenta su proyecto de Constitución, elaborado sobre la base de la Carta Magna de los ingleses.

(202)

1820
Paso del Boquerón

Final

Los tres grandes puertos del sur, Río de Janeiro, Buenos Aires y Montevideo, no habían podido con las huestes montoneras de José Artigas, el caudillo de tierra adentro.

Pero la muerte se ha llevado a la mayoría de su gente. En las panzas de los caranchos yace la mitad de los hombres de la campaña oriental. Andresito agoniza en la cárcel. Están presos Lavalleja y Campbell y otros leales; y a unos cuantos se los lleva la traición. Fructuoso Rivera llama a Artigas *criminal* y lo acusa de haber puesto *la propiedad a merced del despotismo y la anarquía*. Francisco Ramírez, de Entre Ríos, proclama que *Artigas es la causa y origen de todos los males de América del sur* y también se da vuelta Estanislao López en Santa Fe.

Los caudillos dueños de tierras hacen causa común con los mercaderes de los puertos y el jefe de la revolución deambula de desastre en desastre. Lo siguen las últimas huestes de indios y negros y un puñado de gauchos andrajosos al mando de Andrés Latorre, el último de sus oficiales.

A la orilla del Paraná, Artigas elige al mejor jinete. Le entrega cuatro mil patacones, que es todo lo que queda, para que los lleve a los presos en Brasil.

Después, clava la lanza en la orilla y cruza el río. A contracorazón se marcha al Paraguay, al exilio, el hombre que no quiso que la independencia de América fuera una emboscada contra sus hijos más pobres.

(277)

Usted

Sin volver la cabeza, usted se hunde en el exilio. Lo veo, lo estoy viendo: se desliza el Paraná con perezas de lagarto y allá se aleja flameando su poncho rotoso, al trote del caballo, y se pierde en la fronda.

Usted no dice adiós a su tierra. Ella no se lo creería. O quizás usted no sabe, todavía, que se va para siempre.

Se agrisa el paisaje. Usted se va, vencido, y su tierra se queda sin aliento. ¿Le devolverán la respiración los hijos que le nazcan, los amantes que le lleguen? Quienes de esa tierra broten, quienes en ella entren, ¿se harán dignos de tristeza tan honda?

Su tierra. Nuestra tierra del sur. Usted le será muy necesario, don José. Cada vez que los codiciosos la lastimen y la humillen, cada vez que los tontos la crean muda o estéril, usted le hará falta. Porque usted, don José Artigas, general de los sencillos, es la mejor palabra que ella ha dicho.

1821
Campamento Laurelty

San Baltasar, el rey negro, el más mago

Desde los pueblos vecinos y lejanas comarcas, acuden los paraguayos a ver a estos extraños seres de piel de noche. No se conocían negros en el Paraguay. Los esclavos que Artigas había liberado, y que han seguido al caudillo en la huella del destierro, hacen pueblo en Laurelty.

Los acompaña Baltasar, el rey negro elegido para dar la bienvenida a Dios en la tierra. Invocando a san Baltasar, trabajan los huertos; y por él suenan tambores y cánticos de guerra traídos desde el África hasta las llanuras del río de la Plata. Los compañeros de Artigas, los *Artigas-cué,* visten capas de seda roja y coronas de flores cuando llega el 6 de enero; y bailando piden al rey mago que nunca más vuelva la esclavitud, y que les dé protección contra los malos espíritus que dejan blanda la cabeza y contra las gallinas que cantan como gallo.

(66)

1821
Carabobo

Páez

A los quince años nació matando. Mató por defenderse; y tuvo que huir de las montañas y se hizo jinete nómada en las praderas inmensas de Venezuela. Jinete caudillo de jinetes: José Antonio Páez, el llanero Páez, vuela a la cabeza de los pastores artistas de la lanza y el lazo, que montan en pelo y cargan en avalancha a todo miedo. Él anda en caballo blanco, porque caballo blanco navega mejor. Cuando no está en campaña, aprende a leer y a tocar el violoncelo.

Los desnudos llaneros, que en tiempos de Boves habían servido a España, derrotan a España en la batalla de Carabobo. A golpes de machete se abren paso por la imposible manigua del oeste, pantanos y matorrales, y sorprenden y arrasan al enemigo.

Bolívar nombra a Páez comandante en jefe de las fuerzas armadas venezolanas. El llanero entra en Caracas a su lado y luce, como él, guirnalda de flores.

En Venezuela, la suerte está echada.

(202)

1822
Guayaquil

San Martín

Encuentro en Guayaquil. Entre el mar Caribe y el océano Pacífico, se abre un camino de arcos de triunfo: el general Bolívar acude desde el norte. Viene desde el sur José de San Martín, el general que atravesó la cordillera de los Andes en busca de la libertad de Chile y de Perú.

Bolívar habla, ofrece.

—*Estoy cansado* —corta, lacónico, San Martín. Bolívar no le cree; o quizás desconfía, porque todavía no sabe que también la gloria cansa.

San Martín lleva treinta años de batallas, desde Orán hasta Maipú. Por España peleó el soldado y por América el curtido general. Por América, y nunca contra ella: cuando el gobierno de Buenos Aires le mandó aplastar las huestes federales de Artigas, San Martín desobedeció y lanzó su ejército a las montañas, para continuar su campaña por la independencia de Chile. Buenos Aires, que no perdona, le niega ahora el pan y la sal. En Lima tampoco lo quieren. Lo llaman *el rey José.*

Desencuentro en Guayaquil. San Martín, gran jugador de ajedrez, evita la partida.

—*Estoy cansado de mandar* —dice, pero Bolívar escucha otras palabras: *Usted o yo. Juntos, no cabemos.*

Después, hay banquete y baile. Baila Bolívar en el centro del salón, disputado por las damas. A San Martín lo aturde el ruido. Pasada la medianoche, sin decir adiós se marcha hacia los muelles. El equipaje ya está en el bergantín.

Da la orden de zarpar. Se pasea en cubierta, a pasos lentos, acompañado por su perro y perseguido por los mosquitos. El barco se desprende de la costa y San Martín se vuelve a contemplar la tierra de América que se aleja, se aleja.

(53 y 54)

1822
Buenos Aires

Pájaro cantor

A la orilla del caserío de Morón, la fosa común traga los huesos de un poeta que hasta ayer tenía guitarra y nombre.

Mejor es andar delgao,
andar águila y sin penas...

Bartolomé Hidalgo, el trovador de los campamentos de Artigas, vivió un rato nomás, siempre en el torbellino de cantares y peleas, y ha muerto en el exilio. Los perros del hambre le trituraron los pulmones. Por calles y plazas de Buenos Aires deambulaba Hidalgo vendiendo sus coplas, que cantan a los libres y desnudan enemigos. Poco de comer le daban ellas, pero mucho de vivir; porque mientras el cuerpo sin mortaja va a parar a la tierra, las coplas, también desnudas, también plebeyas, se van al aire.

(125)

1822
Río de Janeiro

Tráfico loco

El «Diario do Rio de Janeiro» anuncia las novedades recién llegadas de Londres: máquinas para reparar calles o sanar pulmones o exprimir mandiocas; tornos y alambiques y cocinas a vapor; anteojos, largavistas, navajas, peines. También monturas acolchadas, estribos de plata, arneses de mucho lustre y linternas para carruajes.

Todavía se ven jinetes solitarios por las calles y algunos viejos palanquines dorados, demorados; pero la moda manda arrancar chispas al empedrado en alas de un carruaje inglés último modelo. Son un peligro las calles de Río de Janeiro. Se multiplican los accidentes por exceso de velocidad y crece el poder de los cocheros.

Guantes blancos, sombrero de copa: desde lo alto del pescante, los cocheros dejan caer alguna mirada perdonavidas sobre los demás esclavos negros, y disfrutan desatando el pánico entre las gentes de a pie. Tienen fama de borrachos, alcahuetes y buenos guitarristas; y son imprescindibles en la vida moderna. Un carruaje vale una fortuna cuando se lo vende acompañado de caballo veloz y negro hábil.

(119)

1822
Quito

Doce ninfas lo aguardan en la Plaza Mayor

y cada una sostiene una corona. Estallan músicas y fuegos de artificio y parece rumor de lluvia el golpeteo de los cascos de los caballos en la larga calle de piedra. A la cabeza de su ejército, entra Bolívar en Quito: enclenque gladiador, puro nervio, la espada de oro más larga que el cuerpo. Desde los balcones llueven flores y pañuelitos bordados. Los balcones son altares donde las quiteñas dejan adorar el brío de sus pechos casi desnudos entre encajes y mantillas. Manuela Sáenz se alza, deslumbrante mascarón de proa: deja caer una mano, de la mano se desprende una corona de laurel. Bolívar levanta la cabeza y le clava la mirada, lenta lanza.

Esta noche, bailan. Bailan el vals a todo vértigo, y gira que te gira el mundo mientras crujen las mil enaguas y vuela la larga y negra cabellera de la mujer impar.

(202, 249 y 295)

1823
Lima

Se les hinchan las manos de tanto aplaudir

Cabalga desde El Callao, entre dos filas de soldados, por camino de flores. Lima recibe al general Bolívar con cien salvas, cien banderas, cien discursos y banquetes de cien cubiertos.

El Congreso le otorga plenos poderes para echar a los españoles, que han recuperado medio Perú. El marqués de Torre Tagle le obsequia una biografía de Napoleón, un juego de navajas de Toledo y ramos de floridas frases: *¡La victoria te espera en las heladas cumbres de los Andes para ceñirte con sus laureles y las ninfas del Rímac entonan ya los himnos para celebrar tus triunfos!* El ministro de Guerra da órdenes a la diosa Fortuna: *¡Emprende tu majestuoso vuelo desde las faldas del Chimborazo hasta las cumbres de nuestros Andes y espera allí al inmortal Bolívar para ceñirle la frente con los laureles del Perú!*

El Rímac, *el río que habla,* es el único que calla.

(53 y 202)

1824
Lima

A pesar de todo

Cabalga desde El Callao, entre dos filas de soldados, por camino de flores. Lima recibe al jefe de los españoles, el general Monet, izando y aclamando la bandera del rey. Flamea la bandera y flamean los discursos. El marqués de Torre Tagle se derrite en gratitudes y suplica a España que salve al Perú de la amenaza del maldito Bolívar, *el monstruo colombiano.*

Lima prefiere seguir durmiendo, entre rizados blasones, el sueño de la arcadia colonial. Virreyes, santos y caballeros, pícaros y coquetas intercambian suspiros y reverencias en medio de los hoscos arenales de América, bajo un cielo que niega lluvias y soles pero envía ángeles para defender las murallas de la ciudad. Adentro se respira aroma de jazmines; afuera acechan la soledad y el peligro. Adentro los besamanos, las procesiones, los cortejos: cualquier funcionario imita al rey y cualquier fraile al papa. En los palacios, el estuco imita al mármol; en las setenta iglesias de oro y plata, el rito imita a la fe.

Lejos de Lima, Bolívar yace enfermo en el pueblo costeño de Pativilca. *Por todos lados,* escribe entre fiebres, *escucho el ruido del desastre... Todo nace a la vida y muere ante mis ojos, como partido por un rayo... Polvo, cenizas, nada.* El Perú entero, menos un par de valles, ha vuelto a manos de España. Los gobiernos independientes de Buenos Aires y Chile han abandonado la causa de la libertad de esta tierra; y ni los propios peruanos parecen muy interesados.

—Y ahora, ¿qué piensa hacer? —pregunta alguien a este hombre maltrecho y solo.

—*Triunfar* —dice Bolívar.

(53, 202 y 302)

1824
Montevideo

Crónicas de la ciudad desde el sillón del barbero

Ninguna brisa hace tintinear la jofaina de latón que cuelga de un alambre, sobre el hueco de la puerta, anunciando que aquí se rapan barbas, se arrancan muelas y se aplican ventosas.

Por pura costumbre, o por sacudirse los sopores del verano, el barbero andaluz discursea y canta mientras termina de cubrir de espuma la cara de un cliente. Entre frases y fandangos, susurra la navaja. Un ojo del barbero vigila la navaja, que se abre paso en el merengue, y el otro vigila a los montevideanos que se abren paso por la calle polvorienta. Más corta la lengua que la navaja, y no hay quien se salve del despelleje. El cliente, prisionero del barbero mientras dura la afeitada, mudo, inmóvil, escucha la crónica de costumbres y sucesos y de vez en cuando intenta seguir, con el rabillo del ojo, a las fugaces víctimas.

Pasa un par de bueyes, llevando una muerta al camposanto. Tras la carreta, un monje desgrana el rosario. Hasta la barbería llegan los sones de alguna campana que por rutina despide a la difunta de tercera clase. La navaja se para en el aire. El barbero se persigna y de su boca salen palabras sin ánimo desollador:

—Pobrecilla. Nunca fue feliz.

El cadáver de Rosalía Villagrán está atravesando la ciudad ocupada por los enemigos de Artigas. Hacía mucho que ella creía que era otra, y creía que vivía en otro tiempo y en otro mundo, y en el hospital de la Caridad besaba las paredes y discutía con las palomas. Rosalía Villagrán, la esposa de Artigas, ha entrado en la muerte sin una moneda para pagarse el ataúd.

(315)

1824
Llano de Junín

La batalla callada

Bolívar reconstruye su ejército, magias de su porfiado coraje, y triunfa en la llanura peruana de Junín. Los mejores jinetes del mundo cargan a sable y lanza y arrasan. No suena un balazo en toda la batalla.

En el ejército americano se mezclan gauchos de las orillas del río de la Plata, huasos de Chile y llaneros de la Gran Colombia, que pelean con las riendas atadas a las rodillas; patriotas peruanos y ecuatorianos, héroes de San Lorenzo y Maipú, Carabobo y Pichincha. Llevan los hombres lanzas de Guayaquil y ponchos de Cajamarca y los caballos monturas de Lambayeque y herraduras de Trujillo. También siguen a Bolívar ingleses, alemanes, franceses y hasta españoles ganados por el Nuevo Mundo, europeos veteranos de lejanas guerras en el Guadiana o el Rin o el Sena.

Mientras muere el sol, se apaga la vida de los heridos. En la tienda de Bolívar agoniza el teniente coronel Sowersby, un inglés que había acompañado a Napoleón en Borodino; y no lejos de allí un perrito aúlla junto al cuerpo de un oficial español. El perrito ha corrido durante toda la batalla de Junín, siempre pegado al caballo de su amigo. Ahora el general Miller quiere atraparlo o echarlo y no hay manera.

(202)

1825
La Paz

Bolivia

La bandera imperial cae rendida a los pies de Antonio José de Sucre, general a los veintitrés años, gran mariscal a los treinta, el oficial preferido de Bolívar. La fulminante batalla de la pampita de Ayacucho liquida el poder español en el Perú y en todo el continente. Cuando la noticia llega a Lima, Bolívar salta sobre la mesa del comedor y baila pisando platos y rompiendo copas y botellas.

Después cabalgan juntos, Bolívar y Sucre, bajo los arcos triunfales de la ciudad de La Paz. Allí nace un país. El Alto Perú, que había integrado el virreinato de Lima y el de Buenos Aires, se llama ahora República Bolívar, y se llamará Bolivia, para que sus hijos perpetúen el nombre del libertador.

José Mariano Ruyloba, fraile de altas dotes oratorias, muy pico de oro, había preparado una gran alocución de bienvenida. Quiso el destino que Ruyloba muriera antes de que Bolívar pudiera escucharla. La alocución estaba redactada en lengua griega.

(202)

1825
Potosí

Láminas escolares: el Héroe en la cumbre

En Potosí, Bolívar sube a la cumbre del cerro de plata. Habla Bolívar, hablará la Historia: *Esta montaña cuyo seno es el asombro y la envidia del Universo...* Al viento las banderas de las nuevas patrias y las campanas de todas las iglesias. *Yo estimo en nada esta opulencia cuando la comparo...* Mil leguas abarcan los brazos de Bolívar. Los valles multiplican las salvas de los cañones y el eco de las palabras: *...con la gloria de haber traído victorioso el estandarte de la libertad desde las ardientes y lejanas playas...* Hablará la Historia

del prócer en la altura. Nada dirá de las mil arrugas en la cara de
este hombre, todavía no usada por los años pero tajeada hondo por
amores y dolores. La Historia no se ocupará de los potros que le
galopan en el pecho mientras abraza la tierra como si fuera mujer,
desde los cielos de Potosí. La tierra como si fuera *esa* mujer: la que
le afila las espadas y de una mirada lo desnuda y lo perdona: La que
sabe escucharlo por debajo del trueno de los cañones y los discursos
y las ovaciones, cuando él anuncia: *Tú estarás sola, Manuela. Y yo
estaré solo, en medio del mundo. No habrá más consuelo que la
gloria de habernos vencido.*

(53, 202 y 238)

1825
Potosí

La deuda inglesa vale un Potosí

Caminan agachadas las colonias españolas que nacen a la vida independiente. Desde el primer día arrastran una pesada piedra colgada
del pescuezo, piedra que crece y agobia: la *deuda inglesa,* nacida del
apoyo británico en armas y soldados, se multiplica por obra de usureros y mercaderes. Los prestamistas y sus intermediarios, sabios en
artes de alquimia, convierten cualquier guijarro en joya de oro;
y los comerciantes británicos encuentran en estas tierras sus más
lucrativos mercados. Los nuevos países, temerosos de la reconquista
española, necesitan el reconocimiento oficial de Inglaterra; pero Inglaterra no reconoce a nadie sin previa firma de un Tratado de Amistad
y Comercio que asegure libertad de invasión a sus mercancías industriales.

    Aborrezco más las deudas que a los españoles, escribe Bolívar al
general colombiano Santander, y le cuenta que por pagarlas ha vendido a los ingleses las minas de Potosí en dos millones y medio de
pesos. Además, escribe, *he indicado al gobierno del Perú que venda
en la Inglaterra todas sus minas, todas sus tierras y propiedades y
todos los demás arbitrios del gobierno, por su deuda nacional, que
no baja de veinte millones.*

El Cerro Rico de Potosí, venido a menos, pertenece ahora a una empresa de Londres, la fantasmal *Potosí, La Paz and Peruvian Mining Association*. Como sucede con otros delirios en plena fiebre de especulación, el nombre es más largo que el capital: la empresa anuncia un millón de libras, pero reúne cincuenta mil.

(40, 172 y 234)

La maldición del cerro de plata

Poca plata da Potosí, que tanta plata ha dado. El cerro no quiere.

Durante más de dos siglos, el cerro escuchó gemir a los indios en sus entrañas. Los indios, los condenados de los socavones, le suplicaban que agotara sus vetas. Y por fin el cerro maldijo la codicia.

Desde entonces, misteriosas caravanas de mulas llegaban en las noches, se metían en el cerro y se llevaban, a escondidas, los cargamentos de plata. Nadie podía verlas, nadie podía atraparlas; y el cerro se fue vaciando noche a noche.

Cuando alguna mula se quebraba una pata, porque era mucho el peso del mineral, algún escarabajo amanecía cojeando penosamente en el camino.

(247)

1826

Chuquisaca

Bolívar y los indios

Jamás se cumplieron las leyes en las colonias españolas de América. Buenas o malas, nunca existieron las leyes en la realidad —ni las muchas cédulas reales que protegían a los indios, y que al repetirse confesaban su impotencia, ni las ordenanzas que prohibían la circulación de judíos o novelas. Esta tradición no impide que los criollos ilustrados, generales o doctores, crean que la Constitución es la pócima infalible de la felicidad pública.

Simón Bolívar borda constituciones con fervor. Ahora eleva al Congreso un proyecto de Constitución para la nueva república que lleva su nombre. Según el texto, en Bolivia habrá presidente vitalicio y tres cámaras legislativas: la de tribunos, la de senadores y la de censores, *que tiene alguna semejanza,* dice Bolívar, *con la del areópago de Atenas y la de los censores de Roma.*

No tendrán derecho de voto quienes no sepan leer. O sea: sólo tendrá derecho de voto un puñado de selectos varones. Casi todos los bolivianos hablan quechua o aymara, ignoran la lengua castellana y no saben leer.

Como en Colombia y en Perú, Bolívar ha decretado en el nuevo país la abolición del tributo indígena y del trabajo forzado de los indios; y ha dispuesto que se divida la tierra de las comunidades en lotes privados. Y para que los indios, inmensa mayoría del país, puedan recibir las luces europeas de la Civilización, Bolívar ha traído a Chuquisaca a su viejo maestro, Simón Rodríguez, con orden de fundar escuelas.

(42 y 172)

1826

Chuquisaca

Maldita sea la imaginación creadora

Simón Rodríguez, el maestro de Bolívar, ha regresado a América. Un cuarto de siglo anduvo don Simón al otro lado de la mar: allá fue amigo de los socialistas de París y Londres y Ginebra; trabajó con los tipógrafos de Roma y los químicos de Viena y hasta enseñó primeras letras en un pueblito de la estepa rusa.

Tras el largo abrazo de la bienvenida, Bolívar lo nombra director de educación en el país recién fundado.

Con una escuela modelo en Chuquisaca, Simón Rodríguez inicia su tarea contra las mentiras y los miedos consagrados por la tradición.

Chillan las beatas, graznan los doctores, aúllan los perros del escándalo: horror: el loco Rodríguez se propone mezclar a los niños de mejor cuna con los cholitos que hasta anoche dormían en la calle. ¿Qué pretende? ¿Quiere que los huérfanos lo lleven al cielo? ¿O los corrompe para que lo acompañen al infierno? En las aulas no se escucha catecismo, ni latines de sacristía, ni reglas de gramática, sino un estrépito de sierras y martillos insoportable a los oídos de frailes y leguleyos educados en el asco al trabajo manual. *¡Una escuela de putas y ladrones!* Quienes creen que el cuerpo es una culpa y la mujer un adorno, ponen el grito en el cielo: en la escuela de don Simón, niños y niñas se sientan juntos, todos pegoteados; y para colmo, estudian jugando.

El prefecto de Chuquisaca encabeza la campaña *contra el sátiro que ha venido a corromper la moral de la juventud.* Al poco tiempo, el mariscal Sucre, presidente de Bolivia, exige a Simón Rodríguez la renuncia, porque no ha presentado sus cuentas con la debida prolijidad.

(296 y 298)

Las ideas de Simón Rodríguez:
«Para enseñar a pensar»

Hacen pasar al autor por loco. Déjesele trasmitir sus locuras a los padres que están por nacer.

Se ha de educar a todo el mundo sin distinción de razas ni colores. No nos alucinemos: sin educación popular, no habrá verdadera sociedad.

Instruir no es educar. Enseñen, y tendrán quien sepa; eduquen, y tendrán quien haga.

Mandar recitar de memoria lo que no se entiende, es hacer papagayos. No se mande, en ningún caso, hacer a un niño nada que no tenga su «porque» al pie. Acostumbrado el niño a ver siempre la razón respaldando las órdenes que recibe, la echa de menos cuando no la ve, y pregunta por ella diciendo: «¿Por qué?». Enseñen a los niños a ser preguntones, para que, pidiendo el porqué de lo que se les manda hacer, se acostumbren a obedecer a la razón: no a la autoridad, como los limitados, ni a la costumbre como los estúpidos.

En las escuelas deben estudiar juntos los niños y las niñas. Primero, porque así desde niños los hombres aprenden a respetar a las mujeres; y segundo, porque las mujeres aprenden a no tener miedo a los hombres.

Los varones deben aprender los tres oficios principales: albañilería, carpintería y herrería, porque con tierras, maderas y metales se hacen las cosas más necesarias. Se ha de dar instrucción y oficio a las mujeres, para que no se prostituyan por necesidad, ni hagan del matrimonio una especulación para asegurar su subsistencia.

Al que no sabe, cualquiera lo engaña. Al que no tiene, cualquiera lo compra.

(297)

1826
Buenos Aires

Rivadavia

En la cresta de las barrancas del Plata, sobre la costa barrosa del río, se alza el puerto que usurpa la riqueza de todo el país.

En el Coliseo de Buenos Aires, el cónsul británico ocupa el palco del virrey de España. Los patricios criollos usan palabras de Francia y guantes de Inglaterra; y así se deslizan por la vida independiente.

Desde el Támesis fluye el torrente de mercancías fabricadas, sobre moldes argentinos, en Yorkshire o Lancashire. En Birmingham imitan al detalle la tradicional caldera de cobre, para calentar el agua del mate, y se producen estribos de palo, boleadoras y lazos al uso del país. Mal pueden resistir la embestida los talleres y telares de las provincias. Un solo buque trae veinte mil pares de botas a precio de ganga y un poncho de Liverpool cuesta cinco veces menos que uno de Catamarca.

Los billetes argentinos se imprimen en Londres y el Banco Nacional, con mayoría de accionistas británicos, monopoliza la emisión. A través de este banco opera la River Plate Mining Association, que paga a Bernardino Rivadavia un sueldo anual de mil doscientas libras. Desde un sillón que será sagrado, Rivadavia multiplica la deuda pública y las bibliotecas públicas. El ilustrado jurista de Buenos Aires, que anda en carroza de cuatro caballos, dice ser presidente de un país que él ignora y desprecia. Más allá de las murallas de Buenos Aires, ese país lo odia.

(*55, 271 y 342*)

1826
Panamá

Patrias que son soledades

La criatura dijo sus primeras palabras. Fueron las últimas. De los invitados al bautismo, solamente cuatro llegaron a Panamá, y en vez de bautismo hubo extremaunción. El dolor, dolor de padre, encoge la cara de Bolívar. Las piedades y condolencias le suenan a hueco.

Doblan las campanas por la unidad de Hispanoamérica.

Bolívar había convocado a las nuevas patrias a unirse, bajo el amparo inglés, en una sola patria. No invitó a los Estados Unidos ni a Haití, *por ser extranjeros a nuestros arreglos americanos;* pero quiso que Gran Bretaña integrara la liga hispanoamericana, para defenderla del peligro de la reconquista española.

Ningún interés tiene Londres en la unidad de sus nuevos dominios. El congreso de Panamá no ha parido más que edificantes declaraciones, porque los viejos virreinatos han parido países atados al nuevo imperio de ultramar y divorciados entre sí. La economía colonial, minas y plantaciones produciendo para afuera, ciudades que prefieren el bazar a la fábrica, no abre paso a una gran nación sino a un gran archipiélago. Los países independientes se están desintegrando mientras Bolívar sueña con la patria grande. No han firmado ni un solo acuerdo comercial entre ellos, pero están inundados de mercancías europeas y casi todos han comprado la doctrina del librecambio, que es el principal producto británico de exportación.

En Londres, el primer ministro George Canning exhibe su trofeo ante la Cámara de los Comunes.

(202 y 207)

1826
Londres

Canning

Habla la perla de la corona. El plebeyo George Canning, jefe de la diplomacia británica, consagra su obra ante la Cámara de los Comunes. Canning despliega sus brazos, sus alas de halcón:

—*Yo llamé a la vida al Nuevo Mundo* —proclama el arquitecto del imperio— *para enderezar la balanza del Viejo.*

En algún rincón, resuena una risita burlona. Sigue un largo silencio. Canning alza en la oscuridad su afilado perfil de fantasma y estalla entonces la mayor ovación jamás escuchada en esta sala.

Inglaterra es el eje del planeta. Lord Castlereagh había hecho mucho por el proyecto imperial hasta que una noche, abrumado, se abrió la garganta con una navaja. Apenas llegó al poder, Canning, el heredero de Castlereagh, anunció que la era de los caballeros había quedado atrás. Las glorias militares debían dejar paso a las astucias diplomáticas. Más habían hecho por Inglaterra los contrabandistas que los generales; y era llegado el tiempo de que los mercaderes y los banqueros ganaran las verdaderas batallas por el dominio del mundo.

La paciencia del gato es más eficaz que la furia del tigre.

(171 y 280)

1828
Bogotá

Aquí la odian

Sin bajar la voz la llaman *la Forastera* o *la Mesalina,* y secreteando le dan nombres peores. Dicen que por ella anda Bolívar pesado de sombras y acribillado de arrugas y que en la cama quema sus talentos. Manuela Sáenz ha peleado a lanza en Ayacucho. Los bigotes que arrancó a un enemigo fueron talismán del ejército patriota. Cuando Lima se amotinó contra Bolívar, ella se disfrazó de hombre y recorrió los cuarteles con una pistola y una bolsa de dinero. Aquí, en Bogotá, se pasea a la sombra de los cerezos, vestida de capitana y escoltada por dos negras que llevan uniformes de húsares. Hace algunas noches, en una fiesta, fusiló a un muñeco de trapo contra la pared, bajo un letrero que decía: *Francisco de Paula Santander muere por traidor.*

Santander ha crecido a la sombra de Bolívar, en los años de la guerra: fue Bolívar quien lo nombró vicepresidente. Ahora Santander quisiera asesinar al *monarca sin corona* en algún baile de máscaras o asalto a traición.

El sereno de Bogotá, farol en mano, da la última voz. Le contestan las campanas de la iglesia, que asustan al Diablo y llaman a recogerse.

Suenan balazos, caen los guardias. Irrumpen los asesinos escaleras arriba. Gracias a Manuela, que los distrae mintiendo, Bolívar alcanza a escapar por la ventana.

(53, 202 y 295)

1828
Bogotá

De la carta de Manuela Sáenz a su esposo, James Thorne

¡No, no, no más, hombre. por Dios! ¿Por qué hacerme usted escribir, faltando a mi resolución? Vamos, ¿qué adelanta usted, sino hacerme

*pasar por el dolor de decir a usted mil veces no? Señor: usted es
excelente, es inimitable; jamás diré otra cosa sino lo que es usted.
Pero, mi amigo, dejar a usted por el general Bolívar es algo; dejar
a otro marido sin las cualidades de usted, sería nada.*

*...Yo sé muy bien que nada puede unirme a él bajo los auspicios
de lo que usted llama honor. ¿Me cree usted menos honrada por ser
él mi amante y no mi esposo? ¡Ah! Yo no vivo de las preocupaciones
sociales inventadas para atormentarse mutuamente.*

*Déjeme usted, mi querido inglés. Hagamos otra cosa: en el cielo
nos volveremos a casar, pero en la tierra no... Allá todo será a la
inglesa, porque la vida monótona está reservada a su nación (en
amores, digo, pues en lo demás, ¿quiénes más hábiles para el comercio y la marina?). El amor les acomoda sin placeres; la conversación,
sin gracia, y el caminado, despacio; el saludar, con reverencia; el levantarse y sentarse, con cuidado; la chanza, sin risa. Éstas son formali-
dades divinas; pero yo, miserable mortal, que me río de mí misma,
de usted y de estas seriedades inglesas, ¡qué mal que me iría en el
cielo!...*

(238)

1829
Corrientes

Bonpland

Descubrió América a lo largo de nueve mil leguas y sesenta mil plan-
titas. Cuando volvió a París, América le hizo falta. Por revelación
de su nostalgia, Aimé Bonpland supo que pertenecía a la misma tierra
que las raíces y las flores que había recogido. Esa tierra lo llamaba
como nunca lo había llamado Europa; y por ella descruzó la mar.

Fue profesor en Buenos Aires y labrador en los yerbales del alto
Paraná. Allá lo sorprendieron los soldados de Gaspar Rodríguez de
Francia, Dictador Supremo y Perpetuo del Paraguay. Lo molieron a
palos y se lo llevaron en canoa río arriba.

Nueve años ha estado preso en Paraguay. Por espía, dicen que
dijo el dictador Francia, que reina mediante terror y misterio. Reyes,

emperadores y presidentes intercedieron por la libertad del célebre sabio; pero de nada valieron gestiones ni misiones, súplicas ni amenazas.

El dictador lo había condenado un día de viento norte, viento que le pone agria el alma. Un día de viento sur, decide liberarlo. Como Bonpland no quiere irse, el dictador lo expulsa.

Bonpland no había estado preso en celda. Trabajaba tierras que le daban algodón, cañas y naranjas, y había creado una destilería de aguardiente, un taller de carpintería y un hospital; atendía los partos de las mujeres y las vacas de toda la comarca y regalaba jarabes infalibles contra el reuma y la fiebre. El Paraguay amó a su prisionero descalzo, de camisa flotante, buscador de plantas raras, hombre de mala suerte que tan buena suerte da; y ahora él se marcha porque se lo llevan a la fuerza los soldados.

No bien cruza la frontera, en territorio argentino, le roban los caballos.

(255)

1829
Asunción del Paraguay

Francia, el Supremo

No hay ladrones en Paraguay, como no sea bajo tierra, ni hay ricos, ni mendigos. Al llamado del tambor, no de la campana, acuden los niños a la escuela. Aunque todo el mundo sabe leer, no existe ni una imprenta, ni una biblioteca, ni se recibe de afuera ningún libro, ni diario, ni boletín, y el correo se ha extinguido por falta de uso.

Acorralado río arriba por la naturaleza y los vecinos, el país vive en guardia, esperando el zarpazo de Argentina o Brasil. Para que los paraguayos se arrepientan de su independencia, Buenos Aires les ha cortado la salida al mar, y se pudren sus barcos junto a los muelles; pero ellos persisten pobreando en su dignidad. Dignidad, soledad nacional: alzado sobre los vastos esteros, Gaspar Rodríguez de Francia manda y vigila. El dictador vive solo, y a solas come el pan y la sal de su tierra en platos que previamente prueban los perros.

Todos los paraguayos son espías o espiados. Muy de mañanita, mientras afila la navaja, el barbero Alejandro brinda al Supremo el primer informe del día sobre rumores y conspiraciones. Ya entrada la noche, el dictador caza estrellas con el telescopio; y también ellas le cuentan qué andan tramando los enemigos.

(82 y 281)

1829
Río de Janeiro

La bola de nieve de la deuda externa

Hace siete años que el príncipe Pedro se proclamó emperador del Brasil. El país nació a la vida independiente golpeando a las puertas de los banqueros británicos: el rey Juan, padre de Pedro, había desvalijado el banco y se había llevado a Lisboa hasta el último gramo de oro y plata. Pronto llegaron, desde Londres, los primeros millones de libras esterlinas. Las rentas de la aduana fueron hipotecadas en garantía y los intermediarios nativos recibieron el dos por ciento de cada préstamo.

Ahora el Brasil debe el doble de lo que recibió y la deuda rueda y crece como bola de nieve. Los acreedores mandan; y cada brasileño nace debiendo.

En solemne discurso, el emperador Pedro revela que el tesoro público está exhausto, *en estado miserable,* y que la ruina total amenaza al país. Anuncia, sin embargo, la salvación: el emperador ha resuelto tomar *medidas que destruirán de un golpe la causa de la calamidad existente.* Y explica cuáles son esas radicales medidas: consisten en nuevos empréstitos que el Brasil espera recibir de las casas Rothschild y Wilson, de Londres, con intereses caros pero honorables.

Mientras tanto, los diarios informan que mil fiestas se preparan para celebrar el casamiento del emperador con la princesa Amelia. Los avisos de los diarios ofrecen esclavos negros en venta o alquiler, quesos y pianos recién llegados de Europa, casacas inglesas de paño fino y vinos de Burdeos. El Hotel do Globo, en la calle Quitanda, busca *cocinero blanco y extranjero, que no sea borracho ni pitador de*

cigarros, y en la calle Ouvidor 76 necesitan *una dama que hable fran-*
cés para cuidar a un ciego.

(186 y 275)

1830
Río Magdalena

Baja la barca hacia la mar

Tierra verde, tierra negra. Allá lejos la niebla desvanece montañas.
El Magdalena se lleva a Simón Bolívar río abajo.
—*No.*
En las calles de Lima, están quemando su Constitución los mismos que le habían regalado una espada de diamantes. Quienes lo
llamaban «Padre de la Patria» están quemando su efigie en las calles
de Bogotá. En Caracas lo declaran, oficialmente, «enemigo de Venezuela». Allá en París arrecian los artículos que lo infaman; y los
amigos que saben elogiarlo no saben defenderlo.
—*No puedo.*
¿Era esto la historia de los hombres? ¿Este laberinto, este vano
juego de sombras? El pueblo venezolano maldice las guerras que le
han arrebatado a la mitad de sus hijos en remotas comarcas, y nada
le han dado. Venezuela se desgaja de la Gran Colombia y Ecuador
también se aparta, mientras Bolívar yace bajo un sucio toldo en la
barca que baja por el río Magdalena hacia la mar.
—*No puedo más.*
Los negros siguen siendo esclavos en Venezuela, a pesar de las
leyes. En Colombia y en Perú, las leyes dictadas para *civilizar* a los
indios se aplican para despojarlos. El tributo, impuesto colonial que
los indios pagan por ser indios, ha vuelto a imponerse en Bolivia.
¿Era esto, era esto la historia? Toda grandeza se hace enana. En
la nuca de cada promesa, asoma la traición. Los próceres se convierten
en voraces terratenientes. Los hijos de América se destrozan entre
sí. Sucre, el preferido, el heredero, que se había salvado del veneno
y del puñal, cae en los bosques, camino de Quito, volteado por una
bala.

—*No puedo más. Vámonos.*
En el río se deslizan caimanes y maderos. Bolívar, piel amarilla,
ojos sin luz, tiritando, delirando, baja por el Magdalena hacia la mar,
hacia la muerte.

(*53 y 202*)

1830
Maracaibo

Proclama el gobernador:

...*Bolívar, el genio del mal, la tea de la anarquía, el opresor de su
patria, ha dejado de existir.*

(*202*)

1830
La Guaira

Divide et impera

El cónsul norteamericano en La Guaira, J. G. Williamson, profeta
y protagonista de la desintegración de la Gran Colombia, envió al
Departamento de Estado un certero informe. Con un mes de antici-
pación, anunció la separación de Venezuela y el fin de los aranceles
que no convienen a los Estados Unidos.

Simón Bolívar ha muerto el 17 de diciembre. Otro 17 de diciembre, hace once años, había fundado la Gran Colombia, que nació de
la fusión de Colombia y Venezuela y sumó luego a Ecuador y Panamá.
La Gran Colombia ha muerto con él.

Otro cónsul norteamericano, William Tudor, ha contribuido desde
Lima a tejer la urdimbre de la conspiración contra el proyecto americano de Bolívar, *el peligroso loco de Colombia.* No sólo preocupaba
a Tudor la lucha de Bolívar contra la esclavitud, mal ejemplo para
el sur de los Estados Unidos, sino también, y sobre todo, *el engran-
decimiento excesivo* de la América liberada de España. Con toda

razón ha dicho el cónsul que *Inglaterra y Estados Unidos tienen razones de Estado comunes y poderosas* contra el desarrollo de una nueva potencia. El almirante británico Fleming, mientras tanto, iba y venía entre Valencia y Cartagena alentando la división.

(207 y 280)

1830

Montevideo

Láminas escolares: La Jura de la Constitución

El gobierno inglés, había dicho lord John Ponsonby, *no consentirá jamás que sólo dos Estados, Brasil y Argentina, sean dueños exclusivos de las costas orientales de la América del sur.*

Por influjo de Londres, y a su amparo, el Uruguay se hace país independiente. La más rebelde provincia del río de la Plata, que ha expulsado a los brasileños de su suelo, se desgarra del viejo tronco y cobra vida propia. El puerto de Buenos Aires se libera, por fin, de la pesadilla de esta arisca pradera donde Artigas se alzó.

En la iglesia Matriz de Montevideo, el padre Larrañaga ofrece a Dios un cántico de acción de gracias. El fervor ilumina la cara del sacerdote, como en aquel otro Tedéum que celebró hace unos años, desde el mismo púlpito, en homenaje a los invasores del Brasil.

Se jura la Constitución ante los balcones del Cabildo. Las damas, que no existen en las leyes, acompañan la consagración jurídica del nuevo país, como si les incumbiera: sujetan con una mano sus gigantescos peinetones, peligrosos en días de viento, y con otra mano sostienen, abiertos sobre el pecho, los abanicos pintados con temas patrióticos. Los altos cuellos de almidón impiden que los caballeros distraigan la cabeza. La Carta Magna resuena en la plaza, cláusula tras cláusula, sobre un mar de sombreros de copa. Según la Constitución de la nueva república, no serán ciudadanos los hombres que pusieron el pecho a las balas españolas, porteñas y brasileñas. El Uruguay no se hace para los gauchos pobres, ni para los indios, que están siendo exterminados, ni para los negros, que siguen sin enterarse de que una ley los liberó. No podrá votar ni tener empleos públicos, dice la

Constitución, quien sea sirviente, peón o soldado de línea, vago, borracho o analfabeto.

Al anochecer, se llena el Coliseo. Allí se estrena *El engaño feliz o el triunfo de la inocencia,* de Rossini, la primera ópera completa cantada en esta ciudad.

(278)

1830
Montevideo

La Patria o la Tumba

El primer vate del Parnaso uruguayo, Francisco Acuña de Figueroa, se inició en las letras componiendo una oda, en octavas reales, a la gloria militar de España. Cuando los gauchos de Artigas tomaron Montevideo, huyó a Río de Janeiro. Allá brindó sus rimas de alabanza al príncipe portugués y a toda su corte. Siempre con la lira a cuestas, don Francisco volvió a Montevideo, siguiendo a los invasores del Brasil, y se hizo rapsoda de las tropas de ocupación. Años después, al día siguiente del desalojo de las tropas brasileñas, las musas soplaron patrióticos decasílabos al oído de don Francisco, laureles de palabras para ceñir las sienes de los héroes de la independencia; y ahora el reptilíneo poeta escribe el himno nacional del país recién nacido. Los uruguayos estaremos por siempre obligados a escuchar sus versos de pie.

(3)

1832
Santiago de Chile

Industria nacional

También en Chile los caballeros bailan y visten a la moda francesa, imitan a Byron al anudarse la corbata y en la mesa obedecen al cocinero francés; a la inglesa toman el té y a la francesa beben trago.

Cuando Vicente Pérez Rosales instaló su fábrica de aguardiente, compró en París los mejores alambiques y una buena cantidad de etiquetas de dorados arabescos y finas letras que decían: *Old Champagne Cognac.* A la puerta de su despacho, hizo pintar un gran cartel:

> IMPORTACIÓN
> DIRECTA

El sabor no sería muy-muy, pero era casi-casi; y nadie quedó con llagas en el estómago. El negocio marchaba a las mil maravillas y la fábrica no daba abasto, pero don Vicente sufrió un ataque de patriotismo y decidió que no podía seguir viviendo en estado de traición:

—*Esta buena fama sólo a Chile corresponde.*

Arrojó al fuego las etiquetas europeas y su despacho estrenó otro cartel, más grande todavía:

> FÁBRICA
> NACIONAL

Las botellas lucen ahora un nuevo vestido: etiquetas impresas aquí, que dicen: *Coñac chileno.*

No se vende ni una.

(256)

Pregones del mercado
en Santiago de Chile

—*Claveles y albahacas para las niñas retacas!*
  —¡OBLEAAAAS!
  —¡Lindos botones, a real la sarta!
  —¡P a j u e l a a a a a s!
  —¡Correas, correas para cincha, sobaítas como guante!
  —*¿Una limosna, por amor de Dios?*
  —¡C a r n e   v a c á n!
  —*¿Una limosna para un pobre ciego?*
  —¡ESCOOOOBAS! ¡YA SE ME ACABAN!
  —*¿Brevas, brevas?*
  —¡M e d a l l a s   m i l a g r o s a s,   u n a   p o r   u n a   o   a l   d e s-
t a j o!
  —¡Curaítas negritas vean!
  —*¡Cuchillas para la seguridá de la persona!*
  —¡HOJA PULÍÍÍÍÍA!
  —*¿A quién le vendo este lazo?*
  —*¡Al rico pan!*
  —¡U n   c e n c e r r i t o   n o m á s   m e   q u e d a!
  —¡SANDÍÍÍAS, MI ALMA!
  —*¡Al rico pan amasado por la pura mano de mujer!*
  —¡SANDÍÍÍAS!
  —*¡Al rico pan! ¡Calientííííito!*

(288)

1833
Arequipa

Las llamas

—*Felices criaturas* —dice Flora Tristán.
  Viaja Flora por el Perú, patria de su padre, y en las sierras des-
cubre *al único animal que el hombre no ha podido envilecer.*
  Las dulces llamas son más ágiles que las mulas y suben más alto.

Resisten fríos, fatigas y cargas pesadas. A cambio de nada brindan al indio de las montañas transporte, leche, carne y las sedas limpias y brillantes que cubren sus cuerpos. Pero jamás se dejan atar ni maltratar, ni aceptan órdenes. Cuando interrumpen su andar de reinas, el indio les suplica que reinicien la marcha. Si alguien las golpea, las insulta o las amenaza, las llamas se echan al suelo: alzando el largo cuello, vuelven al cielo los ojos, los más bellos ojos de la Creación, y suavemente mueren.

—*Felices criaturas* —dice Flora Tristán.

(337)

1833
San Vicente

Aquino

La cabeza de Anastasio Aquino cae en la cesta del verdugo.

Que en guerra descanse. El caudillo de los indios de El Salvador había alzado tres mil lanzas contra los ladrones de tierras. Venció a los mosquetes, disparados al fuego del cigarro; y desnudó a san José en el altar mayor de una iglesia. Cubierto con el manto del padre de Cristo, dictó leyes para que los indios nunca más fueran esclavos, ni soldados, ni muertos de hambre, ni borrachos. Pero llegaron más tropas, y tuvo que buscar refugio en las montañas.

Su lugarteniente, llamado Cascabel, lo entregó al enemigo.

—*Ya soy tigre sin uñas ni colmillos* —dijo Aquino, viéndose tan atado por grillos y cadenas, y confesó al fraile Navarro que en toda su vida sólo había sentido miedo a la ira o a las lágrimas de su mujer.

—*Estoy listo para jugar a la gallina ciega* —dijo, cuando le vendaron los ojos.

(87)

1834
París

Tacuabé

En las puntas del Queguay, la caballería del general Rivera ha culminado, con buena puntería, la obra civilizadora. Ya no queda ni un indio vivo en el Uruguay.

El gobierno dona los cuatro últimos charrúas a la Academia de Ciencias Naturales de París. Los despacha en la bodega de un barco, en calidad de equipaje, entre los demás bultos y valijas.

El público francés paga entrada para ver a los salvajes, raras muestras de una raza extinguida. Los científicos anotan gestos, costumbres y medidas antropométricas; de la forma de los cráneos, deducen la escasa inteligencia y el carácter violento.

Antes de un par de meses, los indios se dejan morir. Los académicos disputan los cadáveres.

Solamente sobrevive el guerrero Tacuabé, que huye con su hija recién nacida, llega quién sabe cómo hasta la ciudad de Lyon y allí se desvanece.

Tacuabé era el que hacía música. La hacía en el museo, cuando se iba el público. Frotaba el arco con una varita mojada en saliva y arrancaba dulces vibraciones a la cuerda de crines. Los franceses que lo espiaron desde atrás de las cortinas cuentan que creaba sonidos muy suaves, apagados, casi inaudibles, como si estuviera conversando en secreto.

(19)

1834
Ciudad de México

Amar es dar

Una calabaza llena de vinagre vigila detrás de cada puerta. En cada altar ruegan mil velas. Los médicos recetan sangrías y fumigaciones de cloruro. Banderas de colores señalan las casas asaltadas por la peste. Lúgubres cánticos y alaridos señalan el paso de los carros repletos de muertos por las calles sin nadie.

El gobernador dicta un bando prohibiendo varias comidas. Según él, los chiles rellenos y las frutas han traído el cólera a México.

En la calle del Espíritu Santo, un cochero está cortando una chirimoya enorme. Se tiende en el pescante, para saborearla de a poco. Alguien que pasa lo deja con la boca abierta:

—*¡Bárbaro! ¿No ves que te suicidas? ¿No sabes que esa fruta te conduce al sepulcro?*

El cochero vacila. Contempla la lechosa pulpa, sin decidirse a morder. Por fin se levanta, se aleja unos pasos y ofrece la chirimoya a su mujer, que está sentada en la esquina:

—*Cómela tú, mi alma.*

(266)

1835
Islas Galápagos

Darwin

Negras colinas surgen de la mar y de la niebla. Sobre las rocas se mueven, a ritmo de siesta, tortugas grandes como vacas; y entre los recovecos se deslizan iguanas, dragones sin alas:

—*La capital del infierno* —comenta el capitán del «Beagle».

—*Hasta los árboles se sienten mal* —confirma Charles Darwin, mientras cae el ancla.

En estas islas, las islas Galápagos, Darwin se asoma a la revelación del *misterio de los misterios;* aquí intuye las claves del incesante proceso de transformación de la vida en la tierra. Descubre aquí que los pájaros pinzones han especializado sus picos, y que ha cobrado forma de cascanueces el pico que rompe semillas grandes y duras y forma de alicate el que busca el néctar de los cactos. Lo mismo ha ocurrido, descubre Darwin, con los caparazones y los cuellos de las tortugas, según coman a ras de tierra o prefieran los frutos altos.

En las Galápagos está el origen de todas mis opiniones, escribirá

Darwin. *Voy de asombro en asombro,* escribe ahora, en su diario de viaje.

Cuando el «Beagle» partió hace cuatro años de un puerto de Inglaterra, Darwin creía todavía, al pie de la letra, cada palabra de las Sagradas Escrituras. Creía que Dios había hecho el mundo tal como ahora es, en seis días, y que había terminado su trabajo, como asegura el arzobispo Usher, a las nueve de la mañana del sábado 12 de octubre del año 4004 antes de Cristo.

(4 y 88)

1835
Columbia

Texas

Hace quince años, una caravana de carretas atravesó crujiendo la desierta pradera de Texas, y las voces lúgubres de los búhos y los coyotes le dieron la malvenida. México cedió tierras a las trescientas familias que vinieron desde Luisiana, con sus esclavos y sus arados. Hace cinco años, ya eran veinte mil los colonos norteamericanos en Texas, y tenían muchos esclavos comprados en Cuba o en los corrales donde ceban negritos los caballeros de Virginia y de Kentucky. Los colonos alzan ahora bandera propia, la imagen de un oso, y se niegan a pagar impuestos al gobierno de México y a cumplir la ley mexicana que ha liquidado la esclavitud en todo el territorio nacional.

El vicepresidente de los Estados Unidos, John Calhoun, cree que Dios creó a los negros para que corten leña, cosechen algodón y acarreen agua para el pueblo elegido. Las fábricas textiles exigen más algodón y el algodón exige más tierras y más negros. *Existen poderosas razones,* dijo Calhoun el año pasado, *para que Texas forme parte de los Estados Unidos.* Para entonces, ya el presidente Jackson, que sopla fronteras con pulmones de atleta, había enviado a Texas a su amigo Sam Houston.

El áspero Houston se abre paso a puñetazos, se hace general del ejército y proclama la independencia de Texas. El nuevo Estado, que pronto será otra estrella en la bandera de los Estados Unidos, tiene más tierra que Francia.

Y estalla la guerra contra México.

(128 y 207)

1836
San Jacinto

Crece el Mundo Libre

Sam Houston ofrece tierra a cuatro centavos el acre. Los batallones de voluntarios norteamericanos afluyen por todos los caminos y vienen buques cargados de armas desde Nueva York y Nueva Orleans.

Ya el cometa había anunciado calamidad sobre los cielos de México. Para nadie fue noticia, porque México vive en estado de perpetua calamidad desde que los asesinos de Hidalgo y Morelos declararon la independencia para quedarse con ella.

Poco dura la guerra. El general mexicano Santa Anna llega tocando a degüello, y degüella y fusila en El Álamo, pero en San Jacinto pierde cuatrocientos hombres en un cuarto de hora. Santa Anna entrega Texas a cambio de su vida y se vuelve a México acompañado por su ejército vencido, su cocinero privado, su espada de siete mil dólares, sus infinitas condecoraciones y su vagón de gallos de riña.

El general Houston celebra su triunfo consagrándose presidente de Texas.

La Constitución de Texas asegura al amo derecho perpetuo sobre sus esclavos, por tratarse de propiedades legítimamente adquiridas. *Extender el área de la libertad,* había sido el lema de las tropas victoriosas.

(128)

1836
El Álamo

Retratos del héroe de frontera

Al despuntar la guerra de Texas, cuando la suerte sonreía todavía a las tropas mexicanas, el coronel Davy Crockett cayó atravesado por las bayonetas. Cayó en el fortín de El Álamo, junto a su banda de heroicos forajidos, y los zopilotes le terminaron la historia.

Los Estados Unidos, que engordan comiendo tierra de indios y mexicanos, han perdido a uno de sus héroes del Oeste. Davy Crockett tenía una escopeta llamada Betsy que mataba cinco osos por bala.

Crockett bien podría haber sido hijo de Daniel Boone, el legendario pionero del siglo anterior, matador muy macho y solo, que odiaba la civilización pero se ganaba la vida metiendo colonos en las tierras robadas a sus amigos indios. Y bien podría haber sido padre de Natty Bumppo, un personaje de novela tan famoso que ya parece de carne y hueso.

Desde que Fenimore Cooper publicó *El último de los mohicanos,* Natty Bumppo, el noble y rudo cazador, se ha incorporado a la vida cotidiana de los Estados Unidos. La naturaleza le ha enseñado todo lo que sabe de moral y su energía viene de las montañas y los bosques. Es feo, un solo diente en la boca enorme, pero sin esperar nada a cambio protege a las bellas vírgenes blancas, que gracias a él atraviesan invictas la floresta y el deseo. Natty Bumppo elogia el silencio con muchas palabras y no miente cuando dice que no teme a la muerte, ni cuando admira a los indios mientras los mata con melancolía.

(149 y 218)

1836
Hartford

El Colt

Samuel Colt, ingeniero, registra en Hartford, Connecticut, la patente de la *revolving pistol* que ha inventado. Se trata de una pistola de tambor giratorio, de cinco tiros, que mata cinco veces en veinte segundos.

Desde Texas llega el primer pedido.

(305)

1837
Ciudad de Guatemala

Morazán

Estalla una tormenta de sotanas. Rafael Carrera es el relámpago que mete miedo y por toda Guatemala retumban los truenos:

. —*¡Viva la religión! ¡Mueran los extranjeros! ¡Muera Morazán!*

No queda cirio sin encender. Tan de prisa rezan las monjas que en nueve segundos despachan nueve novenas. Los coros entonan la salve y maldicen a Morazán con el mismo fervor.

Francisco Morazán, presidente de Centroamérica, es el *extranjero hereje* que ha desatado las furias místicas. Morazán, nacido en Honduras, no solamente ha unificado a las provincias centroamericanas en una sola nación. Además, ha reducido a la categoría de meros ciudadanos a los condes y a los marqueses y ha creado escuelas públicas que enseñan cosas de la tierra y nada dicen del Cielo. Según sus leyes, ya no se necesita cruz para la tumba ni cura para la boda; y nada distingue al niño concebido en lecho conyugal del niño hecho, sin contrato previo, sobre paja de establo, que tanto hereda el uno como el otro. Y lo más grave: Morazán ha separado a la Iglesia del Estado, ha decretado la libertad de creer o no creer, ha suprimido los diezmos y las primicias de los funcionarios del Señor y ha puesto en venta sus tierras.

Denuncian los frailes que Morazán tiene la culpa de la peste que está asolando a Guatemala. El cólera viene matando y desde el púlpito llueven las acusaciones fulminantes: Morazán ha envenenado las aguas, el Anticristo ha pactado con el Diablo para venderle las almas de los muertos.

Los pueblos de las montañas se sublevan contra el envenenador. Rafael Carrera, el criador de cerdos que acaudilla la insurrección, tiene poco más de veinte años y ya lleva tres balas en el cuerpo. Anda cubierto de escapularios y medallitas y una rama verde le atraviesa el sombrero.

(220 y 253)

1838
Buenos Aires

Rosas

Gran domador de potros y de hombres, Juan Manuel de Rosas es el caudillo de los campos rioplatenses. Guitarrero y bailarín, sabe contar las historias que más susto o risa provocan en los fogones; pero está hecho de mármol y hasta sus hijos lo llaman *patrón*. Manda presa a la cocinera que le arruina el pollo; y él mismo se hace azotar cuando por descuido viola alguna de las normas por él dictadas.

Sus estancias son las más prósperas; sus saladeros, los mejor organizados. Rosas posee lo mejor del mar de pasto que se extiende entre el puerto de Buenos Aires y las tolderías de los indios.

Rosas gobierna. Ha dictado una ley de aduanas que protege la producción argentina de ponchos y jergones, zapatos, carruajes, barcos, vinos y muebles, y ha cerrado los ríos interiores a los mercaderes extranjeros.

La «Revue des Deux Mondes» exige que Francia propine una lección de civilización y disciplina *a los degenerados hijos de la conquista española*. La escuadra francesa, al mando del almirante Leblanc, inicia el bloqueo de Buenos Aires, único puerto argentino habilitado. para el comercio de ultramar.

(166, 271 y 336)

1838
Buenos Aires

«El matadero»

Esteban Echeverría escribe el primer cuento de la literatura rioplatense. En «El matadero», la dictadura de Rosas es el acoso de una turba de cuchilleros contra un indefenso doctor de Buenos Aires.

Nacido en suburbios y crecido en la bronca, pero pulido en París, Echeverría desprecia a *la chusma*. Un matadero del sur de la ciudad ofrece el mejor escenario para que el escritor describa a los perros disputando tripas con las negras achureras y para que cuente cómo brotan las puteadas, a borbotones, de boca del vulgo, igual que brota la sangre del cuello de las bestias. El degollador del cuento usa chiripá de gaucho, tiene el rostro embadurnado de sangre y hunde el puñal hasta el mango en la garganta de la res; y después acorrala al ilustrado caballero de frac que se ha negado a rendirle pleitesía.

(104)

Algo más sobre el canibalismo en América

En su última carga de caballería, el coronel Juan Ramón Estomba lanza a sus jinetes contra nadie. La guerra contra España ha terminado, pero mucho más atroz está siendo la guerra de argentinos contra argentinos; y el coronel Estomba alza el sable y aúlla: *¡A la carga!* y en tromba de alaridos y sablazos arremeten los caballos contra el horizonte vacío.

Esta patria desgarrada está loca de furia. Se devoran entre sí los héroes de la independencia. Estanislao López recibió la cabeza de Pancho Ramírez, envuelta en cuero de carnero, y la puso en jaula de hierro y toda una noche se regocijó contemplándola. Gregorio Lamadrid cargó de cadenas y arrastró por las calles a la madre de

Facundo Quiroga, antes de que Facundo cayera en emboscada con una bala en un ojo. En un corral, sobre mierda de vacas, Juan Lavalle fusiló a Manuel Dorrego; y desde entonces el fantasma de Dorrego viene persiguiendo a Lavalle y le muerde los talones hasta que lo atrape y lo cosa a tiros al cuerpo desnudo de su amante, para que Lavalle tenga la suerte de morir dentro de mujer.

(55, 103 y 110)

1838
Tegucigalpa

Centroamérica se parte en pedazos

mientras Morazán pelea en Guatemala contra la multitud enardecida por los monjes.

Uno tras otro, van estallando los débiles hilos que habían cosido a las comarcas de esta patria. Costa Rica y Nicaragua rompen el pacto federal y también Honduras se declara independiente. La ciudad de Tegucigalpa celebra, con bombos y platillos y discursos, el fracaso del hijo suyo que desde aquí lanzó, hace diez años, la gran campaña unificadora. Los rencores provincianos, envidias y codicias, viejos venenos, pueden más que la pasión de Morazán. La República Federal de Centroamérica yace descuartizada en cuatro pedazos. Pronto serán cinco, y luego seis. Pobres pedazos. Se tienen más odio que lástima.

(220)

1839
Copán

Por cincuenta dólares
se vende una ciudad sagrada

y la compra John Lloyd Stephens, embajador de los Estados Unidos en América Central. Es la ciudad maya de Copán, en Honduras, invadida por la selva a la orilla de un río.

En Copán se han hecho piedra los dioses, y piedra los hombres que los dioses eligieron o castigaron. En Copán habían vivido, hace más de mil años, los sabios astrónomos que descubrieron los secretos del lucero del alba y midieron el año solar con precisión jamás alcanzada.

El tiempo ha mutilado, pero no ha vencido, los templos de bellos frisos y escalinatas labradas. Las divinidades se asoman todavía en los altares, jugando a las escondidas entre el plumaje de las máscaras. El jaguar y la serpiente abren todavía sus fauces en las estelas alzadas en la maleza, y hombres y dioses respiran desde estas piedras calladas, jamás mudas.

(133)

1839
La Habana

Habla el tambor, dicen los cuerpos

El capitán general de Cuba decide autorizar los bailes de tambores en las plantaciones, siempre que sean en días de fiesta y bajo vigilancia de los mayorales.

Los mayorales se encargarán de evitar que los tambores transmitan voces de rebelión. Tambor negro, tambor vivo, no toca solo. Conversa el tambor con otros tambores, llama el tambor macho, ama el tambor hembra, y peligrosamente conversa con las gentes y los dioses. Cuando los llama el tambor, los dioses acuden y entran en los cuerpos y desde ellos vuelan.

En muy antiguos tiempos, el alacrán Akeké mató el aburrimiento clavando su aguijón en una pareja humana. Desde entonces, los negros salen bailando del vientre de la madre, bailando dicen el amor o el dolor o la furia y bailando atraviesan la vida feroz.

(22, 222 y 241)

1839
La Habana

Avisos de prensa

PARTE ECONOMICA.

Ventas de animales.

 Se vende una negra criolla, jóven sana y sin tachas, muy humilde y fiel, buena cocinera, con alguna intelijencia en lavado y plancha, y escelente para manejar niños, en la cantidad de 500 pesos. En la calle de Daoiz, número 150, impondrán de lo demas. 3||11

Se vende un hermoso caballo de bonita estampa, de seis cuartas tres pulgadas de alzada, de

● SE ALQUILAN POSESIONES para viviendas. Negras para el servicio de casa. Negros para peones y para todo trabajo, y se dan negritos para jugar con niños. De todo darán razon en la calle de Daoiz núme ro 11. mzo. 21

SANGUIJUELAS superiores aca-badas de llegar de la península, se hallan de venta en la

1839
Valparaíso

El alumbrero

Cuesta arriba, en el barrio La Rinconada del puerto chileno de Valparaíso, al frente de una casa cualquiera hay un cartel:

LUCES Y VIRTUDES AMERICANAS

Esto es, velas de sebo, paciencia, jabón,
resignación, cola fuerte, amor al trabajo

Adentro, humo de cocina y alboroto de chiquilines. Aquí vive Simón Rodríguez. El maestro de Bolívar tiene en su casa una escuela y una fabriquita. Él enseña a los niños la alegría de crear. Haciendo velas y jabones, paga los gastos.

(298)

1839
Veracruz

«Dame por Dios un marido, sea viejo, manco o tullido»

El embajador de España pisa tierra mexicana por primera vez. No encuentra en Veracruz más pájaros que los zopilotes al acecho de los muertos. Del brazo de su mujer, sale a pasear las tristes calles, por ir averiguando las costumbres del país.

En una iglesia, el embajador encuentra un santo aporreado. A pedradas piden milagro las solteras. Por esperanza disparan piedras las jóvenes, creyendo que la mejor puntería les dará el mejor marido; y por venganza las marchitas, que ya no esperan de san Antonio de Padua marido ni consuelo y lo acribillan vociferándole insultos. Bien reventado lo tienen al pobre san Antonio, la cara deshecha, muñones por brazos y puro agujero el pecho. Al pie, le dejan flores.

(57)

1840
Ciudad de México

Mascarada

Los modistos y peluqueros franceses de la ciudad de México andan corriendo sin parar, de casa en casa, de dama en dama. En el gran baile a beneficio de los pobres, ¿quién será la más elegante? ¿Qué belleza prevalecerá?

Madame Calderón de la Barca, esposa del embajador de España, se prueba el vestido nacional mexicano, el traje típico del valle de Puebla. Alegría del espejo que recibe la imagen: blanca blusa de randas y encajes, falda roja, fulgor de lentejuelas sobre las enaguas bordadas. Madame Calderón se ciñe al talle, en mil vueltas, la faja de colores, y se peina con raya al medio, uniendo las trenzas con un anillo.

Toda la ciudad se entera. Se reúne el Consejo de ministros para conjurar el peligro. Tres ministros —Relaciones Exteriores, Gobernación y Guerra— se presentan en casa del embajador y le formulan oficial advertencia. Las señoras principales no se lo pueden creer: desvanecimientos, sales, vientos de abanico: ¡tan digna dama, tan indignamente vestida! ¡Y en público! Los amigos aconsejan, el cuerpo diplomático presiona: cuidado, evitad el escándalo, tales ropas son propias de mujeres de reputación dudosa.

Madame Calderón de la Barca renuncia al traje nacional. No irá al baile vestida de mexicana. Lucirá ropas de campesina italiana del Lazio. Una de las patrocinadoras de la fiesta acudirá ataviada de reina de Escocia. Otras damas serán cortesanas francesas o campesinas suizas, inglesas o aragonesas, o se envolverán en extravagantes velos de Turquía.

Navegará la música en un mar de perlas y brillantes. Se bailará sin gracia: no por culpa de los pies sino de los zapatos, tan minúsculos y atormentadores.

(57)

Alta sociedad mexicana:
Así comienza una visita

—*¿Cómo está usted? ¿Está usted bien?*

  —*Para servirla. ¿Y usted?*

  —*Sin novedad, para servirla.*

  —*¿Cómo pasó usted la noche?*

  —*Para servirla.*

  —*¡Cuánto me alegro! ¿Y cómo está usted, señora?*

  —*A su disposición. ¿Y usted?*

  —*Mil gracias. ¿Y el señor?*

  —*Para servirla, sin novedad.*

  —*Sírvase usted sentarse.*

  —*Usted primero, señorita.*

  —*No, señora, usted primero, por favor.*

  —*Vaya, bueno, para obedecerle a usted, sin ceremonias; soy enemiga de cumplimientos y de etiquetas.*

(57)

Pregones a lo largo del día
en Ciudad de México

—¡Carbón señor!
  —*¡Mantequía! ¡Mantequía de a real y medio!*
  —¡C e c i n a   b u e n a!
  —¿Hay sebooóó?
  —¡BOTOOONES!
  —*¡Tejocotes por venas de chile!*
  —¿Plátanos, naranjas, granaditas?
  —¡ESPEJIIIITOS!
  —¡G o r d i t a s   d e   h o r n o   c a l i e n t e!
  —*¿Quién quiere petates de la Puebla, petates de cinco varas?*
  —¡Pasteles de miel! ¡Queso y miel, requesón y melado bueno!
  —*¡Caramelos! ¡Bocadillos de coco! ¡Mereeeeengues!*
  —¡El último billetito, el último por medio real!
  —¡TORTIIIIILLAS!
  —¿Q u i é n   q u i e r e   n u e c e s?
  —¡TORTILLAS DE CUAJADA!
  —¡Patos, mi alma! ¡Patos calientes!
  —*¡Tamales, tamalitos!*
  —¿Castañasadaaaaa?

(57)

Alta sociedad mexicana:
Así se despide el médico

Junto a la cama:
  —*¡Señora, estoy a sus órdenes!*
  —Muchas gracias, señor.
  Al pie de la cama:
  —*¡Reconózcame, señora, por su más humilde servidor!*

—*Buenos días, señor.*
Haciendo un alto junto a la mesa:
—*¡Señora, beso a usted los pies!*
—*¡Señor, beso a usted la mano!*
Cerca de la puerta:
—*¡Señora, mi pobre casa, y cuanto hay en ella, y yo mismo,*
aunque inútil, y todo lo que tengo, es suyo!
—*¡Muchas gracias, señor!*
Me da la espalda para abrir la puerta, pero se vuelve hacia mí
después de abrirla.
—*¡Adiós, señora, servidor de usted!*
—*¡Adiós, señor!*
Sale por fin, mas entreabriendo luego la puerta y asomando la
cabeza:
—*¡Buenos días, señora!*

(57)

1840
Ciudad de México

Así se inicia una monja de clausura

> *Has escogido la buena senda*
> *ya nadie podrá apartarte*
> *elegida*

A los dieciséis años, dice adiós al mundo. En carruaje ha paseado
por las calles que nunca más verá. Parientes y amigos que nunca más
la verán asisten a la ceremonia en el convento de Santa Teresa.

> *nadie nadie nada*
> *podrá apartarte*

Comerá junto a otras esposas de Cristo, en escudilla de barro, con
una calavera por centro de mesa. Hará penitencia por los pecados que
no cometió, misteriosos delitos que otros gozan y que ella redimirá

atormentándose la carne con cinturón de púas y corona de púas. Dormirá por siempre sola, en lecho de mortificación; vestirá telas que lijan la piel.

> *lejos de las batallas de la gran Babilonia*
> *corrupciones tentaciones peligros*
> *lejos*

Está cubierta de flores y perlas y diamantes. La despojan de todo adorno, la desvisten.

> *nunca*

Al son del órgano, el obispo exhorta y bendice. El anillo pastoral, una enorme amatista, dibuja la cruz sobre la cabeza de la muchacha arrodillada. Cantan las monjas:

> *Ancilla Christi sum...*

La visten de negro. Las monjas, hincadas, humillan sus rostros contra el piso, negras alas desplegadas en torno al círculo de cirios.

Se cierra una cortina, como tapa de ataúd.

(57)

1842
San José de Costa Rica

Aunque el tiempo te olvide, la tierra no

En la ciudad de Guatemala, damas y frailes preparan a Rafael Carrera, caudillo de las montañas, para ejercer larga dictadura. Le prueban el tricornio, la casaca y el espadín; le enseñan a caminar con botas de charol, a escribir su nombre y a leer las horas en reloj de oro. Carrera, criador de cerdos, continuará ejerciendo su oficio por otros medios.

En San José de Costa Rica, Francisco Morazán se prepara para morir. Difícil coraje. A Morazán, amador de la vida, hombre de vida tanta, le cuesta arrancarse. Pasa la noche con los ojos clavados en el techo de la celda, diciendo adiós. Ha sido mucho el mundo. El general demora en despedirse. Hubiera querido gobernar más y pelear menos. Muchos años ha pasado guerreando, a machete pelado, por la patria grande centroamericana, mientras ella se obstinaba en romperse.

Antes que el clarín militar, suena el pájaro clarinero. El canto del clarinero viene de lo alto del cielo y del fondo de la infancia, como antes, como siempre, al final de la oscurana. Esta vez anuncia el último amanecer.

Morazán enfrenta al pelotón de fusilamiento. Se descubre la cabeza y él mismo manda preparar armas. Manda apuntar, corrige la puntería, da la orden de fuego.

La descarga lo devuelve a la tierra.

(220)

1844
Ciudad de México

Los gallitos guerreros

La Iglesia, terrateniente y prestamista, posee la mitad de México. La otra mitad pertenece a un puñado de señores y a los indios acorralados en sus comunidades. El propietario de la presidencia es el general López de Santa Anna, que vela por la paz pública y por la buena salud de sus gallos de riña.

Santa Anna gobierna con algún gallo en brazos. Así recibe a obispos y embajadores, y por atender a un gallo herido abandona las reuniones de gabinete. Funda más plazas de gallos que hospitales y dicta más reglas de pelea que decretos de educación. Los galleros integran su corte privada, junto con los tahúres y las viudas de coroneles que nunca fueron.

Le gusta mucho un gallo pinto que se finge hembra y coquetea con el enemigo hasta que lo acuchilla cuando lo tiene bobo; pero entre todos prefiere al feroz Pedrito. A Pedrito lo trajo de Veracruz con tierra de allá, para que pudiera revolcarse sin nostalgia. El propio

Santa Anna le amarra la navaja en el ruedo. Cruza apuestas con arrieros y vagabundos, y mastica plumas del rival para darle mala suerte. Cuando no le quedan monedas, arroja condecoraciones a la arena.

—¡Doy ocho a cinco!

—¡Ocho a cuatro si quiere!

Un relámpago atraviesa el remolino de plumas y el espuelazo de Pedrito arranca los ojos o abre la garganta de cualquier campeón. Santa Anna baila en una pata y el matador alza la cresta, bate las alas y canta.

(227 y 309)

1844
Ciudad de México

Santa Anna

frunce la cara, pierde la mirada en el vacío: está pensando en algún gallo caído en combate o en su propia pierna, la que perdió, venerada prenda de gloria militar.

Hace seis años, durante una guerrita contra el rey de Francia, un cañonazo le arrancó la pierna. Desde el lecho de agonía, el mutilado presidente dictó a sus secretarios un lacónico mensaje de quince páginas de adiós a la patria; pero volvió a la vida y al poder, como tenía costumbre.

Un cortejo enorme acompañó a la pierna desde Veracruz hasta la capital. Llegó la pierna bajo palio, escoltada por Santa Anna, que asomaba su sombrero de blancas plumas por la ventana del carruaje; y detrás, a toda gala, vinieron obispos y ministros y embajadores y un ejército de húsares, dragones y coraceros. La pierna atravesó mil arcos de flores, de pueblo en pueblo, entre filas de banderas, y a su paso iba recibiendo responsos y discursos, odas, himnos, salvas de cañón y repiques de campana. Al llegar al cementerio, el presidente pronunció, ante el panteón, el homenaje final a ese pedazo de él que la muerte se había llevado a modo de adelanto.

Desde entonces le duele la pierna que le falta. Hoy le duele más que nunca, le duele hasta no dar más, porque el pueblo en sublevación ha reventado el monumento que la guardaba y está arrastrando la pierna por las calles de México.

(227)

1845
Vuelta de Obligado

La invasión de los mercaderes

Hace tres años, la escuadra británica humilló al Celeste Imperio. Tras el bloqueo de Cantón y todo el litoral, la invasión inglesa impuso a los chinos el consumo de opio, en nombre de la libertad de comercio y la civilización occidental.

Después de China, la Argentina. De poco o nada han servido los largos años de bloqueo del puerto de Buenos Aires. Juan Manuel de Rosas, que hace adorar su retrato y gobierna rodeado de bufones vestidos de reyes, niega todavía la apertura de los ríos argentinos. Banqueros y comerciantes de Inglaterra y Francia reclaman desde hace años que se castigue la insolencia.

Muchos argentinos caen defendiendo, pero por fin los buques de guerra de los dos países más poderosos del mundo rompen a cañonazos las cadenas tendidas en el río Paraná.

(271 y 336)

1847
Ciudad de México

La conquista

—*México centellea ante nuestros ojos* —se había deslumbrado el presidente Adams, al despuntar el siglo.

Al primer mordiscón, México perdió Texas.

Ahora los Estados Unidos tienen todo México en el plato.

El general Santa Anna, sabio en retiradas, huye hacia el sur, dejando un reguero de espadas y cadáveres en las zanjas. De derrota en derrota, retrocede su ejército de soldados sangrantes, mal comidos, jamás pagados, y junto a ellos los antiguos cañones arrastrados por mulas, y tras ellos la caravana de mujeres que cargan en canastas hijos, harapos y tortillas. El ejército del general Santa Anna, con más oficiales que soldados, sólo es eficaz para matar compatriotas pobres.

En el castillo de Chapultepec, los cadetes mexicanos, casi niños, no se rinden. Resisten el bombardeo con una obstinación que no viene de la esperanza. Sobre sus cuerpos se desploman las piedras. Entre las piedras, los vencedores clavan la bandera de las barras y las estrellas, que se eleva, desde el humo, sobre el vasto valle.

Los conquistadores entran en la capital. La ciudad de México: ocho ingenieros, dos mil frailes, dos mil quinientos abogados, veinte mil mendigos.

El pueblo, encogido, gruñe. Desde las azoteas, llueven piedras.

(7, 127, 128 y 187)

1848
Villa de Guadalupe Hidalgo

Los conquistadores

En Washington, el presidente Polk proclama que su nación es ya tan extensa como toda Europa. No hay quien pare la arremetida de este joven país devorador. Hacia el sur y hacia el oeste, los Estados Unidos crecen matando indios, atropellando vecinos, o pagando. Han comprado la Luisiana a Napoleón y ofrecen a España cien millones de dólares por la isla de Cuba.

Pero el derecho de conquista es más glorioso y más barato. El tratado con México se firma en la villa de Guadalupe Hidalgo. México cede a los Estados Unidos, pistola al pecho, la mitad de su territorio.

(128)

1848
Ciudad de México

Los irlandeses

En la Plaza Mayor de la ciudad de México, los vencedores castigan. Azotan a los mexicanos rebeldes. A los irlandeses desertores, les marcan la cara con hierro candente y después los cuelgan de la horca. El batallón irlandés Saint Patrick llegó con los invasores, pero peleó junto a los invadidos. Desde el norte hasta Molino del Rey, los irlandeses hicieron suya la suerte, la mala suerte, de los mexicanos. Muchos cayeron defendiendo, sin municiones, el convento de Churubusco. Los prisioneros se balancean, quemadas las caras, en el patíbulo.

(128)

1848
Ibiray

Un viejo de poncho blanco
en una casa de piedra roja

Nunca gustó de las ciudades. Su querencia es un huerto del Paraguay y su carruaje, una carretilla llena de yuyos curadores. Un palo le ayuda a caminar, y el negro Ansina, payador de verso alegre, le ayuda a trabajar la tierra y a recibir sin malas sombras la luz de cada día.
—*José Artigas, para servirlo.*
Ofrece mate y respeto, palabras pocas, a las visitas que alguna vez acuden desde el Uruguay:
—*Así que todavía suena mi nombre por allá.*
Tiene más de ochenta años, veintiocho de exilio, y se niega a regresar. Vencidas continúan las ideas que creyó y las gentes que

amó. Bien sabe Artigas cuánto pesan el mundo y la memoria, y prefiere callar. No hay hierba que cicatrice las mataduras de adentro.

(277)

José Artigas, según Domingo Faustino Sarmiento

Era un salteador. nada más, nada menos. Treinta años de práctica asesinando o robando dan títulos indiscutibles para el ejercicio del mando sobre el paisanaje de indiadas alborotadas por una revolución política, y entre las cuales viene incrustado el nombre aterrante de Artigas como jefe de bandoleros... ¿Quiénes le obedecían? Las razas de indios, reducidos o salvajes que acaudilla por el derecho del más salvaje, del más cruel, del más enemigo de los blancos... Incivil, pues no frecuentó ciudades nunca, ajeno a toda tradición humana de gobierno libre; y aunque blanco, mandando indígenas menos preparados todavía que él... Considerando los antecedentes y los actos de Artigas, sentimos una especie de sublevación de la razón, de los instintos del hombre de raza blanca, al querer darle un pensamiento político y un sentimiento humano.

(311)

1848
Buenos Aires

Los amantes (i)

Dramatis personae:

Camila O'Gorman. Nacida en Buenos Aires, en casa de tres patios, hace veinte años. Educada en olor de santidad, para ser sucesivamente virgen, esposa y madre en el recto sendero que conduce a la paz conyugal, las labores de aguja, las veladas de piano y el rosario rezado con mantilla negra en la cabeza. Se ha fugado con el cura párroco de la iglesia del Socorro. La idea fue de ella.

Ladislao Gutiérrez. Ministro de Dios. Veinticinco años. Sobrino del gobernador de Tucumán. No consiguió dormir desde que puso la hostia en la lengua de esa mujer arrodillada a la luz de los cirios. Por fin dejó caer el misal y la sotana y desató una estampida de angelitos y palomas de campanario.

Adolfo O'Gorman. Inicia cada comida recitando los diez mandamientos, desde la cabecera de una larga mesa de caoba. De casta mujer ha engendrado un hijo sacerdote, un hijo policía y una hija fugitiva. Padre ejemplar, es el primero en pedir ejemplar castigo para *el horrendo escándalo* que avergüenza a su familia. En carta a Juan Manuel de Rosas, reclama mano dura *contra el acto más atroz y nunca oído en el país*.

Felipe Elortondo y Palacio. Secretario de la Curia. También escribe a Rosas pidiendo la captura de los amantes y su inflexible castigo, para prevenir crímenes semejantes en el futuro. En su carta aclara que nada tuvo que ver con el nombramiento del cura Gutiérrez, que fue cosa del obispo.

Juan Manuel de Rosas. Manda dar caza a los amantes. Desde Buenos Aires, galopan los mensajeros. Llevan un impreso que describe a los prófugos. Camila: *blanca, de ojos negros de mirar agradable; alta, delgada de cuerpo, bien repartida.* Ladislao: *moreno, delgado, de barba entera y pelo crespo.* Se hará justicia, promete Rosas, *para satisfacer a la religión y a las leyes y para impedir la consiguiente desmoralización, libertinaje y desorden.* Todo el país está en acecho.

También participan:

La prensa de oposición. Desde Montevideo, Valparaíso y La Paz, los enemigos de Rosas invocan la moral pública. En el diario «El Mercurio Chileno», se lee: *Ha llegado a tal extremo la horrible corrupción de las costumbres bajo la tiranía espantosa del «Calígula del Plata», que los impíos y sacrílegos sacerdotes de Buenos Aires huyen con las niñas de la mejor sociedad, sin que el infame sátrapa adopte medida alguna contra esas monstruosas inmoralidades.*

Los caballos. Llevan a los amantes hacia el norte, a campo

traviesa, eludiendo ciudades. El de Ladislao es de pelo dorado y remos altos. El de Camila, grisáceo, gordo y rabón. Duermen, como sus jinetes, a la intemperie. No se cansan.

EL EQUIPAJE. De él: un poncho de lana, algunas ropas, un par de navajas y un par de pistolas, un yesquero, una corbata de seda y un tintero de cristal. De ella: un chal de seda, algunos vestidos, cuatro enaguas de bramante, un abanico, un par de guantes, un peine y un arito de oro, roto.

(166 y 219)

Los amantes (II)

Ellos son dos por error que la noche corrige.

1848
Santos Lugares

Los amantes (III)

En verano se fugan. Pasan el otoño en el puerto de Goya, a orillas del Paraná. Allá se llaman con otros nombres. En invierno los descubren, los delatan y los atrapan.

Se los llevan al sur, en carretas separadas. Dejan cicatrices las ruedas en el camino.

En calabozos separados los encierran, en la prisión de Santos Lugares.

Si piden perdón, serán perdonados. Camila, embarazada, no se arrepiente. Ladislao tampoco. Les remachan hierros en los pies. Un sacerdote rocía los grillos con agua bendita.

Los fusilan en el patio, con los ojos vendados.

(219)

1848

Bacalar

Cecilio Chi

Han hablado las mazorcas, avisando hambre. Las inmensas plantaciones de azúcar están devorando los cultivos de maíz de las comunidades mayas en la región mexicana de Yucatán. Se compran hombres, como en África, pagándolos con aguardiente. *Los indios oyen por la espalda,* dice el látigo.

Y estalla la guerra. Hartos de poner los muertos en guerras ajenas, los mayas acuden al llamado del tambor de tronco hueco. Brotan de la espesura, de la noche, de la nada, el machete en una mano, la antorcha en la otra: con las haciendas arden sus dueños y los hijos de sus dueños y arden también los documentos de deuda que hacen esclavos a los indios y a los hijos de los indios.

El torbellino maya se revuelve y arrasa. Cecilio Chi arremete con quince mil indios contra los cañones que disparan al bulto y así cae la soberbia Valladolid de Yucatán, que tan hidalga se cree, tan de Castilla, y caen Bacalar y muchos pueblos y guarniciones, uno tras otro.

Cecilio Chi extermina enemigos invocando al antiguo rebelde Jacinto Canek y al más antiguo profeta Chilam Balam. Anuncia que la sangre inundará la plaza de Mérida hasta los tobillos de las gentes. Ofrece aguardiente y fuegos artificiales a los santos patronos de cada pueblo que ocupa: si los santos se niegan a cambiar de bando, y siguen al servicio de los amos, Cecilio Chi los degüella a machetazos y los arroja a la hoguera.

(144 y 273)

1849

Orillas del río Platte

Un jinete llamado Viruela

De cada cuatro indios pawnees, uno ha muerto este año por la viruela o el cólera. Los kiowas, sus enemigos de siempre, se han salvado gracias al Viejo Tío Saynday.

Andaba el viejo pícaro por estas praderas, de pena en pena: *Mi mundo acabó,* comprobaba, mientras en vano buscaba ciervos y búfalos y el río Washita le ofrecía barro rojo en lugar de agua clara. *Pronto mi pueblo kiowa será cercado como las vacas.* Sumido en estas melancolías deambulaba el Viejo Tío Saynday, cuando vio que allá en el este, en vez de sol, amanecía negrura. Una gran mancha oscura venía creciendo a través de la pradera. Cuando la tuvo cerca, descubrió que la mancha era un jinete de negras ropas, alto sombrero negro y negro caballo. El jinete tenía feroces cicatrices en la cara.

—Me llamo Viruela —se presentó.

—Nunca oí —dijo Saynday.

—Vengo de lejos, del otro lado de la mar —explicó el desconocido—. Traigo muerte.

Preguntó por los kiowas. El Viejo Tío Saynday supo cambiarle el rumbo. Le explicó que los kiowas no valían la pena, pueblo poquito y pobretón, y en cambio le recomendó a los indios pawnees, que son muchos, bellos y poderosos, y le señaló los ríos donde viven.

(198)

1849
San Francisco

El oro de California

Desde Valparaíso acuden en masa los chilenos. Traen un par de botas y un puñal, un farol y una pala.

Puerta de oro se llama ahora la entrada a la bahía de San Francisco. Hasta ayer, San Francisco era el pueblo mexicano de Yerbas Buenas. En estas tierras, usurpadas a México en guerra de conquista, hay pepas de tres quilos de oro puro.

No tiene sitio la bahía para tanto buque. Toca fondo el ancla y vuelan los aventureros más allá de los cerros. Nadie pierde tiempo en sorpresas ni saludos. El tahúr hunde en el barro sus botines de charol:

—*¡Viva mi dado cargado, viva mi sota!*

Con sólo pisar esta tierra, el pelagatos se hace rey y muere de despecho la bella que lo había despreciado. Vicente Pérez Rosales, recién llegado, escucha los pensamientos de sus compatriotas: «¡Ya tengo talento! Porque en Chile, ¿quién es borrico siendo rico?» *Aquí quien tiempo pierde, pierde oro.* Incesante trueno de martillos, mundo que bulle, estrépitos de parto: de la nada brotan las carpas donde se ofrecen herramientas y licores y carne seca a cambio de bolsas de cuero llenas de oro en polvo. Graznan los cuervos y los hombres, bandadas de hombres de todas las patrias, y noche y día gira el torbellino de levitas y casacas marineras, pieles de Oregón y bonetes del Maule, puñales franceses, sombreros chinos, botas rusas y balas relumbrantes en el cinturón de los vaqueros.

Una chilena de buen ver sonríe como puede bajo su sombrilla de encajes, estrujada por el corsé y por la multitud que la lleva en andas sobre el fangal pavimentado de botellas rotas. Ella es, en este puerto, Rosarito Améstica. Era Rosarito Izquierdo cuando nació en Quilicura, hace un secreto de años, y después fue Rosarito Villaseca en Talcahuano, Rosarito Toro en Talca y Rosarito Montalva en Valparaíso.

Desde el alcázar de popa de un barco, el rematador ofrece las damas al gentío. Las exhibe y las elogia, una por una, *vean señores qué talle qué juventud qué hermosura qué...*

—¿Quién da más? —apura el rematador—. ¿Quién da más por esta flor incomparable?

(256)

1849
El Molino

Ellos estaban aquí

Llama el hombre y llamea el oro en las arenas y las rocas. Chispas de oro saltan por los aires; dócil viene el oro a la mano del hombre, desde el fondo de los ríos y las quebradas de California.

El Molino es uno de los muchos campamentos surgidos a orillas del oro. Un día, los mineros de El Molino advierten ciertas tenaces líneas de humo que se alzan del lejano monte de cipreses. Por la noche, ven una fila de fuegos burlándose del viento. Alguien reconoce las señales: el telégrafo de los indios está convocando a la guerra contra los intrusos.

En un santiamén, los mineros forman un destacamento de ciento setenta rifles y atacan por sorpresa. Traen más de cien prisioneros y fusilan a quince para escarmiento.

(256)

Cenizas

Desde que tuvo el sueño del Conejo Blanco, el viejo no hablaba de otra cosa. Le costaba hablar, y hacía mucho que no podía pararse. Los años le habían aguado los ojos y lo habían doblado sin vuelta. Vivía dentro de una canasta, escondida la cara tras las rodillas puntiagudas, en posición de volver a la barriga de la tierra. Metido en la canasta, viajaba a espaldas de algún hijo o nieto y contaba su sueño a todo el mundo: *El Conejo Blanco nos devorará,* balbuceaba. *Devorará nuestra semilla, nuestra hierba, nuestra vida.* Decía que el Conejo Blanco llegaría montado en un animal más grande que el ciervo, un animal con pies redondos y pelo en el cuello.

El viejo no alcanzó a ver la fiebre del oro en estas tierras de California. Antes de que llegaran de a caballo los mineros, anunció:

—*La vieja raíz está lista para crecer.*

Lo quemaron en su canasta, sobre la leña que él había elegido.

(229)

1849
Baltimore

Poe

A las puertas de una taberna de Baltimore yace el moribundo boca arriba, despatarrado, ahogándose en su vómito. Alguna mano piadosa lo arrastra al hospital, en la madrugada; y nada más, nunca más.

Edgar Allan Poe, hijo de harapientos cómicos de la legua, poeta vagabundo, convicto y confeso culpable de desobediencia y delirio, había sido condenado por invisibles tribunales y había sido triturado por tenazas invisibles.

Él se perdió buscándose. No buscando el oro de California, no: buscándose.

(99 y 260)

1849
San Francisco

Los pantalones de Levi

Los fulgores de violencias y milagros no enceguecen a Levi Strauss, que llega desde la remota Bavaria y en un parpadeo advierte que aquí el mendigo se vuelve millonario y el millonario mendigo o cadáver en un chasquido de barajas o gatillos. Y en otro parpadeo descubre que los pantalones se hacen hilachas en estas minas de California, y decide dar mejor destino a las fuertes telas que ha traído. No venderá toldos ni tiendas de campaña. Venderá pantalones, ásperos pantalones para hombres ásperos en el áspero trabajo de excavación en ríos y galerías. Para que no estallen las costuras, las refuerza con remaches de cobre. Atrás, bajo la cintura, Levi estampa su nombre en etiqueta de cuero.

Pronto los vaqueros de todo el oeste harán suyos estos pantalones de sarga azul de Nimes, que no se dejan gastar por los soles ni los años.

(113)

1850
San Francisco

El camino del desarrollo

Anda el chileno Pérez Rosales queriendo suerte en las minas de California. Enterado de que a pocas millas de San Francisco pagan precios de fábula por lo que sea de comer, consigue unas cuantas bolsas de tasajo apolillado y unos tarros de dulce y compra una lancha. Ya está saliendo del muelle, cuando un agente de aduana le apunta a la cabeza con el fusil:

—*Alto ahí.*

Esta lancha no puede navegar ningún río de los Estados Unidos, *porque ha sido construida en el extranjero y no tiene quilla de madera norteamericana.*

Los Estados Unidos defienden su mercado nacional desde los tiempos del primer presidente. Abastecen de algodón a Inglaterra, pero las tarifas aduaneras cierran el paso a las telas inglesas y a cuanto producto pueda perjudicar a su industria. Los plantadores de los estados sureños quieren ropa inglesa, que es mucho mejor y más barata, y se quejan de que los telares del norte les imponen sus telas feas y caras desde el pañal del recién nacido hasta la mortaja del difunto.

(162 y 256)

1850
Buenos Aires

El camino del subdesarrollo:
El pensamiento de Domingo Faustino Sarmiento

No somos industriales ni navegantes y la Europa nos proveerá por largos siglos de sus artefactos en cambio de nuestras materias primas.

(310)

1850
Río de la Plata

Buenos Aires y Montevideo a mediados de siglo

Desde su sillón de la Academia Francesa hasta los muelles del río de la Plata, navega el poeta Xavier Marmier. Las grandes potencias europeas han llegado a un acuerdo con Rosas. Ya se ha levantado el bloqueo de Buenos Aires. Marmier cree que camina por la rue Vivienne cuando recorre la calle Perú. En las vidrieras, encuentra sedas de Lyon y el «Journal de Modes», novelas de Dumas y Sandeau y poesías de Musset; pero a la sombra de los portales del Cabildo deambulan negros descalzos, con uniforme de soldados, y resuena en el pavimento el trote de un gaucho.

Alguien explica a Marmier que ningún gaucho desgracia a nadie sin antes besar la hoja del cuchillo y jurar por la Inmaculada; y si el difunto era hombre querido, el degollador lo monta en su caballo y lo ata al recado para que entre jineteando al cementerio. Más allá, en las plazas suburbanas, Marmier descubre las carretas, navíos de la pampa, que de tierra adentro traen cueros y trigo y a la vuelta llevan paños y licores llegados desde El Havre o Liverpool.

El poeta cruza el río. Hace siete años que Montevideo sufre sitio por la espalda, acosada por el ejército gaucho del general Oribe, pero la ciudad sobrevive de cara al río-mar, gracias a los navíos franceses que derraman sobre los muelles mercaderías y dineros. Uno de los periódicos montevideanos se llama «Le Patriote Français» y es francesa la mayoría de la población. En el refugio de los enemigos de Rosas, anota Marmier, *los ricos se han vuelto pobres y todos se han vuelto locos*. Una onza de oro paga un galán por prender una camelia a la cabellera de su novia y la dueña de casa ofrece a la visita un ramo de madreselvas ceñido en aro de plata, rubíes y esmeraldas. Para las damas de Montevideo, la guerra entre las vanguardistas y las conservadoras parece más importante que la guerra contra los campesinos uruguayos, guerra de verdad que mata gente. Las vanguardistas llevan el pelo cortísimo y las conservadoras lucen frondoso rulerío.

'196)'

1850
París

Dumas

Alejandro Dumas se arremanga los puños de fina batista y de un plumazo escribe las épicas páginas de «Montevideo o la nueva Troya». El novelista, hombre de fantasía y glotonería, ha cotizado en cinco mil francos esta profesional proeza de la imaginación. Llama *montaña* al humilde cerro montevideano y convierte en epopeya griega a la guerra de los mercaderes extranjeros contra la caballería gaucha. Las huestes de Giuseppe Garibaldi, que pelean por Montevideo, no llevan al frente la bandera del Uruguay sino la clásica calavera pirata con las tibias cruzadas sobre fondo negro; pero en la novela que Dumas escribe por encargo no hay más que mártires y titanes en la defensa de la ciudad casi francesa.

(101)

1850
Montevideo

Lautréamont a los cuatro

En el puerto de Montevideo ha nacido Isidoro Ducasse. Una doble muralla de fortificaciones separa del campo a la ciudad sitiada. Isidoro crece aturdido por los cañonazos y viendo pasar moribundos que cuelgan de los caballos.

Sus zapatos caminan hacia la mar. Plantado en la arena, cara al viento, él pregunta a la mar adónde se va la música después que sale del violín, y adónde se va el sol cuando llega la noche, y adónde los muertos. Isidoro pregunta a la mar adónde se fue la madre, aquella mujer que él no puede recordar, ni debe nombrar, ni sabe imaginar. Alguien le ha dicho que los demás muertos la echaron del cementerio. Nada contesta la mar, que tanto conversa; y el niño huye barranca arriba y llorando abraza con todas sus fuerzas un árbol enorme, para que no se caiga.

(181)

1850
Chan Santa Cruz

Cruz que dice

Tres años largos de guerra india en Yucatán. Más de ciento cincuenta mil muertos, cien mil huidos. La población se ha reducido a la mitad.

Uno de los capitanes de la rebelión, el mestizo José María Barrera, conduce a los indios hasta una gruta en lo más remoto de la selva. Allí el manantial ofrece agua fresca, a la sombra de una altísima caoba. De la caoba ha nacido la pequeña cruz que habla.

Dice la cruz, en lengua maya:

—*Ha llegado el tiempo de que se levante Yucatán. Yo a cada hora me estoy cayendo, me están macheteando, me están dando puñaladas, me entran palo. Yo ando por Yucatán para redimir a mis indios amados...*

La cruz tiene el tamaño de un dedo. Los indios la visten. Le ponen huipil y falda; la adornan con hilos de colores. Ella juntará a los dispersos.

(273)

1851
Latacunga

«Ando errante y desnudo...»

—*En lugar de pensar en medos, en persas, en egipcios, pensemos en los indios. Más cuenta nos tiene entender a un indio que a Ovidio. Emprenda su escuela con indios, señor rector.*

Simón Rodríguez ofrece sus consejos al colegio del pueblo de Latacunga, en Ecuador: que una cátedra de lengua quechua sustituya a la de latín y que se enseñe física en lugar de teología. Que el colegio levante una fábrica de loza y otra de vidrio. Que se implanten maestranzas de albañilería, carpintería y herrería.

Por las costas del Pacífico y las montañas de los Andes, de pueblo en pueblo, peregrina don Simón. Él nunca quiso ser árbol, sino viento. Lleva un cuarto de siglo levantando polvo por los caminos de América. Desde que Sucre lo echó de Chuquisaca, ha fundado muchas escuelas y fábricas de velas y ha publicado un par de libros que nadie leyó. Con sus propias manos compuso los libros, letra a letra, porque no hay tipógrafo que pueda con tantas llaves y cuadros sinópticos. Este viejo vagabundo, calvo y feo y barrigón, curtido por los soles, lleva a cuestas un baúl lleno de manuscritos condenados por la absoluta falta de dinero y de lectores. Ropa no carga. No tiene más que la puesta.

Bolívar le decía *mi maestro, mi Sócrates.* Le decía: *Usted ha moldeado mi corazón para lo grande y lo hermoso.* La gente aprieta los dientes, por no reírse, cuando el loco Rodríguez lanza sus peroratas sobre el trágico destino de estas tierras hispanoamericanas:

—*¡Estamos ciegos! ¡Ciegos!*

Casi nadie lo escucha, nadie le cree. Lo tienen por judío, porque va regando hijos por donde pasa y no los bautiza con nombres de santos, sino que los llama Choclo, Zapallo, Zanahoria y otras herejías. Ha cambiado tres veces de apellido y dice que nació en Caracas, pero también dice que nació en Filadelfia y en Sanlúcar de Barrameda. Se rumorea que una de sus escuelas, la de Concepción, en Chile, fue arrasada por un terremoto que Dios envió cuando supo que don Simón enseñaba anatomía paseándose en cueros ante los alumnos.

Cada día está más solo don Simón. El más audaz, el más querible de los pensadores de América, cada día más solo.

A los ochenta años, escribe:

—*Yo quise hacer de la tierra un paraíso para todos. La hice un infierno para mí.*

(298)

Las ideas de Simón Rodríguez:
«O inventamos o estamos perdidos»

¡Vea la Europa cómo inventa, y vea la América cómo imita!
Unos toman por prosperidad el ver sus puertos llenos de barcos...
ajenos, y sus casas convertidas en almacenes de efectos... ajenos.
Cada día llega una remesa de ropa hecha, y hasta de gorras para los
indios. En breve se verán paquetitos dorados, con las armas de la
corona, conteniendo greda preparada «por un nuevo proceder» para
los muchachos acostumbrados a comer tierra.
¡Las mujeres confesándose en francés! ¡Los misionerós absolvien-
dó pecadós en castellanó!
La América no debe imitar servilmente, sino ser original.
La sabiduría de la Europa y la prosperidad de los Estados Unidos
son, en América, dos enemigos de la libertad de pensar. Nada quieren
las nuevas repúblicas admitir, que no traiga el pase... Los estadistas
de esas naciones, no consultaron para sus instituciones sino la razón;
y ésta la hallaron. en su suelo. ¡Imiten la originalidad, ya que tratan
de imitar todo!
¿Dónde iremos a buscar modelos? Somos independientes, pero
no libres; dueños del suelo, pero no de nosotros mismos.
Abramos la historia: y por lo que aún no está escrito, lea cada
uno en su memoria.

(285)

1851
La Serena

Los precursores

La miseria es no saber pensar ni dar a la memoria más recuerdo
que el dolor, dice Francisco Bilbao, y dice que la explotación del
hombre por el hombre no deja al hombre tiempo para ser hombre.
La sociedad se divide entre los que todo lo pueden y los que todo lo
hacen. Para que resucite Chile, *gigante sepultado bajo el monte,* hay

que acabar con un sistema que niega albergue a quien construye palacios y viste de harapos a quien teje las mejores ropas.

No han cumplido treinta años los precursores del socialismo en Chile. Francisco Bilbao y Santiago Arcos, jóvenes de frac, cultivados en París, han traicionado a su clase. En busca de una *sociedad solidaria,* han desatado, a lo largo de este año, varias insurrecciones militares y levantamientos populares en todo el país, contra los pelucones y los frailes y la propiedad privada.

El día de fin de año, se desploma el último bastión revolucionario en la ciudad de La Serena. Muchos *rojos* caen ante los pelotones de fusilamiento. Bilbao, que en otra ocasión escapó disfrazado de mujer, ha huido esta vez por los tejados y se ha marchado al exilio con sotana y misal.

(39)

1852
Santiago de Chile

«¿Qué ha significado la independencia para los pobres?», se pregunta, desde la cárcel, el chileno Santiago Arcos

De los ricos es y ha sido, desde la independencia, el gobierno. Los pobres han sido soldados, milicianos nacionales, han votado como su patrón se los ha mandado, han labrado la tierra, han hecho acequias, han laboreado minas, han acarreado, han cultivado el país, han permanecido ganando real y medio, los han azotado, encepado... Los pobres han gozado de la gloriosa independencia tanto como los caballos que en Chacabuco y Maipú cargaron contra las tropas del rey.

(306)

El pueblo de Chile canta
a la gloria del Paraíso

San Pedro, como patrón,
mandó a buscar chicha y vino,
arrollado con tocino,
patitas p'un salpicón,
un ponche bien cabezón
y un canasto de tortillas,
pa' que tuitas las chiquillas
de la Corte celestial
se pudieran alegrar
y no les diera fatiga.

Se estaba poniendo tarde
cuando dijo san Antonio:
«¡Caracho, por los demonios,
que está la fiesta que arde!
Echaré una cana al aire
como la echan los demás
y con mucha suavidá
a santa Clara un capote,
sin que ninguno lo note,
se lo voy a dar nomás.»

(182)

1852
Mendoza

Las líneas de la mano

Hasta los angelitos de los altares lucen cinta colorada en la Argentina. Quien se niega, desafía las furias del dictador. Como muchos enemigos de Rosas, el doctor Federico Mayer Arnold ha sufrido destierro y prisión.

Hace poco, este joven profesor de Buenos Aires publicó un libro en Santiago de Chile. El libro, ornado con citas en francés, inglés y latín, empezaba así: *¡Veintidós años apenas! Tres ciudades me han expulsado de su seno y cuatro cárceles en el suyo me han recibido. ¡Yo he arrojado, empero, libre mi pensamiento al rostro del déspota! Lanzo, de nuevo, al mundo mis ideas, y sin temor espero lo que el Destino me tenga deparado.*

Dos meses después, al doblar una esquina, el doctor Federico Mayer Arnold cae bañado en sangre. Pero no por orden del tirano: la suegra de Federico, doña María, mendocina de mal carácter, ha pagado a los cuchilleros. Ella ha mandado que le ultimen al yerno, por no serle grato.

(14)

1853
La Cruz

El tesoro de los jesuitas

Ella sabe. Por eso el cuervo la persigue, vuela tras ella cada mañana, camino de misa, y se queda esperándola a la puerta de la iglesia.

Hace rato que cumplió cien años. Dirá el secreto cuando esté por morir. Si no, la castigaría la Divina Providencia.

—*De aquí a tres días* —promete.

Y a los tres días:

—*El mes que viene.*

Y al mes:

—*Mañana se verá.*

Cuando la acosan, pone ojos de gallina y se hace la aturdida, o se echa a reír moviendo las patitas, como si tener tanta edad fuera una picardía.

Todo el pueblo de La Cruz sabe que ella sabe. Era muy niña cuando ayudó a los jesuitas a enterrar el tesoro en los bosques de Misiones, pero no ha olvidado.

Una vez, aprovechando una ausencia, los vecinos abrieron el viejo arcón donde ella pasa los días sentada. Adentro no había un talego lleno de onzas de oro. En el arcón encontraron los ombligos resecos de sus once hijos.

Y llega la agonía. Todo el pueblo al pie del lecho. Ella abre y cierra su boca de pez, como queriendo decir.

Muere en olor de santidad. El secreto era lo único que había tenido en la vida y se va sin darlo.

(147)

1853
Paita

Los tres

Ya no viste de capitana, ni dispara pistolas, ni monta a caballo. No le caminan las piernas y todo el cuerpo le desborda gorduras; pero ocupa su sillón de inválida como si fuera trono y pela naranjas y guayabas con las manos más bellas del mundo.

Rodeada de cántaros de barro, Manuela Sáenz reina en la penumbra del portal de su casa. Más allá se abre, entre cerros del color de la muerte, la bahía de Paita. Desterrada en este puerto peruano, Manuela vive de preparar dulces y conservas de frutas. Los navíos se detienen a comprar. Gozan de gran fama, en estas costas, sus manjares. Por una cucharita, suspiran los balleneros.

Al caer la noche, Manuela se divierte arrojando desperdicios a los perros vagabundos, que ella ha bautizado con los nombres de los generales que fueron desleales a Bolívar. Mientras Santander, Páez, Córdoba, Lamar y Santa Cruz disputan los huesos, ella enciende su cara de luna, cubre con el abanico su boca sin dientes y se echa a reír. Ríe con todo el cuerpo y los muchos encajes volanderos.

Desde el pueblo de Amotape viene, a veces, un viejo amigo. El andariego Simón Rodríguez se sienta en una mecedora, junto a Manuela, y los dos fuman y charlan y callan. Las personas que más quiso Bolívar, el maestro y la amante, cambian de tema si el nombre del héroe se cuela en la conversación.

Cuando don Simón se marcha, Manuela pide que le alcancen el cofre de plata. Lo abre con la llave escondida en el pecho y acaricia las muchas cartas que Bolívar había escrito *a la única mujer,* gastados papeles que todavía dicen: *Quiero verte y reverte y tocarte y sentirte y saborearte...* Entonces pide el espejo y se cepilla largamente el pelo, por si él viene a visitarla en sueños.

(295, 298 y 343)

1854
Amotape

Cuenta un testigo cómo Simón Rodríguez
se despidió del mundo

Don Simón, tan luego vio entrar al cura de Amotape, se incorporó en la cámara, se sentó hizo que el cura se acomodara en la única silla que había y comenzó a hablarle algo así como una disertación materialista. El cura quedó estupefacto, y apenas tenía ánimo para pronunciar algunas palabras tratando de interrumpirlo...

(298)

1855
Nueva York

Whitman

A falta de editor, el poeta paga de su bolsillo la edición de *Hojas de hierba.*

Waldo Emerson, teólogo de la Democracia, bendice el libro, pero
la prensa lo ataca por prosaico y obsceno.

En la grandiosa elegía de Walt Whitman, rugen las multitudes y
las máquinas. El poeta abraza a Dios y a los pecadores y abraza a
los indios y a los pioneros que los aniquilan, abraza al esclavo y al
amo, a la víctima y al verdugo. Todo crimen se redime en el éxtasis
del nuevo mundo, América musculosa y avasallante, sin deuda alguna
que pagar al pasado, vientos del progreso que hacen al hombre cama-
rada del hombre y le desencadenan la virilidad y la belleza.

(358)

1855
Nueva York

Melville

El barbudo navegante es un escritor sin lectores. Hace cuatro años
publicó la historia del capitán que persigue a la ballena blanca por
los mares del universo, arpón de sangre en busca del Mal, y nadie
le ha prestado mayor atención.

En estos tiempos de euforia, en estas tierras norteamericanas en
plena expansión, desentona la voz de Herman Melville. Sus libros
desconfían de la Civilización, que atribuye al salvaje el papel del
Demonio y lo obliga a desempeñarlo —como el capitán Ahab hace
con Moby Dick en la inmensidad del océano. Sus libros rechazan la
Verdad única y obligatoria que unos hombres, creyéndose elegidos,
imponen a los demás. Sus libros dudan del Vicio y de la Virtud, sombras de la misma nada, y enseñan que el sol es la única lámpara digna
de confianza.

(211 y 328)

1855
Territorio Washington

«Ustedes morirán sofocados por sus propios
desperdicios», advierte Seattle, jefe indio

La tierra no es hermana del hombre blanco, sino su enemiga. Cuando
la ha conquistado, sigue su camino. Pero todas las cosas están conec-
tadas. Lo que acontece a la tierra, acontece a los hijos de la tierra...
El estrépito de las ciudades me insulta los oídos...
El aire es algo precioso para el hombre de piel roja. Porque todos
compartimos el mismo aliento: los animales, los árboles, las personas.
Al cabo de varios días, el moribundo no siente el hedor de su
cuerpo...
Poco importa dónde pasaremos el resto de nuestros días. No son
muchos. Unas pocas horas más, unos pocos inviernos. Los blancos
también pasarán. Quizás antes que otras tribus. Continúen ustedes
contaminando su cama y una noche morirán sofocados por sus propios
desperdicios.

(229)

El Far West

¿Acaso alguien escucha al viejo jefe Seattle? Los indios están condenados, como los búfalos y los alces. Quien no muere de tiro, muere
de hambre o pena. Desde la reservación donde languidece, el viejo
jefe Seattle habla en soledad sobre usurpaciones y exterminios y dice
quién sabe qué cosas acerca de la memoria de su pueblo circulando
por la savia de los árboles.
    Zumba el Colt. Como el sol, los pioneros blancos marchan hacia
el oeste. Una luz de diamante los guía desde las montañas. La tierra
prometida rejuvenece a quien le clava el arado para fecundarla. En

un santiamén brotan calles y casas en la soledad habitada por cactus, indios y serpientes. El clima, dicen, es tan pero tan sano, que para inaugurar los cementerios no hay más remedio que bajar a alguien de un balazo. El capitalismo adolescente, embestidor y glotón, transfigura lo que toca. Existe el bosque para que el hacha lo derribe y el desierto para que lo atraviese el tren; el río vale la pena si contiene oro y la montaña si alberga carbón o hierro. Nadie camina. Todos corren, urgentes, urgidos, tras la errante sombra de la riqueza y el poder. Existe el espacio para que lo derrote el tiempo, y el tiempo para que el progreso lo sacrifique en sus altares.

(218)

1856
Granada

Walker

El hijo de Tennessee fusila en caliente y entierra sin epitafio. Tiene ojos de ceniza. No ríe ni bebe. Come por cumplir. No se le ha visto mujer, desde que murió su novia sordomuda; y Dios es su único amigo digno de confianza. Se hace llamar el Predestinado. Viste de negro. Detesta que lo toquen.

William Walker, caballero del Sur, se proclama presidente de Nicaragua. Las alfombras rojas cubren la Plaza Mayor de Granada. Relumbran las trompetas al sol. La banda toca marchas militares norteamericanas, mientras Walker se hinca y jura con una mano sobre la Biblia. Veintiún cañonazos lo saludan. Pronuncia su discurso en inglés y después alza un vaso de agua y brinda por el presidente de los Estados Unidos, su compatriota y estimado colega. El embajador norteamericano, John Wheeler, compara a Walker con Cristóbal Colón.

Walker llegó a Nicaragua el año pasado, a la cabeza de la Falange de los Inmortales. *Ordenaré la muerte de todo aquel que se oponga a la marcha imperial de mis fuerzas.* Como cuchillo en la carne entraron los filibusteros reclutados en los muelles de San Francisco y Nueva Orleans.

El nuevo presidente de Nicaragua restablece la esclavitud, abolida en Centroamérica hace más de treinta años, y reimplanta el tráfico negrero, el régimen de servidumbre y el trabajo forzado. Decreta que el inglés es el idioma oficial de Nicaragua y ofrece tierras y brazos a los norteamericanos blancos que quieran venir.

(154, 253 y 314)

1856
Granada

Fue

Five or none. Nicaragua era poco. William Walker quería conquistar toda Centroamérica.

Los cinco jirones de la patria de Morazán, unidos contra el pirata, le trituran la tropa. Muchos norteamericanos mata la guerra popular; y más mata el cólera morbus, que arruga y agrisa y fulmina.

El mesías de la esclavitud, batido en derrota, atraviesa el lago de Nicaragua. Lo persiguen bandadas de patos y enjambres de moscas contagiadoras de la peste.

Antes de volverse a los Estados Unidos, Walker decide castigar a la ciudad de Granada. Que nada de ella quede vivo. Ni sus gentes, ni sus casas de tejas de barro, ni sus calles de naranjos en la arena.

Se alzan al cielo las llamaradas.

Al pie de los muelles en ruinas, hay una lanza clavada. Como bandera triste cuelga de la lanza un retazo de cuero. En letras grabadas al rojo, se lee, en inglés: *Aquí fue Granada*.

(154 y 314)

Walker: «En defensa de la esclavitud»

Los enemigos de la civilización americana —porque tales son los enemigos de la esclavitud— parecen ser más listos que los amigos.

El Sur debe hacer algo por la memoria de los valientes que descansan bajo la tierra de Nicaragua. En defensa de la esclavitud aquellos hombres abandonaron sus hogares, arrostraron con calma y constancia los peligros de un clima tropical y por último dieron la vida... Si todavía hay vigor en el Sur —¿y quién lo duda?— para seguir luchando contra los soldados antiesclavistas, que sacuda la modorra que lo embarga y se prepare de nuevo para el conflicto.

El verdadero campo para ejercer la esclavitud es la América tropical; allí está el natural asiento de su imperio y allí puede desarrollarse con sólo hacer el esfuerzo...

(356)

1858
Fuentes del río Gila

Las tierras sagradas de los apaches

Aquí, en el valle donde nace el río, entre las altas rocas de Arizona, está el árbol que cobijó a Gerónimo hace treinta años. Él acababa de brotar del vientre de la madre y fue envuelto en la manta. Colgaron la manta de una rama. El viento mecía al niño mientras una vieja voz suplicaba al árbol:

—*Que viva y crezca para verte dar frutos muchas veces.*

Este árbol está en el centro del mundo. Parado a su sombra, Gerónimo jamás confundirá el norte con el sur ni el mal con el bien.

Alrededor se abre el vasto país de los apaches. En estas hoscas tierras viven desde que el primero de ellos, el hijo de la tormenta, vistió las plumas del águila que había vencido a los enemigos de la luz. Aquí jamás han faltado animales que cazar, ni hierbas para curar a los enfermos, ni cavernas rocosas donde yacer después de la muerte.

Unos raros hombres han llegado de a caballo, cargando largas cuerdas y muchos bastones. Tienen la piel como desangrada y hablan un idioma jamás escuchado. Clavan en la tierra señales de colores y hacen preguntas a una medalla blanca que les contesta moviendo una aguja.

Gerónimo no sabe que estos hombres han venido a medir las tierras apaches para venderlas.

(24 y 91)

1858
Kaskiyeh

Gerónimo

Los apaches habían ido sin armas al mercado de Kaskiyeh, tierras del sur entre Sonora y Casas Grandes, a cambiar por víveres las pieles de búfalo y de ciervo. Los soldados mexicanos les arrasaron el campamento y se llevaron los caballos. Entre los muertos, yacen la madre y la mujer de Gerónimo, y sus tres hijos.

Gerónimo no dice nada mientras sus compañeros se reúnen y tristemente votan: están cercados, desarmados, sólo pueden irse.

Sentado junto al río, inmóvil, ve marchar a los suyos tras los pasos del jefe Mangas Coloradas. Aquí quedan los muertos. Por fin, Gerónimo parte también, con la cabeza vuelta hacia atrás. Sigue a su gente *a la distancia justa para oír el suave roce de los pies de los apaches en retirada.*

Durante el largo viaje hacia el norte, no abre la boca. Al llegar a su tierra, quema su casa de pieles y la casa de su madre y todas sus cosas y las cosas de su mujer y de su madre y quema los juguetes de sus hijos. Después, de espaldas a la fogata, echa hacia atrás la cabeza y canta una canción de guerra.

(24)

1858
San Borja

Que se muera la muerte

Su cuerpo dolorido estaba queriendo mezclarse con la tierra americana. Aimé Bonpland supo que en ella acabaría, para continuar en ella, desde aquel lejano día en que desembarcó junto a Humboldt en las costas del Caribe.

Bonpland muere de su muerte, en rancho de barro y paja, serenamente, sabiendo que no mueren las estrellas ni dejarán de nacer las hormigas y las gentes, y que nuevos tréboles habrá, y nuevas naranjas o soles en las ramas; y que los potrillos, recién alzados sobre sus patas de zancudos, estirarán el pescuezo buscando teta. El viejo dice adiós al mundo como un niño se despide del día a la hora de dormir.

Después, un borracho apuñala el cadáver; pero la siniestra imbecilidad humana es un detalle que carece de importancia.

1860
Chan Santa Cruz

El centro ceremonial de los rebeldes de Yucatán

—*Mi padre no me puso con los ricos, no me puso con los generales ni con los que tienen dinero, ni con los que dicen tenerlo* —había anunciado en Yucatán la Madre de las Cruces, la que brotó de la caoba junto al manantial; y cuando los soldados voltearon la caoba a golpes de hacha y quemaron la crucecita vestida por los indios, ya ella había tenido hijas. De cruz en cruz ha sobrevivido la palabra:

—*Con los pobres me puso mi padre, porque yo soy pobre.*

En torno a la cruz, a las cruces, ha crecido Chan Santa Cruz, el gran santuario de los mayas rebeldes en la selva de Yucatán.

Los soldados de la expedición del coronel Acereto penetran sin resistencia. No encuentran ni un indio y quedan con la boca abierta:

los mayas han alzado una inmensa iglesia de macizas paredes y alta
bóveda, la Casa de Dios, la Casa del Dios-Tigre, y en la torre se balancean las campanas arrancadas de Bacalar.

En la ciudad sagrada, vacía de gente, todo da miedo. Hay poca
agua en las cantimploras, pero el coronel Acereto prohíbe beber de
los pozos. Hace seis años, otros soldados bebieron y vomitaron y
murieron mientras los indios preguntaban, desde la floresta, si estaba
fresca el agua.

Los soldados esperan y desesperan y van pasando los días. Mientras tanto, desde cien aldeas y mil milpas acuden los indios. Traen
un fusil o un machete y un saquito de harina de maíz. Concentran
fuerzas en la espesura; y cuando el coronel Acereto decide retirarse,
le barren la tropa de un soplido.

La orquesta, que ha sido capturada intacta, enseñará música a los
niños y tocará polcas en la iglesia, donde vive y habla la cruz, rodeada
de dioses mayas. Allí, en la iglesia, el pueblo comulga con tortillas de
maíz y miel y una vez por año elige a los intérpretes de la cruz y a
los jefes de la guerra, que lucen arete de oro pero cultivan el maíz
como cualquiera.

(273 y 274)

1860
La Habana

Poeta en crisis

A trece muertos por kilómetro de vía se ha construido en Cuba el
ferrocarril que lleva azúcar desde los campos de Güines hasta el
puerto de La Habana, muertos africanos, irlandeses, canarios y chinos de Macao, esclavos o miserables jornaleros traídos desde lejos
por los traficantes —y el auge del azúcar exige más y más.

Hace diez años, llegó a Cuba el primer cargamento de esclavos
mayas de Yucatán. Ciento cuarenta indios, prisioneros de guerra,
fueron vendidos a veinticinco pesos por cabeza; los niños, gratis.
Después el presidente mexicano Santa Anna otorgó el monopolio del
tráfico al coronel Manuel María Jiménez y el precio subió a ciento
sesenta pesos por hombre, ciento veinte por mujer y ochenta por

niño. La guerra maya ha continuado y con ella los préstamos cubanos en dinero y fusiles: el gobierno de Yucatán cobra un impuesto por esclavo vendido y así paga con indios la guerra contra los indios. El poeta español José Zorrilla ha comprado, en el puerto de Campeche, una partida de indios para vender en Cuba. Estaba todo listo para el embarque cuando la fibre amarilla mató en La Habana a su socio capitalista, Cipriano de las Cagigas, y ahora el autor de *Don Juan Tenorio* se consuela escribiendo versos en un cafetal.

(222 y 273)

1861
La Habana

Brazos de azúcar

Pronto la ciudad de La Habana celebrará sus juegos florales. Los intelectuales del Ateneo proponen un gran tema central: ellos quieren que el certamen literario se consagre a pedir a España sesenta mil esclavos nuevos. Los poetas respaldarían, así, el proyecto de importación de negros, que cuenta ya con el apoyo del «Diario de la Marina» y la bendición legal del fiscal de la Audiencia.

Faltan brazos para el azúcar. Son escasos y caros los negros que entran, de contrabando, por las playas de Mariel, Cojímar y Batabanó. Tres dueños de ingenios han redactado el proyecto porque *Cuba yace exhausta y desolada* y suplican a las autoridades españolas *que recojan sus lastimeros ayes y la provean de negros*, esclavos mansos y leales a quienes *Cuba debe su prosperidad económica*. Será fácil, aseguran, traerlos desde el África: *Ellos correrán gozosos hacia los buques españoles, cuando los vean llegar*.

(222 y 240)

Palabras de azúcar

Las rejas de La Habana lucen volutas de hierro y las columnas, caracoles de yeso; las mamparas, encajes de madera; los vitrales, colas de pavo real. Luce arabescos el lenguaje de los doctores y los frailes. Los poetas persiguen rimas jamás usadas y los prosistas adjetivos de mucho retumbe. Los oradores persiguen el punto, el punto saltarín y fugitivo: el punto asoma detrás del adverbio o el paréntesis y el orador le arroja palabras y palabras; se estira el discurso queriendo alcanzarlo, pero el punto huye siempre más allá, y así continúa la persecución al infinito.

Los libros de contabilidad hablan, en cambio, el áspero lenguaje de la realidad. En los ingenios de azúcar de toda Cuba, se registra el nacimiento o la compra de cada esclavo negro como el ingreso de un bien mueble, y se le calcula un ritmo de depreciación del tres por ciento anual. La enfermedad de un hombre equivale al desperfecto de una válvula y el fin de una vida es como la pérdida de una cabeza de ganado: *Las reses matadas son toros. Se malogró una puerca de la ceiba. Ha muerto el negro Domingo Mondongo.*

(222)

1861
Bull Run

Grises contra azules

Cerca de la ciudad de Washington ocurre la primera batalla de la guerra civil. Numeroso público había acudido, en carruajes o a lomo de caballo, a presenciar el espectáculo. No bien empieza a correr la sangre, huye el gentío en estampida, aullando de pánico, desbocando caballos; y pronto las calles de la capital se llenan de mutilados y moribundos.

Dos países opuestos habían compartido hasta ahora el mapa, la bandera y el nombre de los Estados Unidos. Un diario del sur informó en la sección *Noticias del extranjero* que Abraham Lincoln había ganado las elecciones. Al mes, los estados sureños formaron país aparte y se desencadenó la guerra.

Lincoln, el nuevo presidente, encarna los ideales del norte. En su campaña ha anunciado que no se puede seguir siendo mitad libre y mitad esclavo y ha prometido granjas en lugar de latifundios y más altas tarifas contra la competencia de la industria europea. Norte y sur: dos espacios, dos tiempos. Al norte, fábricas que ya producen más que los campos, incesantes inventores creando el telégrafo eléctrico y la máquina de coser y la cosechadora, nuevas ciudades brotando por todas partes, un millón de habitantes en Nueva York y muelles donde ya no caben los barcos repletos de europeos desesperados en busca de patria nueva. Al sur, el abolengo y la nostalgia, los campos de tabaco, las vastas plantaciones de algodón: cuatro millones de esclavos negros produciendo materia prima para las hilanderías inglesas de Lancashire y Manchester, caballeros batiéndose a duelo por el honor mancillado de la hermana o el buen nombre de la familia y damas paseándose en calesa por los campos en flor y desmayándose en las verandas de los palacios a la hora del crepúsculo.

(70)

1862
Fredericksburg

El lápiz de la guerra

Echado contra un muro, las piernas cruzadas en el suelo, un joven soldado mira sin ver. La barba, de varios meses, aplasta el cuello abierto de la guerrera. Una mano del soldado acaricia la cabeza de un perro que duerme sobre sus rodillas.

John Geyser, recluta de Pennsylvania, se dibuja y dibuja a sus compañeros mientras la guerra mata. Por un instante los detiene el lápiz en el camino hacia la fosa excavada entre cañonazos: los soldados cargan el rifle, o lo limpian, o comen la ración de galleta y tocino, o tristemente miran: tristemente miran sin ver o quizás viendo más allá de lo que miran.

(69)

1863
Ciudad de México

«La Argelia americana»

es el nuevo nombre de México según la prensa de París. El ejército de Napoleón III embiste y conquista la capital y las principales ciudades.

En Roma, el papa salta de alegría. El gobierno de Benito Juárez, desalojado por los invasores, era culpable de blasfemia contra Dios y sus propiedades en México. Juárez había dejado desnuda a la Iglesia, despojándola de sus sagrados diezmos, de sus latifundios vastos como el cielo y del amoroso abrigo del Estado.

Los conservadores se suman a los conquistadores. Veinte mil soldados mexicanos ayudan a los treinta mil soldados de Francia, que vienen de asaltar Crimea, Argelia y Senegal. Napoleón III se apodera de México invocando el espíritu latino, la cultura latina y la raza latina, y exigiendo de paso el pago de un inmenso y fantasmal empréstito.

De la nueva colonia se hará cargo Maximiliano de Austria, uno de los muchos príncipes sin trabajo en Europa, acompañado por su mujer despampanante.

(15)

1863
Londres

Marx

Napoleón III se romperá la crisma en el asunto de México, si es que no le ahorcan antes —anuncia un profeta sabio y pobretón, que vive de prestado en Londres.

Mientras corrige y pule los borradores de una obra que va a cambiar el mundo, Karl Marx no pierde detalle de cuanto en el mundo sucede. En cartas y artículos llama *imperial Lazarillo de Tormes* al tercer Napoleón y a la invasión de México *infame empresa.* Denuncia también a Inglaterra y a España, que quisieran repartirse con Francia el territorio de México como botín de guerra, y a todas las naciones ladronas de naciones, acostumbradas a enviar al matadero a miles y miles de hombres para que los usureros y los traficantes amplíen el campo de sus negocios.

Marx ya no cree que la expansión imperial de los países más desarrollados sea una victoria del progreso sobre el atraso. Hace quince años, en cambio, no había discrepado con Engels cuando Engels aplaudió la invasión de México por los Estados Unidos, creyendo que así se harían prole rios los campesinos mexicanos y caerían del pedestal los obispos y los señores feudales.

(129 y 201)

.1865
La Paz

Belzu

Una marea de indios sublevados ha devuelto el poder a Belzu. Manuel Isidoro Belzu, *el tata Belzu,* vengador del pobrerío, verdugo de doctores, regresa a La Paz en oleaje de multitudes.

Mientras gobernó, hace unos años, la capital de Bolivia estuvo donde él estaba, en el anca de su caballo; y los dueños del país, que desataron contra él más de cuarenta golpes militares, no consiguieron voltearlo. Lo odiaban los mercaderes extranjeros, porque Belzu les prohibió la entrada y amparó a los artesanos de Cochabamba ante la invasión de ponchos fabricados en Inglaterra. Le tuvieron terror los leguleyos de Chuquisaca, por cuyas venas corre tinta o agua; y también conspiraron contra él los señores de las minas, que jamás pudieron dictarle un decreto.

Belzu, enjuto y bello, ha vuelto. Entra en palacio de a caballo, a paso suave, como navegando.

(172)

De una arenga de Belzu al pueblo boliviano

Ha sonado ya la hora de pedir a la aristocracia sus títulos y a la propiedad privada sus fundamentos... La propiedad privada es la fuente principal de la mayor parte de los delitos y crímenes en Bolivia, es la causa de la lucha permanente entre los bolivianos, es el principio dominante de aquel egoísmo eternamente condenado por la moral universal. ¡No más propiedad, no más propietarios, no más herencias! ¡Abajo aristócratas! ¡La tierra sea para todos! ¡Basta de explotación del hombre por el hombre!

(213)

1865
La Paz

Melgarejo

Mariano Melgarejo, el más feroz enemigo de Belzu, es un hércules capaz de cargar un caballo al hombro. Nació en Tarata, alta tierra de altas hierbas, de padre que ama y huye. Nació un domingo de Pascua:

—*Dios me ha escogido para nacer mientras Él resucitaba.*

Antes de aprender a caminar, supo galopar los caballos que asomaban la cabeza en el verdor; y antes que la teta materna conoció la chicha que hace rodar o volar, la mejor chicha de Bolivia, leche de Tarata, maíz mascado y escupido por las viejas de más pícara saliva. No sabía ni firmar cuando ya no había quien lo parara en las cargas guerreras a todo miedo, cuerpo a cuerpo, la casaca en jirones, alzando y partiendo gente a golpes de puño, lanza o sable.

A muchos ha desgraciado. Ha matado en día claro y en noche sin luna, eterno sublevado, buscabronca, y dos veces ha sido condenado a muerte. Entre farras y jaleos, ha conocido el destierro y el poder. Anteanoche dormía en el trono y anoche en las arrugas de los cerros. Ayer entró en esta ciudad de La Paz a la cabeza de su ejército, montado sobre un cañón enorme, el poncho rojo flameando como bandera; y hoy atraviesa la plaza sombrío y solo.

(85)

1865
La Paz

El golpe de Estado más breve de la Historia

Es la hora de Belzu. Melgarejo, el vencido, viene a rendirse. Melgarejo atraviesa la plaza, atraviesa el griterío:

—*¡Viva Belzu!*

En el vasto salón del primer piso, Belzu aguarda. Melgarejo entra al palacio. Sin levantar la mirada, la barba negra aplastada contra su pecho de toro, sube las escaleras. La multitud vocifera en la plaza:

—*¡Viva Belzu! ¡Tata Belzu!*

Melgarejo camina hacia Belzu. El presidente se levanta, abre los brazos:

—Te perdono.

A través de las ventanas abiertas, truenan las voces:

—*¡Tata Belzu!*

Melgarejo se deja abrazar y dispara. Suena el balazo, suena el cuerpo contra el piso.

El vencedor sale al balcón. Muestra el cadáver, lo ofrece:

—*¡Belzu ha muerto! ¿Quién vive?*

(85)

1865
Appomattox

El general Lee somete su espada de rubíes

Los soldados del norte, en pleno avance arrollador, esperan la orden para el asalto final. En eso, una nube de polvo se alza y crece desde las líneas enemigas. Del hambriento y despedazado ejército de los grises, se desprende un jinete. Trae un trapo blanco atado a un palo.

En las últimas batallas, los soldados del sur llevaban sus nombres escritos en la espalda, para que los reconocieran entre los muertos. El sur, arrasado, había perdido la guerra, y la continuaba por obstinado sentido del honor.

Ahora el general vencido, Robert Lee, entrega con mano enguantada su espada guarnecida de rubíes. El general vencedor, Ulysses Grant, sin sable ni insignias, desabrochada la guerrera, fuma o masca un cigarro.

La guerra ha terminado, la esclavitud ha terminado. Con la esclavitud han caído los muros que impedían el pleno desarrollo de la industria y la expansión del mercado nacional en los Estados Unidos. Seiscientos mil jóvenes han muerto en batalla. Entre ellos, la mitad de los negros que han vestido el uniforme azul en los batallones del norte.

(70)

1865
Washington

Lincoln

Abe viene desde Kentucky. Allá el padre alzó el hacha y descargó el martillo y la cabaña tuvo paredes y techo y lechos de hojarasca. Cada día el hacha cortaba leña para el fuego y un día el hacha arrancó del bosque la madera necesaria para que la madre de Abe fuera enterrada bajo la nieve. Abe era muy niño mientras el martillo golpeaba esos clavos de madera. La madre nunca más haría pan blanco los sábados, ni parpadearían nunca más aquellos ojos siempre perplejos, de modo que el hacha trajo madera para construir una balsa y el padre se llevó a los hijos hacia Indiana por el río.

Viene desde Indiana. Allá Abe dibujó con un tizón sus primeras letras y fue el mejor leñador del distrito.

Viene desde Illinois. En Illinois amó a una mujer llamada Ann y casó con otra llamada Mary, que hablaba francés y había inaugurado la moda del miriñaque en la ciudad de Springfield. Mary decidió que Abe sería presidente de los Estados Unidos. Mientras ella paría hijos varones, él escribía discursos y algún poema a la memoria, triste isla, mágica isla bañada en luz líquida.

Viene desde el Capitolio, en Washington. Asomado a la ventana, veía el mercado de esclavos, una suerte de establo donde estaban los negros encerrados como caballos.

Viene desde la Casa Blanca. Llegó a la Casa Blanca prometiendo reforma agraria y protección para la industria y proclamando que quien priva a otro de su libertad no es digno de disfrutarla. Entró en la Casa Blanca jurando que gobernaría de tal manera que todavía tendría un amigo dentro de sí cuando ya no tuviera amigos. Gobernó en guerra y en guerra cumplió todas sus promesas. Al amanecer se lo veía en zapatillas, parado en la puerta de la Casa Blanca, esperando el periódico.

Viene sin prisa. Abraham Lincoln nunca tuvo prisa. Camina como pato, apoyando de plano sus pies enormes, y como torre sobresale de la multitud que lo ovaciona. Entra al teatro y lentamente sube las escaleras hacia el palco presidencial. En el palco, sobre flores y banderas, se recorta en la sombra su cabeza huesuda, pescuezuda, y en la sombra brillan los ojos más dulces y la más melancólica sonrisa de América.

Viene desde la victoria y desde el sueño. Hoy es Viernes Santo y hace cinco días que se ha rendido el general Lee. Anoche, Lincoln soñó con un mar de misterio y un raro navío que navegaba hacia orillas de brumas.

Lincoln viene desde toda su vida, caminando sin prisa hacia esta cita en el palco de un teatro de cómicos en la ciudad de Washington.

Ya viene hacia él la bala que le parte la cabeza.

(81 y 188)

1865
Washington

Homenaje

¿Cuántos negros han sido ahorcados por robar un pantalón o mirar a los ojos a una mujer blanca? ¿Cómo se llamaban los esclavos que hace más de un siglo incendiaron Nueva York? ¿Cuántos blancos han seguido las huellas de Elijah Lovejoy, cuya imprenta fue arrojada por dos veces al río y que murió asesinado en Illinois, sin que nadie fuera por ello perseguido ni castigado? La historia de la abolición de la esclavitud en los Estados Unidos ha tenido infinitos protagonistas, negros y blancos. Como estos:

• John Russwurm y Samuel Cornish, que hicieron el primer periódico de los negros, y Theodore Weld, que fundó el primer centro de enseñanza superior que admitió mujeres y negros.

• Daniel Payne, que logró mantener abierta durante seis años su escuela para negros en Charleston, y Prudence Crandall, maestra cuáquera de Connecticut, que por recibir en su escuela a una niña negra perdió a sus alumnas blancas y fue insultada, apedreada y encarcelada; y hubo cenizas donde su escuela había estado.

• Gabriel Prosser, que buscó la libertad para sus hermanos en Virginia y encontró la horca para él, y David Walker, por cuya cabeza pagaban diez mil dólares las autoridades de Georgia, y que andaba por los caminos anunciando que matar a un hombre que te está arrancando la vida es como beber agua cuando tienes sed, y que eso dijo hasta que desapareció o fue desaparecido.

• Nat Turner, que en un eclipse de sol vio escrita la señal de que los últimos serían los primeros y se volvió loco de furia asesina, y John Brown, barba de cazador, ojos en llamas, que asaltó una armería de Virginia y desde un depósito de locomotoras plantó batalla a los infantes de marina y después se negó a que su abogado lo declarara loco y caminó dignamente hacia la horca.

• William Lloyd Garrison, fanático enemigo de los ladrones de hombres, que fue paseado por las calles de Boston con una soga al cuello, y Henry Garnet, que en el templo predicó que peca contra Dios el esclavo resignado, y Henry Ward Beecher, clérigo de Brooklyn, que dijo que en ciertos casos un rifle puede ser más útil que la

Biblia, por lo que las armas enviadas a los esclavos del sur pasaron a llamarse *biblias de Beecher*.

• Harriet Beecher Stowe, en cuya cabaña del tío Tom muchos blancos fueron incorporados a la causa, y Frances Harper, poeta, que encontró las palabras necesarias para maldecir al poder y al dinero, y Solomon Northup, esclavo de Louisiana que pudo difundir el testimonio de la vida en las plantaciones de algodón desde que suena el cuerno antes del alba.

• Frederick Douglass, esclavo fugitivo de Maryland, que en Nueva York convirtió en acta de acusación el pregón del Día de la Independencia y proclamó que la libertad y la igualdad sonaban a hueca parodia.

• Harriet Tubman, campesina analfabeta, que organizó la fuga de más de trescientos esclavos por el camino de la estrella polar hacia Canadá.

(12 y 210)

1865
Buenos Aires

La Triple Infamia

Mientras en Norteamérica la historia gana una guerra, en América del sur se desencadena otra guerra que la historia perderá. Buenos Aires, Río de Janeiro y Montevideo, los tres puertos que hace medio siglo aniquilaron a José Artigas, se disponen a arrasar el Paraguay.

Bajo las sucesivas dictaduras de Gaspar Rodríguez de Francia, Carlos Antonio López y su hijo Francisco Solano, caudillos de muy absoluto poder, el Paraguay se ha convertido en ejemplo peligroso. Corren los vecinos grave riesgo de contagio: en el Paraguay no mandan los terratenientes, ni los mercaderes especulan, ni asfixian los usureros. Bloqueado desde afuera, el país ha crecido hacia adentro, y sigue creciendo, sin obedecer al mercado mundial ni al capital extranjero. Mientras los demás patalean, ahorcados por sus deudas, el Paraguay no debe un centavo a nadie y camina con sus propias piernas.

El embajador británico en Buenos Aires, Edward Thornton, es

el supremo sacerdote de la feroz ceremonia de exorcismo. Argentina, Brasil y Uruguay conjurarán al demonio clavando bayonetas en el pecho de los soberbios.

(47, 60 y 83)

1865
Buenos Aires

Con baba de araña han tejido la Alianza

Como grotesca copa de arbolito, clavada en la pica, la cabeza de melena y vincha del Chacho Peñaloza decoraba el centro de una plaza. El Chacho y su caballo habían sido un solo músculo: sin caballo lo atraparon, y a traición lo degollaron. *Para aquietar a la chusma* exhibieron la cabeza del guerrero gaucho de los llanos de La Rioja. Domingo Faustino Sarmiento felicitó a los verdugos.

La guerra contra el Paraguay prolonga otra guerra, que lleva medio siglo: la guerra de Buenos Aires, puerto vampiro, contra las provincias. Venancio Flores, uruguayo, ha colaborado con Mitre y Sarmiento en el exterminio de gauchos rebeldes. Como recompensa obtuvo la presidencia del Uruguay. Naves brasileñas y armas argentinas impusieron a Flores en el gobierno. La invasión del Uruguay se abrió paso a partir del bombardeo de la ciudad desamparada de Paysandú. Durante un mes resistió Paysandú, hasta que el jefe de la defensa, Leandro Gómez, cayó fusilado sobre sus escombros llameantes.

Así, la alianza de dos se ha hecho Triple Alianza. Con bendición inglesa y créditos ingleses, los gobiernos de Argentina, Brasil y Uruguay se lanzan a redimir al Paraguay. Firman un tratado. Hacen la guerra, dice el tratado, en nombre de la paz. El Paraguay tendrá que pagar los gastos de su propio exterminio y los vencedores le brindarán un gobierno adecuado. En nombre del respeto a la integridad territorial del Paraguay, el tratado garantiza al Brasil un tercio de su superficie y adjudica a la Argentina todo Misiones y el vasto Chaco. La guerra se hace también en nombre de la libertad. El Brasil, que tiene dos millones de esclavos, promete libertad al Paraguay, que no tiene ninguno.

(47, 244 y 291)

1865
San José

Urquiza

Besa la mano de una mujer, es fama, y la deja embarazada. Colecciona hijos y tierras. Hijos tiene ciento cincuenta, sin contar a los dudosos, y leguas de campo quién sabe cuántas. Adora los espejos, las condecoraciones brasileñas, las porcelanas francesas y el tintineo de los patacones.

Justo José de Urquiza, viejo caudillo del litoral argentino, el hombre que hace años derrotó a Juan Manuel de Rosas, tiene sus dudas sobre la guerra del Paraguay. Las resuelve vendiendo treinta mil caballos de sus estancias al ejército brasileño, a precio excelente, y contratando el suministro de carne salada a los ejércitos aliados. Salvado de las dudas, manda fusilar a quien se niegue a matar paraguayos.

(271 y 291)

1866
Curupaytí

Mitre

Flotan en las aguas, a la deriva, astillas que fueron naves. La armada paraguaya ha muerto, pero la flota aliada no puede continuar invadiendo río arriba. La paran los cañones de Curupaytí y Humaitá, y entre ambas fortalezas una hilera de damajuanas, quizás minas, tendidas de costa a costa.

Al mando de Bartolomé Mitre, presidente argentino y generalísimo de la Triple Alianza, los soldados arremeten a bayoneta calada contra las murallas de Curupaytí. El clarín desata oleadas sucesivas de soldados al asalto. Pocos llegan al foso y ninguno a la empalizada. Los paraguayos practican el tiro al blanco contra un enemigo que persiste en mostrarse en campo abierto y a pleno día. A los bramidos de los cañones, retumbar de tambores, sigue el tableteo de la fusilería. La fortaleza paraguaya escupe lenguas de fuego; y cuando se desvanece el humo, lenta neblina, miles de muertos, cazados como conejos, aparecen revolcados en los pantanos. A prudente distancia, catalejo en mano, levita negra y chambergo, Bartolomé Mitre contempla los resultados de su genio militar.

Mintiendo con admirable sinceridad, él había prometido a las tropas invasoras que en tres meses llegarían a Asunción.

(61 y 272)

1866
Curupaytí

El pincel de la guerra

Cándido López, soldado de Mitre, pintará este desastre de Curupaytí y las anteriores batallas que ha peleado, y también la vida cotidiana de la guerra en los campamentos. Pintará con la mano izquierda, porque en Curupaytí una granada le ha volado la derecha.

Pintará sin imitar a nadie y nadie le imitará. Durante la semana venderá zapatos en una tienda de Buenos Aires y los domingos hará cuadros que dirán: *La guerra fue así*. La tonta mano izquierda se hará sabia, por amor a la memoria, pero ningún artista le prestará la menor atención, ni lo tomará en serio ningún crítico, ni habrá nadie interesado en comprar las recordaciones del soldado manco.

—*Yo soy un cronista del pincel*.

El solitario Cándido López pintará multitudes. No habrá en sus obras primeros planos de sables fulgurantes y caballos briosos, ni héroes en agonía pronunciando el discurso póstumo con una mano sobre el pecho sangrante, ni alegorías de la Gloria con las tetas al aire. A través de sus ojos de niño, desfilarán innumerables soldaditos de plomo y caballos de calesita jugando en ordenada formación el pavoroso juego de la guerra.

(100)

1867
Campos de Catamarca

Felipe Varela

Se sublevan los jinetes montoneros en cinco provincias argentinas. La tijera de esquilar, atada a la lanza, desafía al cañón de los regimientos de línea, buscando el cuerpo a cuerpo; y en la polvareda de los entreveros se vocifera: *¡Viva el Paraguay!*

Desde los Andes hasta los llanos, Felipe Varela viene alzando al paisanaje contra el puerto de Buenos Aires, usurpador de la Argentina y negador de América. El caudillo de Catamarca denuncia la bancarrota de la nación, empeñada en empréstitos millonarios para aniquilar a otra nación hermana. Sus montoneros llevan en la frente una divisa, *la unión americana,* y una vieja furia en el corazón: *Ser provinciano es ser mendigo sin patria.* Gaucho enjuto, puro pómulo y barba, nacido y crecido a lomo de caballo, Varela es la ronca voz del pobrerío empujado al muere. Atados con maneas acuden a los esteros paraguayos los *voluntarios* de las provincias, y los encierran en corrales, y les meten bala cuando se rebelan o desertan.

(239)

1867
Llanos de La Rioja

La tortura

El coronel Pablo Irrazábal toma declaración a los llaneros rebeldes de La Rioja. Les toma declaración, o sea: los clava al cepo, o los hace caminar con los pies desollados, o los degüella de a poquito con cuchillo sin filo.

El puerto de Buenos Aires emplea diversos instrumentos de persuasión contra las provincias alzadas. Uno de los más eficaces es el llamado *cepo colombiano*. Se arma el cepo doblando al preso y atándolo en arco con tientos húmedos entre dos fusiles, de tal manera que, al secarse los tientos, la espina dorsal cruje y se rompe en pedazos.

(214)

1867
La Paz

Sobre la Diplomacia, ciencia de las relaciones internacionales

Montado en Holofernes, su caballo de guerra y fiesta, el presidente Melgarejo llega a la catedral de La Paz. Sentado bajo palio, en sillón de terciopelo, escucha misa solemne. Luce uniforme de general del ejército de Chile y en su pecho relumbra el gran cordón de la Orden Imperial del Brasil.

Al cabo de tantos andares y matares, Melgarejo ha aprendido a no confiar ni en su propia camisa. Dicen que a veces se la arranca y la acribilla a balazos:

—*El que manda manda, y el dedo en el gatillo.*

Hay dos seres en el mundo, dos nomás, que el general de hierro no mira de reojo: el caballo Holofernes y la bella Juana Sánchez. El embajador de Chile alza la copa y brinda con Holofernes y a la salud de Holofernes, cuando el negro caballo se asoma a la mesa presidencial para beber cerveza entre ministros, obispos y generales. El embajador del Brasil cubre el cuerpo de Juana Sánchez con collares, diademas y brazaletes que la amante de Melgarejo jamás había visto ni delirado.

Acribillado el pecho de condecoraciones brasileñas, Melgarejo cede al Brasil sesenta y cinco mil kilómetros cuadrados de selva boliviana en la Amazonia. Convertido en general del ejército chileno, Melgarejo entrega a Chile la mitad del desierto costero de Atacama, riquísimo en salitre. Capitales chilenos y británicos están explotando allí el fertilizante más codiciado por las cansadas tierras de Europa. Con la amputación del desierto de Atacama, Bolivia empieza a perder su salida al mar.

(85, 107 y 172)

Inscripciones en una roca del desierto de Atacama

Antonia, por ti me muero.
                              El que tú sabes.
EL JUEZ DE CHAÑARCILLO ESTÁ ROBANDO
Págame mis tres onzas, Ramón.
El Intendente es un bruto.
Don T.P. dice que no es mulato.

(256)

1867
Bogotá

Se publica una novela llamada «María»

Las damas se balancean en las hamacas, bucles flameando tras los ebúrneos cuellos, mecidas por caballeros que visten como difuntos y tienen caras de pollos hervidos. Una caravana de negros, con cestas en las cabezas, pasa lejos y en silencio, como pidiendo disculpas por existir y molestar. En el jardín de la plantación, aroma de café, fragancia de gardenias, Jorge Isaacs moja su pluma en lágrimas.

Toda Colombia solloza. Efraín no ha llegado a tiempo. Mientras él surcaba la mar, su prima María, víctima de enfermedad hereditaria e incurable, exhalaba el último suspiro y ascendía virgen al Cielo. Ante el sepulcro, Efraín estruja contra el pecho su herencia de amor. María le ha dejado un pañuelo, por ella bordado y por ella mojado, unos pétalos de azucena tan iguales a ella y tan como ella marchitos, una sortija resbalada de la yerta mano que había sido airosa rosa de Castilla y un mechón de sus guedejas en el relicario que sus labios de lirio alcanzaron a besar mientras los helaba la muerte.

(167 y 208)

1867
Querétaro

Maximiliano

El ejército de Juárez y las mil guerrillas del pueblo mexicano corren a los franceses. Maximiliano, el emperador, se desploma en el barro gritando *que viva México*.

Al final, Napoleón III le había quitado el ejército, el papa le odiaba y los conservadores le llamaban *Empeorador*. Napoleón le había ordenado administrar la nueva colonia francesa, pero Maximiliano no obedecía. El papa esperaba la devolución de sus bienes terrenales, y los conservadores creían que iba a exorcizar a México del demonio liberal, pero Maximiliano, en plena guerra contra Juárez, dictaba leyes iguales a las de Juárez.

Un carruaje negro llega a Querétaro bajo la lluvia. El presidente Juárez, el vencedor de los intrusos, se asoma al ataúd abierto y sin flores, donde yace el príncipe de lánguidos ojos azules que gustaba pasear por la alameda vestido de charro, con sombrerote y lentejuelas.

(94 y 143)

1867
París

Ser o copiar, éste es el problema

A la Exposición Universal de París llegan los óleos sobre tela que el Ecuador envía. Todos los cuadros son copias exactas de las obras más famosas de la pintura europea. El catálogo exalta a los artistas ecuatorianos, que *si no tienen gran valor de originalidad, tienen al menos el mérito de reproducir, con fidelidad notable, las obras maestras de la escuela italiana, española, francesa y flamenca.*

Mientras tanto, otro arte florece en los mercados indios y en los suburbios populares del Ecuador. Es la despreciada tarea de manos capaces de transformar en hermosura el barro y la madera y la paja, la pluma de pájaro y la concha de mar y la miga de pan. Ese arte se llama, como pidiendo disculpas, artesanía. No lo hacen los académicos, sino las pobres gentes que comen corazones de pulga o tripas de mosquito.

(37)

Cantar del pobre en Ecuador

—¿Tienes hambre?
—Sí.
—Come calambre.
Mata un mosquito,
chupa la sangre
y guarda el mondongo
para fiambre.

(65)

1869
Ciudad de México

Juárez

En piedra de Oaxaca ha sido tallada la cara de este indio mexicano que venció al papa de Roma y al tercer Napoleón. Sin sonrisas ni palabras, siempre de frac y cuello alto, siempre de negro, Benito Juárez es una roca rodeada por un coro de doctores que giran a su alrededor discurseando y declamando y recitando, letrados ilustrados dotados de picos de oro y doradas plumas.

México tenía más sacerdotes que maestros y la Iglesia era dueña de la mitad de todo cuando Juárez llegó al poder y los liberales recetaron su pócima civilizadora al país enfermo de ignorancia y atraso. La terapia de la modernización exige paz y orden. Es preciso acabar con las guerras que matan más gente que el paludismo o la pulmonía, pero la peste de la guerra acosa a Juárez sin cuartel. Primero fue la guerra contra los frailes y los conservadores y después la guerra contra los invasores franceses; y desde entonces la guerra contra los caudillos militares, héroes que se niegan a jubilarse, y contra los indios que se niegan a perder la tierra de sus comunidades.

Los liberales mexicanos profesan ciega fe en el sufragio universal y en la libertad de expresión, aunque el sufragio sea privilegio de pocos y sean pocos los que se expresan. Creen en la salvación por la educación, aunque las escasas escuelas estén todas en las ciudades, porque los liberales se entienden mejor, al fin y al cabo, con las musas que con los indios. Mientras crecen los latifundios, ellos sueñan con emprendedores granjeros fecundando los eriales, y sueñan con rieles milagrosos, humo de locomotoras, humo de chimeneas, ideas y gentes y capitales que traerán el progreso desde Europa.

El propio Juárez, hijo de indios zapotecas, está convencido de que si México copia las leyes norteamericanas, crecerá como los Estados Unidos, y si consume productos ingleses se convertirá en una nación industriosa como Inglaterra. Importando ideas francesas, cree el vencedor de Francia, será México una nación ilustrada.

(142, 143 y 316)

1869

San Cristóbal Las Casas

No están mudos la tierra ni el tiempo

Vibra la tierra de tanto que charlan los muertos debajo. La fosa parece plaza en día de mercado. Celebran novedades los mayas caídos en las viejas rebeliones de Chiapas. Aquí se ha peleado a lanza y hacha desde el lejano día en que el primer usurpador, hijo de mujer y perro, se abalanzó sobre las tierras de las comunidades. Hablan entre sí los muertos, diciendo alegrías, y a través del sueño felicitan a los vivos y les dicen verdades que el oído ignora.

Nuevamente se han alzado los indios de aquí. Los indios, esclavos por deudas, arrasan haciendas y queman cárceles y defienden las últimas tierras que tienen en comunidad y que en comunidad trabajan a pesar del gobierno de Juárez.

Los dioses de la montaña celebran también. Ellos son los que desvían al ventarrón cuando trae enfermedad o codicia.

(155 y 274)

1869

Ciudad de México

Juárez y los indios

Por revoltoso, por bandido, por rabioso socialista, fue fusilado, hace un año, Julio López. A la cabeza de los indios de la región de Chalco, Julio López había jurado *guerra a los ricos* y se había alzado reclamando las tierras usurpadas.

A los indios prisioneros en Chalco, les han puesto uniformes de soldados y los han obligado a pelear contra los indios alzados en Yucatán. Los *pacificados* de cada guerra se hacen *pacificadores* en la siguiente, rebeldes vencidos y forzados a matar rebeldes, y así el gobierno del presidente Juárez va enviando tropas contra los mayas de Yucatán y los mayas de Chiapas, los coras de Nayarit y los tarascos de Michoacán, los yaquis de Sonora y los apaches del norte.

Por recuperar las tierras de sus comunidades, los indios voltean las mojoneras de las haciendas: caen los primeros muertos y ya se vuelve el aire puro humo de pólvora. La Constitución de Juárez quiere convertir a los indios en pequeños propietarios y trabajadores libres. Las leyes de Juárez prohíben el cepo y los grillos, la esclavitud por deudas y los salarios de hambre. La realidad, mientras tanto, arranca a los indios las tierras que todavía poseían en común y los hace esclavos de latifundios o mendigos de ciudades.

Benito Juárez nació en la sierra, entre las rocas que se le parecen, a orillas del lago de Guelatao. Aprendió a nombrar el mundo en una de las cien lenguas indias de México. Después, al amparo de un hombre piadoso, se hizo doctor.

(142 y 274)

1869
Londres

Lafargue

Cuando Paul Lafargue se lanzó al asalto de Laura Marx, el fundador del socialismo científico estaba terminando de corregir el primer tomo de *El capital*. A Karl Marx no le cayeron nada bien las ardientes embestidas del cubano, y le exigió *maneras inglesas más tranquilas* para hacer la corte a su hija de ojos verdes. También le exigió garantías económicas. Expulsado de Alemania, Francia y Bélgica, Marx había pasado tiempos muy duros en Londres, mordido por las deudas, a veces sin un penique para comprar el diario, y las miserias del exilio le habían matado tres hijos.

Pero no pudo espantar a Lafargue. Siempre supo que no podría. Lafargue era muy joven cuando Marx y él empezaron a pelearse y a quererse. Y del mestizo cubano nace ahora el primer nieto de Marx, biznieto de una mulata de Haití y de una india de Jamaica.

(177 y 279)

1869
Acosta Ñú

Cae el Paraguay, aplastado
bajo las patas de los caballos,

y caído pelea. Con campanas de iglesias se hacen los últimos cañones, que disparan piedras y arena, mientras embisten hacia el norte los ejércitos de la Triple Alianza. Los heridos se arrancan los vendajes, porque más vale morir desangrándose que servir al ejército enemigo o marchar a los cafetales brasileños con la marca de hierro de la esclavitud.

Ni los sepulcros se salvan del saqueo en Asunción. En Piribebuy, los invasores arrasan las trincheras, defendidas por mujeres, mutilados y viejos, y prenden fuego al hospital con los heridos adentro. En Acosta Ñú, resisten la ofensiva batallones de niños disfrazados con barbas de lana o hierba.

Y sigue la carnicería. Quien no muere de bala, muere de peste. Y cada muerto duele. Cada muerto parece el último, pero es el primero.

(61 y 254)

1870
Cerro Corá

Solano López

Ésta es una caravana de muertos que respiran. Los últimos soldados del Paraguay peregrinan tras los pasos del mariscal Francisco Solano López. No se ven botas ni correajes, porque se los han comido, pero tampoco llagas ni harapos: son de barro y hueso los soldados que deambulan por los bosques, máscaras de barro, corazas de barro, carne de alfarería que el sol ha cocinado con el barro de los pantanos y el polvo rojo de los desiertos.

El mariscal López no se rinde. Alucinado, la espada en alto, encabeza esta última marcha hacia ninguna parte. Descubre conspiraciones, o las delira, y por delito de traición o de flaqueza manda matar a su hermano y a todos sus cuñados y también al obispo y a un ministro y a un general... A falta de pólvora, las ejecuciones se cumplen a lanza. Muchos caen por sentencia de López, y muchos más por extenuación, y en el camino quedan. La tierra recupera lo que es suyo y los huesos dan el rastro al perseguidor.

Las inmensas huestes enemigas cierran el cerco en Cerro Corá. Derriban a López a orillas del río Aquidabán y lo hieren a lanza y lo matan a espada. Y de un tiro lo rematan, porque ruge todavía.

(291)

1870
Cerro Corá

Elisa Lynch

Rodeada por los vencedores, Elisa cava con sus uñas una fosa para Solano López.

Ya no suenan los clarines, ni silban las balas, ni estallan las granadas. Las moscas acribillan la cara del mariscal y le acometen el cuerpo abierto, pero Elisa no ve más que niebla roja. Mientras abre la tierra a manotazos, ella insulta a este maldito día; y se demora el sol en el horizonte porque el día no se atreve a retirarse antes de que ella termine de maldecirlo.

Esta irlandesa de pelo dorado, que ha peleado al mando de columnas de mujeres armadas de azadas y palos, ha sido la más implacable consejera de López. Anoche, al cabo de dieciséis años y cuatro hijos, él le dijo por primera vez que la quería.

(25)

El guaraní

Del Paraguay aniquilado, sobrevive la lengua.

Misteriosos poderes tiene el guaraní, lengua de indios, lengua de conquistados que los conquistadores hicieron suya. A pesar de prohibiciones y desprecios, el guaraní es la lengua nacional de esta patria en escombros y lengua nacional seguirá siendo aunque la ley no quiera. Aquí el mosquito se seguirá llamando *uña del Diablo* y *caballito del Diablo* la libélula. Seguirán siendo *fuegos de la luna* las estrellas y el crepúsculo *la boca de la noche.*

En guaraní han pronunciado los soldados paraguayos su santo y seña y sus arengas, mientras duró la guerra, y en guaraní han cantado. En guaraní callan, ahora, los muertos.

(152)

1870
Buenos Aires

Sarmiento

El presidente argentino, Domingo Faustino Sarmiento, recibe el parte militar de la victoria en Paraguay. Ordena a la banda de música que toque serenatas y escribe: *Es providencial que un tirano haya hecho morir a todo ese pueblo guaraní. Era preciso purgar la tierra de toda esa excrecencia humana.*

Sarmiento, fundador de la Sociedad Protectora de Animales, predica el racismo sin pelos en la lengua y lo practica sin que le tiemble la mano. Admira a los norteamericanos, *exentos de toda mezcla de razas inferiores,* pero de México al sur no ve más que barbarie, mugre, superstición, caos y locura. Esas tinieblas lo aterran y lo fascinan: él se lanza al ataque con un sable en una mano y un candil en la otra. Como gobernador y presidente, multiplica los cementerios y las escuelas y fomenta las nobles virtudes del degüello, el ahorro y la lectura. Como escritor, publica prosas de mucho talento a favor del exterminio de gauchos, indios y negros y su sustitución por blancos labrie-

gos del norte de Europa, y en defensa del uso del frac y del corte de
pelo a la inglesa.

(310 y 311)

1870
Río de Janeiro

Mil candelabros multiplican luces en los espejos

y los zapatos de seda dibujan círculos de valses sobre el lustroso
suelo del palacio del barón de Itamaraty. La pareja imperial atraviesa
las nubes de invitados, de salón en salón, incesantes besamanos y
tintineos de cristales, y a su paso los sones marciales y los estruendo-
sos vítores interrumpen el baile. Parecen pingüinos los caballeros y
mariposas las damas, ceñidas por los miriñaques, desplegando encajes; y más de una luce senos europeos, importados por mademoiselle
Arthémise, que acompañan perfectamente el movimiento ondulatorio
de la respiración. Con champaña francés y música de moda, el Brasil
celebra el arrasamiento del Paraguay.

Los carruajes que acuden a la fiesta se cruzan con las caravanas
de negros cargados de pestilentes ollas y barriles. Nubes de moscas
persiguen la procesión hacia las playas de Río de Janeiro. Cada anochecer, los esclavos arrojan la mierda de los amos a las aguas de
la bella bahía.

(204)

1870
Río de Janeiro

Mauá

Mientras festejan la aniquilación del Paraguay, los países vencedores
disputan el mapa del vencido a mordiscones.

En Río de Janeiro, alguien asiste con el ceño fruncido a las burbujosas celebraciones y se encoge de hombros cuando escucha hablar de las nuevas fronteras. Irineo Evangelista de Souza, barón de Mauá por gracia del emperador Pedro II, nunca quiso esta guerra. Desde el principio presintió que sería larga y desangradora y que también la perdería quien la ganara. ¿Laureles para el imperio del Brasil? ¿La paz iluminada por la gloria? ¿El imperio prosperando como si la guerra nunca hubiera sido? El barón de Mauá, socio brasileño de los Rothschild de Londres, sabe ahora que los exterminadores deben a la banca británica el doble de lo que debían. Dueño de grandes plantaciones, Mauá sabe que los cafetales han perdido en los campos de batalla muchos miles de esclavos negros. Acostumbrado a financiar los presupuestos y a emitir la moneda de los países vencedores, Mauá sabe también que se han empapelado de vales que nada valen. Y quizás sabe, quién sabe, que esta guerra recién terminada es el comienzo de su ruina personal, que los acreedores terminarán por arrancarle hasta los lentes de oro y que en sus últimos años volverá a ser aquel niño tan solito que un navegante había abandonado en los muelles de Río.

(109)

1870

Vassouras

Los barones del café

El valle del río Paraíba del sur produce la mayor parte del café que el mundo consume y también produce la mayor cantidad de vizcondes, barones y marqueses por metro cuadrado.

Desde el trono del Brasil, el emperador Pedro II recompensa ahora con nuevos títulos de nobleza a los esclavistas del café, que tanto dinero han aportado a la guerra contra el Paraguay.

No hay plantación con menos de cien esclavos. Siendo noche todavía, al toque de la campana de hierro los esclavos se lavan en el tanque, dan gracias en voz alta a Nuestro Señor Jesucristo y marchan al trabajo cerro arriba, empujados por el chicote de cinco correas.

Los hijos de los señores vienen al mundo de la mano de parteras negras, y nodrizas negras les dan de mamar. Criadas negras les ense-

ñan canciones, leyendas y comidas. Con niños negros aprenden a
jugar y con muchachas negras descubren el amor. Pero desde temprano saben quién es propietario y quién propiedad. La boda con
la prima o la sobrina robustecerá la unidad de la familia y perpetuará
la nobleza del linaje.

(327)

1870
San Pablo

Nabuco

Del negro esclavo comen todos. No sólo los barones del café y los
señores del azúcar: cualquier brasileño libre, por pobre que sea, tiene
por lo menos un esclavo trabajando para él.

Joaquim Nabuco denuncia, en discursos ardientes, la profunda
infección. Nacido de terratenientes y políticos profesionales, Nabuco
proclama que el Brasil no entrará en el mundo moderno mientras la
tierra y la política pertenezcan a un puñado de familias y mientras
descanse el país entero sobre las espaldas de los esclavos.

El poeta José Bonifácio encabeza el grupo de abolicionistas desde
la Universidad de San Pablo. Además de Nabuco, trabajan con él
otros intelectuales de brillante palabra, como Castro Alves, Rui Bar-
bosa y Luis Gama, quien fue vendido en Bahía por su propio padre
y consiguió escapar de la esclavitud para denunciarla.

(74)

1870
Buenos Aires

El Barrio Norte

Un jinete de blusa verde sopla la corneta que anuncia el peligro.
Estrépito de cascos, bullicio de campanillas, estampida de transeúntes:

el nuevo tranvía viene corriendo sobre rieles a la loca velocidad de diez kilómetros por hora. Un diario de Buenos Aires promete reservar una columna, cada día, para las víctimas.

Algún muertito hace el tranvía, por no defraudar, pero al poco tiempo ya nadie habla de sus furores homicidas. La fiebre amarilla ha invadido Buenos Aires y está asesinando a trescientos por día.

De esta peste nace el cementerio de La Chacarita, porque no hay donde enterrar a tanto pobre, y nace también el Barrio Norte, porque los ricos huyen de su bastión tradicional. Las diez manzanas del sur de plaza de Mayo han decidido el destino de toda la Argentina, desde siempre, y desde siempre han prosperado a su costa. Allí han vivido, hasta ahora, los caballeros que hacen política y negocios en el Café de París y las damas que hacen compras en la Tienda de Londres. Ahora los corre la fiebre amarilla, que se ceba con saña sobre la zona baja, rodeada de basurales y pantanos, cuna de mosquitos, caldo de plagas; y las casonas que el éxodo vacía se convierten en conventillos. Donde hasta hoy vivía una familia, doscientas personas se apiñarán como puedan.

Mucho ha crecido esta ciudad derramada sobre las riberas del río. Hace un par de siglos, Buenos Aires era una aldea triste y perdida. Hoy la habitan ciento ochenta mil personas y la mitad son extranjeros: albañiles, lavanderas, zapateros, peones, cocineras, serenos, carpinteros y otros arribantes que los vientos alisios han traído desde el mar Mediterráneo.

(312)

1870
París

Lautréamont a los veinticuatro

Era de hablar atropellado y se cansaba por nada. Pasaba las noches ante el piano, haciendo acordes y palabras, y al amanecer daban lástima sus ojos de fiebre.

Isidoro Ducasse, el imaginario conde de Lautréamont, ha muerto. El niño nacido y crecido en la guerra de Montevideo, el niño aquél

que hacía preguntas al río-mar, ha muerto en un hotel de París. El
editor no se había atrevido a enviar sus «Cantos» a las librerías.
Lautréamont había escrito himnos al piojo y al pederasta. Había
cantado al farol rojo de los prostíbulos y a los insectos que prefieren
la sangre al vino. Había increpado al dios borracho que nos creó y
había proclamado que más vale nacer del vientre de una hembra de
tiburón. Se había precipitado al abismo, piltrafa humana capaz de
belleza y locura, y a lo largo de su caída había descubierto imágenes
feroces y palabras asombrosas. Cada página que escribió grita cuando
la rasgan.

(181)

1871
Lima

Juana Sánchez

El devastador Melgarejo ha caído. Ha huido de Bolivia, perseguido
a pedradas por los indios, y malvive su exilio en un cuartucho de
los arrabales de Lima. Del poder, no le queda más que el poncho
color sangre. A su caballo, Holofernes, lo mataron los indios y le
cortaron las orejas.

Pasa las noches aullando ante la casa de los Sánchez. El lúgubre
vozarrón de Melgarejo hace temblar a Lima. Juana no abre la puerta.

Juana tenía dieciocho años cuando llegó a palacio. Melgarejo se
encerró con ella tres días y tres noches. Los de la escolta escucharon
gritos, golpes, bufidos, gemidos, ninguna palabra. Al cuarto día, Melgarejo emergió:

—*¡La quiero tanto como a mi ejército!*

La mesa de los banquetes se convirtió en altar. Al centro, entre
cirios, Juana reinaba desnuda. Ministros, obispos y generales rendían
homenaje a la bella y caían de rodillas cuando Melgarejo alzaba una
llameante copa de coñac y cantaba versos de devoción. Ella, de pie,
de mármol, sin más ropa que su pelo, desviaba la mirada.

Y callaba. Juana callaba. Cuando Melgarejo salía en campaña
militar, la dejaba encerrada en un convento de La Paz. Volvía a pala-

cio con ella en brazos y ella callaba, mujer virgen cada noche, cada noche nacida para él. Nada dijo Juana cuando Melgarejo arrancó a los indios las tierras de las comunidades y le regaló ochenta propiedades y una provincia entera para su familia.

También ahora calla Juana. Trancada a cal y canto la puerta de su mansión de Lima, no se muestra ni contesta los desesperados rugidos de Melgarejo. Ni siquiera le dice:

—*Nunca me tuviste. Yo no estaba allí.*

Llora y brama Melgarejo, sus puños como truenos contra la puerta. En este umbral, gritando el nombre de esta mujer, muere de dos balazos.

(85)

1873
Campamento de Tempú

Los mambises

Los negros, brillosos de antorchas y otras luces, ondulan y giran y saltan, y charlan con los dioses aullando de dolor y de placer. Al corresponsal del «New York Herald», estas turbulencias le resultan tan incomprensibles como las estaciones, que en Cuba ocurren todas a la vez dentro del infinito verano: el periodista parpadea fuerte cuando descubre que el mismo árbol ofrece, al mismo tiempo, la rama que florece estallando a pleno verdor y la rama que agoniza amarilleando.

Ésta es la tierra del mambí, en la selva del oriente de Cuba. *Mambí* significa, allá en el Congo, *bandido, revoltoso,* pero mambí es en esta isla el esclavo que peleando se vuelve persona.

Antes de sumarse al ejército patriota, los mambises habían sido cimarrones en las sierras. El corresponsal del *Herald* calcula que la guerra colonial ha cobrado, en cinco años, ochenta mil vidas españolas. Muchos soldados han caído por enfermedad o bala; y muchos más por el machete mambí. La guerra ha convertido a los ingenios de azúcar en fortalezas armadas contra los ataques de los negros de afuera y las fugas de los negros de adentro.

En este campamento de mambises andrajosos, casi desnudos, todo se comparte. El periodista bebe agua con melaza, a falta de café, y al cabo de unos días jura odio eterno al boniato y a la jutía —un animalito que da de comer a quien lo atrapa en el agujero de un árbol o una roca. Esta guerra podría durar eternamente, escribe el periodista: aquí las lianas regalan agua cuando no hay río cerca y los árboles dan frutas, hamacas, sandalias y buena sombra para sentarse a contar chistes y aventuras mientras se curan los heridos.

(237)

1875
Ciudad de México

Martí

Recién le despuntaba el bigote cuando fundó en La Habana dos periódicos efímeros, «El diablo cojuelo» y «La patria libre»; y por querer la independencia de Cuba, colonia de España, lo condenaron a prisión y trabajos forzados. Antes, muy en la infancia todavía, había querido traducir a Shakespeare, y había incendiado palabras, y había jurado venganza ante un esclavo negro colgado de la horca. Había adivinado, en los más tempranos versos, que moriría en Cuba y por ella.

De la prisión, lo empujaron al destierro. No se le han borrado las marcas de los hierros en los tobillos. Nadie más patriota cubano que este hijo de un sargento español de colonias. Nadie más niño que este exiliado preguntón, que tantísimo se asombra y se indigna del mundo.

José Martí tiene veintidós años cuando asiste, en México, a la primera manifestación conjunta de estudiantes y trabajadores. Los sombrereros han declarado la huelga. Cuentan con la solidaridad de la Sociedad Fraternidad y Constancia de Peluqueros, la Sociedad Fraternal de Encuadernadores, los tipógrafos, los sastres y los intelectuales obreros de la Idea. Al mismo tiempo, se desata la primera huelga universitaria, contra la expulsión de tres estudiantes de medicina.

Martí organiza recitales en beneficio de los sombrereros y en sus artículos describe a los estudiantes, que marchan junto con los obreros por las calles de la ciudad de México, todos tomados del brazo, todos vestidos de domingo: *Esta juventud entusiasta*, escribe, *tiene razón. Pero aunque estuviera equivocada, la amaríamos.*

(129, 200 y 354)

1875
Fort Sill

Los últimos búfalos del sur

Estaban las llanuras del sur alfombradas de búfalos, que se multiplicaban como las altas hierbas, cuando el hombre blanco llegó desde Kansas. Ahora el viento huele a podrido. Los búfalos desollados yacen en las praderas. Millones de pieles han viajado hacia el este de Europa. El exterminio del búfalo no sólo da dinero: además, explica el general Sheridan, *es la única manera de conseguir una paz duradera y abrir paso al avance de la civilización.*

Los indios kiowas y comanches ya no encuentran búfalos en el territorio de la reservación de Fort Sill. En vano invocan la buena caza las danzas al dios sol. Las raciones del gobierno federal, raciones de lástima, no alcanzan para comer.

Los indios huyen al lejano cañón de Palo Duro, el último lugar con búfalos en las llanuras del sur. Allá encuentran comida y todo lo demás: convierten las pieles en viviendas, mantas y vestidos; los cuernos y los huesos en cucharas, cuchillos y puntas de flecha; los nervios y los tendones en cuerdas y redes y las vejigas en cántaros de agua.

Pronto llegan los soldados, entre nubes de polvo y pólvora. Queman chozas y víveres, matan mil caballos y arrean a los indios de vuelta a su encierro.

Unos pocos kiowas consiguen escapar. Deambulan por las llanuras hasta que el hambre los rinde. Se entregan en Fort Sill. Allí los

soldados los meten en un corral y cada día les arrojan pedazos de
carne cruda.

(51 y 229)

El más allá, el más adentro

Se reúnen en asamblea los búfalos del último rebaño del sur. No se
alarga la discusión. Todo está dicho y la noche continúa. Los búfalos
saben que ya no son capaces de proteger a los indios.
   Cuando se alza el alba desde el río, una mujer kiowa ve pasar
al último rebaño a través de la neblina. El jefe marcha a paso lento,
seguido por las hembras y las crías y los pocos machos todavía vivos.
Al llegar al pie del monte Scott, se quedan esperando, inmóviles, con
las cabezas bajas. Entonces el monte abre la boca y los búfalos entran.
Allá adentro el mundo es verde y fresco.
   Los búfalos han pasado. El monte se cierra.

(198)

1876
Little Big Horn

Toro Sentado

Cuando habla, ninguna palabra se cansa ni se cae.
   No más mentiras, dice. Hace ocho años, el gobierno de los Estados Unidos garantizó a los sioux, por solemne tratado, que por siempre serían dueños de las Montañas Negras, su centro del mundo, el
lugar donde los guerreros hablan con los dioses. Hace dos años, se
descubrió oro en estas tierras. El año pasado, el gobierno ordenó a

los sioux que abandonaran los campos de caza donde los mineros
buscaban oro en rocas y manantiales.

He dicho bastante. No más mentiras. Toro Sentado, jefe de jefes,
ha concentrado a varios miles de guerreros de las llanuras, sioux,
cheyennes, arapahos. Ha bailado tres días y tres noches. Ha clavado
los ojos en el sol. Sabe.

Despierta antes del alba. Sus pies desnudos se mojan en el rocío
y reciben los latidos de la tierra.

Al amanecer, alza la vista más allá de las colinas. Allá viene el
general Custer. Allá viene el Séptimo de Caballería.

(51 y 206)

1876
Little Big Horn

Alce Negro

A los nueve años, escuchó las voces. Supo que todos los seres con
piernas, alas o raíces somos hijos del mismo padre sol y de la misma
madre tierra, de cuyos pechos mamamos. Las voces le anunciaron
que él haría florecer el bastón sagrado, el árbol de la vida clavado en
el centro de la tierra de los sioux, y que montado en nube de tormenta mataría la sequía. También le anunciaron guerras y penares.

A los diez años, encontró por primera vez un hombre blanco.
Pensó que se trataba de un enfermo.

A los trece, Alce Negro se está bañando en el río Little Big Horn
cuando los gritos avisan que vienen los soldados. Trepa a una colina
y desde allí ve una inmensa nube de polvo llena de estampidos y
alaridos, y de la nube huyen muchos caballos con las sillas vacías.

(51 y 230)

1876
Little Big Horn

Custer

Vasija Negra, el jefe cheyenne, se lo había advertido cuando fumaron juntos la pipa de la paz. Custer moriría si traicionaba sus promesas, y ningún indio se ensuciaría las manos desollando su cráneo. Después, Custer incendió ese campamento y el jefe Vasija Negra fue acribillado a balazos entre las llamas.

Ahora el general George Armstrong Custer es uno más entre los muertos del Séptimo de Caballería, que los indios han destrozado a orillas del río Little Big Horn. Custer se había hecho afeitar, anoche, la cabellera dorada. Su cráneo rapado luce intacto y todavía tiene esa cara más bien estúpida de los hombres que nunca han sido derrotados.

(51, 91 y 198)

1876
War Bonnet Creek

Buffalo Bill

Poco después de la derrota de Little Big Horn, unos soldados se abalanzan sobre los indios cheyennes acampados a orillas de un riachuelo y en el tiroteo cae el jefe Mano Amarilla.

Buffalo Bill es el primero en llegar. De un tajo arranca el cuero cabelludo del jefe cheyenne y de un galope vuela hacia los escenarios de lejanas ciudades. La historia del Oeste se va convirtiendo en espectáculo a medida que ocurre. No ha terminado la batalla y ya el desollador está vendiendo su épica hazaña en los teatros de Filadelfia, Baltimore, Washington y Nueva York. Para memoria y venganza del general Custer, Buffalo Bill alza los brazos ante las plateas repletas: de una mano asoma el cuchillo y de la otra, que estruja un pellejo teñido de sangre, cuelga una cascada de plumas multicolores. El héroe viste un traje mexicano de mucho ornamento, con un par de revólveres en la cintura y en bandolera el Winchester de quince tiros. Pronto la escena ilustrará las tapas de las novelitas de *cowboys* que circulan por todo el país.

Buffalo Bill, el más célebre de los vaqueros, no ha arreado una vaca en su vida. El símbolo vivo de la conquista del Oeste, inmortal superhombre, ha hecho su fama exterminando indios y búfalos y hablando sin parar sobre su propio coraje y puntería. Lo bautizaron Buffalo Bill cuando trabajaba para el ferrocarril de la Kansas Pacific: él dice que en un año y medio disparó 4 280 tiros y mató 4 280 búfalos, aunque las mujeres le impedían trabajar a pleno rendimiento.

(157)

1876
Ciudad de México

Irse

El general Santa Anna había sido once veces presidente de México. Compraba la lealtad de sus generales vendiendo pedazos de país y aplicando impuestos a perros, caballos y ventanas; pero a menudo tuvo que huir de palacio, disfrazado de pobre. Aunque fue un especialista en perder guerras, hizo levantar muchas estatuas de sí mismo, al galope en el bronce, la espada en alto, y por decreto convirtió su cumpleaños en fiesta nacional.

Cuando volvió del destierro, ya habían muerto todos sus amigos y todos sus enemigos. Hundido en el fondo de un sillón, siempre con un gallo en brazos, Santa Anna frotaba antiguas medallas o se rascaba la pierna de corcho. Estaba ciego, pero creía ver carruajes de príncipes y presidentes deteniéndose ante su puerta. Estaba sordo, pero creía escuchar letanías de multitudes acudiendo a suplicar audiencia y clemencia o empleo.

—*¡Que esperen!* —chillaba Santa Anna—. *¡Que se callen!* —mientras el último de sus lacayos le mudaba los pantalones meados.

De su casa de la calle Vergara, hipotecada, siempre vacía, lo sacan ahora para llevarlo al cementerio. Los gallos marchan delante del ataúd, encarando gente y pidiendo pelea.

(227 y 266)

1877
Ciudad de Guatemala

El Civilizador

Justo Rufino Barrios, presidente de Guatemala, cierra los párpados y escucha estrépitos de ferrocarriles y máquinas de vapor violando el silencio de los conventos.

No hay quien pare a los colorantes sintéticos en los mercados del mundo y no hay quien compre la grana, el añil y la cochinilla que Guatemala vende. Es la hora del café. Los mercados exigen café y el café exige tierras y brazos, trenes y puertos. *Para modernizar el país,* Barrios expulsa a los frailes parásitos, arrebata a la Iglesia sus tierras inmensas y las regala a sus amigos más íntimos. También expropia las tierras de las comunidades indígenas. Se decreta la abolición de la propiedad colectiva y se impone el peonaje obligatorio. *Para integrar al indio a la nación,* el gobierno liberal lo convierte en siervo de las nuevas plantaciones de café. Vuelve el sistema colonial del trabajo forzado.

Los soldados recorren las fincas repartiendo indios.

(59)

1879
Ciudad de México

Los socialistas y los indios

Causa pena decirlo, pero es preciso. El coronel Alberto Santa Fe denuncia desde la prisión de Tlatelolco: los indios eran más dichosos bajo el dominio español. *Hoy se les llama pomposamente libres y son esclavos.*

Según el socialista Santa Fe, que ha desatado la insurrección de los indios del valle de Texmelucan, los males de México vienen de la miseria del pueblo, que a su vez viene del acaparamiento de la tierra en pocas manos y de la falta de industria nacional, *porque todo*

nos viene del extranjero pudiendo hacerlo nosotros. Y se pregunta:
*¿Debemos preferir perder la independencia y ser una colonia norte-
americana, o variar la organización social que nos ha arruinado?*

Desde el periódico «El Socialista», Juan de Mata Rivera también
proclama que mejor estaban los indios en la colonia, y exige que les
devuelvan sus tierras: no hay ley que otorgue derecho a los ladrones
sobre los frutos de la violencia y la infamia.

Al mismo tiempo, los campesinos de Sierra Gorda difunden su
plan socialista. Acusan al latifundio despojador, raíz de toda desgracia, y a los gobiernos que han puesto a los indios al servicio de los
terratenientes. Proponen que se declaren *pueblos* las haciendas, resti-
tuyendo la propiedad comunitaria de tierras de labranza, aguas, montes y pasturas.

(129 y 274)

1879
Isla de Choele-Choel

A tiros de Rémington

los soldados argentinos conquistan veinte mil leguas de tierras de
indios.

El mercado de Londres exige la multiplicación de las vacas; y
estalla la frontera. Para que los latifundios de la pampa crezcan hacia
el sur y hacia el oeste, los fusiles de repetición vacían *los espacios
vacíos.* Limpiando de salvajes la Patagonia, incendiando tolderías, haciendo puntería sobre indios y avestruces, el general Julio Argentino
Roca culmina la brillante carrera militar que había iniciado en las
guerras contra gauchos y paraguayos.

En la isla de Choele-Choel, en el río Negro, cuatro mil soldados
polvorientos asisten a misa. Se ofrece a Dios la victoria. La campaña
del desierto ha concluido.

Los sobrevivientes, indios, indias, botín de la frontera, son repar-
tidos en estancias, fortines, caballerizas, cocinas y camas. Más de diez
mil, calcula el teniente coronel Federico Barbará. Gracias al altruismo

de las damas argentinas, dice Barbará, los niños salvajes cambian el
chiripá por el pantalón y adquieren cara de humanos.
(353)

1879
Buenos Aires

Martín Fierro y el crepúsculo del gaucho

José Hernández publica en Buenos Aires la última parte del «Martín Fierro», canto de agonía del gaucho que hizo la patria y sin patria se ha quedado. Desde hace un tiempo circula por los campos rioplatenses la otra mitad del espléndido poema y sus versos son de tan primera necesidad como la carne y la yerba y el tabaco.

Tristeando coplas en rueda de fogones, los siervos de latifundio y los milicos de fortín evocan los andares de aquel hermano arisco, hombre sin rey y sin ley, y así recuperan la memoria de su perdida libertad.

(158)

1879
Port-au-Prince

Maceo

El desterrado Antonio Maceo llega al alto de Belle Air, camino de Santo Domingo, cuando cinco asesinos se abalanzan. Es noche de toda luna, pero Maceo escapa del tiroteo y se hunde al galope en la manigua. El cónsul español en Haití había prometido a los verdugos veinte mil pesos en oro. Maceo es el más popular y peligroso de los guerreros de la independencia de Cuba.

En la guerra ha perdido al padre y a catorce hermanos; y a la guerra volverá. En el trueno de la caballería, cuando el chischás de los machetes arremete contra las bocas de los cañones, Maceo cabalga adelante. En combate ha ganado todos sus ascensos y nada bien les cae, a algunos jefes blancos, que un casi negro sea mayor general. Maceo pelea por una revolución de verdad. *No se trata de sustituir a los españoles,* dice. La independencia no es el fin último, sino el primero. A partir de ella habrá que cambiar a Cuba, y mientras el pueblo no mande no se hará patria la colonia. Los grandes terratenientes criollos desconfían, con toda razón, de este hombre que dice que nada tiene de sagrado el derecho de propiedad.

(262)

1879
Islas Chinchas

El guano

De pura mierda estaban hechas las colinas que se alzaban en las islas. Durante milenios, millones de aves habían concluido su digestión en las costas del sur del Perú.

Los incas sabían que este guano era capaz de resucitar cualquier tierra, por muerta que pareciera; pero Europa no conoció los mágicos poderes del fertilizante peruano hasta que Humboldt llevó las primeras muestras.

El Perú, que había ganado prestigio mundial por la plata y el oro, pudo perpetuar su gloria gracias a la buena voluntad de los pájaros. Hacia Europa navegaban los navíos, cargados de guano maloliente, y volvían trayendo estatuas de puro mármol de Carrara para decorar la alameda de Lima. Venían las bodegas repletas de ropas inglesas, que han arruinado los telares de la sierra sureña, y vinos de Burdeos que han liquidado los viñedos nacionales de Moquegua. Casas enteras llegaron a El Callao desde Londres. Desde París se importaron hoteles completos, de lujo, con cocinero y todo.

Al cabo de cuarenta años, están arrasadas las islas. El Perú ha vendido doce millones de toneladas de guano, ha gastado el doble y ahora debe a cada santo una vela.

(43, 44 y 289)

1879
Desiertos de Atacama y Tarapacá

El salitre

La guerra no estalla por el guano, que poco queda. Es el salitre quien lanza al ejército chileno a la conquista de los desiertos, contra las fuerzas aliadas de Perú y Bolivia.

De los estériles desiertos de Atacama y Tarapacá sale el verdor de los valles de Europa. En estas soledades no hay más que lagartijas escondiéndose en el pedrerío y piaras de mulas acarreando hacia los puertos del Pacífico los cargamentos de salitre, grumosa nieve que devolverá el entusiasmo a las cansadas tierras europeas. Nada hace sombra en este mundo sin nada, como no sean las fulgurantes montañas de salitre secándose al sol en el desamparo y los obreros miserables, guerreros del desierto que usan por cota una ruinosa bolsa de harina, piquetas por lanzas y palas por espadas.

El salitre o nitrato resulta imprescindible para los negocios de la vida y de la muerte. No sólo es el más codiciado de los fertilizantes. Además, mezclado con carbón y azufre, se convierte en pólvora. Lo necesitan la agricultura y la próspera industria de la guerra.

_(35 y 268)_

1880
Lima

Los chinos

Chile invade y arrasa. Con uniformes ingleses y armas inglesas, el ejército chileno derrumba las poblaciones de Chorrillos, Barranco y Miraflores, playas de Lima, sin dejar piedra sobre piedra. Los oficiales peruanos mandan indios al matadero y huyen gritando: _¡Viva la patria!_

Hay muchos chinos, chinos del Perú, peleando del lado chileno. Son chinos huidos de los latifundios, que entran en Lima cantando gratitudes al general invasor, Patricio Lynch, el Príncipe Rojo, el Salvador.

Esos chinos habían sido embarcados, hace pocos años, por los traficantes ingleses, portugueses y franceses en los puertos de Macao y Cantón. De cada tres, dos llegaron vivos al Perú. En el puerto del Callao, fueron puestos en venta: los diarios de Lima los ofrecían *acabaditos de llegar*. A muchos marcaron con hierro candente. El ferrocarril, el algodón, el azúcar, el guano y el café necesitaban brazos esclavos. En las islas guaneras, los guardias no les quitaban el ojo de encima, porque al menor descuido los chinos se mataban arrojándose a la mar.

La caída de Lima desata el caos en todo el Perú. En el valle de Cañete, se alzan los negros. Al fin del carnaval, un miércoles de ceniza, estalla el odio de siglos. Ritual de humillaciones: los negros, hasta hace poco esclavos y como esclavos tratados todavía, vengan antiguos rencores matando chinos, también esclavos, a golpes de palo y machete.

(45 y 329)

, **1880**
Londres

Reivindicación de la pereza

Corrido por la policía francesa y castigado por el invierno inglés, que hace mear estalactitas, Paul Lafargue escribe en Londres un nuevo alegato contra *el criminal sistema que hace del hombre un miserable sirviente de la máquina.*

La moral capitalista es una lamentable parodia de la moral divina, escribe el yerno cubano de Marx. Como los frailes, el capitalismo enseña a los obreros que ellos han nacido en este valle de lágrimas para trabajar y sufrir; y los induce a entregar a sus mujeres y a sus niños a las fábricas, que los trituran doce horas por día. Lafargue se niega a acompañar *los cantos nauseabundos en honor del dios Progreso, hijo mayor del Trabajo,* y reivindica el derecho a la pereza y al pleno goce de las pasiones humanas. La pereza es un regalo de los dioses. Hasta Cristo la predicó en el sermón de la montaña. Alguna vez, anuncia Lafargue, acabarán los tormentos del hambre y del trabajo forzado, más numerosos que las langostas de la Biblia, y entonces la tierra se estremecerá de alegría.

(177)

1881
Lincoln City

Billy the Kid

—*Voy a darle un consejo, doc.*

Hasta hace un minuto, Billy the Kid esperaba la horca en una celda. Ahora apunta al sheriff desde lo alto de la escalera.

—*Empiezo a cansarme, doc.*

El sheriff le arroja la llave de las esposas y cuando Billy se agacha estalla un relámpago de revólveres. El sheriff se desploma con una bala en el ojo y la estrella de plata hecha polvo.

Billy tiene veintiún años y veintiuna muescas en la culata del Colt, sin contar a los apaches y mexicanos que ha matado sin registro.

—*Yo que tú no lo haría, forastero.*

Empezó su carrera a los doce, cuando un holgazán insultó a su madre y él huyó a todo galope, blandiendo una navaja que goteaba sangre.

(131 y 292)

1882
Saint Joseph

Jesse James

Jesse y sus muchachos, los *James boys,* habían combatido junto al ejército esclavista del sur y después fueron los ángeles vengadores de la tierra vencida. Por puro sentido del honor han desplumado once bancos, siete trenes postales y tres diligencias. Escupiendo por el colmillo, desganado, sin tomarse el trabajo de desenfundar el arma, Jesse ha enviado dieciséis prójimos al otro mundo. Un sábado de noche, en Saint Joseph, Missouri, su mejor amigo le mete un tiro en la espalda.

—*Tú, pequeña, sécate esas lágrimas y sirve jarabe para todos. Y a ver si quitan del paso esa basura. Les diré lo que era. ¿Saben lo que era? Era más tozudo que todos los mulos de Arizona.*

(292)

1882
Praderas de Oklahoma

El crepúsculo del cowboy

Hace medio siglo, el legendario caballo salvaje de Oklahoma maravilló a Washington Irving y le inspiró la pluma. Aquel indomable príncipe de las praderas, flecha blanca de crines, es hoy bestia de carga o mansa cabalgadura.

También el *cowboy,* campeón de la conquista del Oeste, ángel de justicia o bandolero vengador, se hace soldado o peón obediente de horarios. El alambre de púas avanza a un ritmo de mil kilómetros por día y los trenes frigoríficos atraviesan las grandes llanuras de los Estados Unidos. Las baladas y las novelitas evocan los buenos tiempos de las caravanas de carretas, los quejosos ejes de madera engrasados con tocino, los aullidos de los coyotes y de los indios, y Buffalo Bill está demostrando que la nostalgia puede convertirse en industria muy lucrativa. Pero el *cowboy* es una máquina más entre las máquinas que despepitan el algodón, trillan el trigo, apilan el arroz o baten el heno.

(224 y 292)

1882
Nueva York

También usted puede triunfar en la vida

El camino de la felicidad ya no conduce solamente a las praderas del Oeste. Ahora es también el tiempo de las grandes ciudades. El silbato del tren, flauta mágica, despierta a los jóvenes que duermen la siesta pueblerina y los invita a incorporarse a los nuevos paraísos de cemento y acero. Cada huérfano andrajoso, prometen las voces de sirena, se convertirá en próspero empresario si trabaja con fervor y vive con virtud en las oficinas o las fábricas de los edificios gigantescos.

Un escritor, Horatio Alger, vende estas ilusiones en millones de ejemplares. Alger es más famoso que Shakespeare y sus novelas circulan más que la Biblia. Sus lectores y sus personajes, mansos asalariados, no han dejado de correr desde que bajaron de los trenes o de los buques transatlánticos. En la realidad, la pista está reservada a un puñado de atletas de los negocios, pero la sociedad norteamericana consume masivamente la fantasía de la libre competencia y hasta los cojos sueñan con ganar carreras.

(282)

1882
Nueva York

La Creación según John D. Rockefeller

En el principio hice la luz con farol de queroseno. Y las tinieblas, que se burlaban de las velas de sebo o de esperma, retrocedieron. Y amaneció y atardeció el día primero.

Y el día segundo Dios me puso a prueba y permitió que el demonio me tentara ofreciéndome amigos y amantes y otros despilfarros.

Y dije: «Dejad que el petróleo venga hacia mí.» Y fundé la Standard Oil. Y vi que estaba bien y amaneció y atardeció el día tercero.

Y el día cuarto seguí el ejemplo de Dios. Como Él, amenacé y maldije a quien me negara obediencia; y como Él apliqué la extorsión y el castigo. Como Dios ha aplastado a sus competidores, así yo pulvericé sin piedad a mis rivales de Pittsburgh y Filadelfia. Y a los arrepentidos prometí perdón y paz eterna. Y puse fin al desorden del Universo. Y donde había caos, hice organización. Y en escala jamás conocida calculé costos, impuse precios y conquisté mercados. Y distribuí la fuerza de millones de brazos para que nunca más se derrochara tiempo, ni energía, ni materia. Y desterré la casualidad y la suerte de la historia de los hombres. Y en el espacio por mí creado no reservé lugar alguno a los débiles ni a los ineficaces. Y amaneció y atardeció el día quinto.

Y por dar nombre a mi obra inauguré la palabra *trust*. Y vi que estaba bien. Y comprobé que giraba el mundo alrededor de mis ojos vigilantes, mientras amanecía y atardecía el día sexto.

Y el día séptimo hice caridad. Sumé el dinero que Dios me había dado por haber continuado Su obra perfecta y doné a los pobres veinticinco centavos. Y entonces descansé.

(231 y 282)

1883
Bismarck City

Los últimos búfalos del norte

El búfalo es ya una curiosidad en Montana y los indios blackfeet roen huesos viejos y cortezas de árbol.

Toro Sentado encabeza la última cacería de los sioux en las llanuras del norte. Después de mucho andar, encuentran unos pocos animales. Por cada uno que matan, los sioux piden perdón al Gran Búfalo Invisible, según quiere la tradición, y le prometen que no desperdiciarán ni un pelo del muerto.

Poco después, el Ferrocarril del Pacífico Norte celebra la culminación de su vía que llega de costa a costa. Ésta es la cuarta línea que atraviesa el territorio norteamericano. Las locomotoras de carbón, con frenos neumáticos y coches Pullman, avanzan delante de los colonos hacia las llanuras que fueron de los indios. Por todas partes brotan ciudades nuevas. Crece y se articula el gigantesco mercado nacional.

Las autoridades del Ferrocarril del Pacífico Norte invitan al jefe Toro Sentado a pronunciar un discurso en la gran fiesta de inauguración. Toro Sentado llega desde la reservación donde los sioux sobreviven por caridad. Sube al palco cubierto de flores y banderas y se dirige al presidente de los Estados Unidos, a los ministros y personalidades presentes y al público en general:

—*Odio a los blancos* —dice—. *Ustedes son ladrones y mentirosos...*

El intérprete, un joven oficial, traduce:

—Mi corazón rojo y dulce os da la bienvenida...

Toro Sentado interrumpe el clamoroso aplauso del público:

—*Ustedes nos han arrancado la tierra y nos han hecho parias...*

El público ovaciona, de pie, al emplumado guerrero; y el intérprete transpira hielo.

(224)

1884
Santiago de Chile

El mago de las finanzas
come carne de soldados

Nuestros derechos nacen de la victoria, la ley suprema de las naciones, dice el gobierno vencedor.

La guerra del Pacífico, guerra del salitre, ha terminado. Por mar y por tierra Chile ha pulverizado a sus enemigos. Se incorporan al mapa chileno los inmensos desiertos de Atacama y Tarapacá. Perú pierde el salitre y las exhaustas islas guaneras. Bolivia pierde la salida al mar y queda acorralada en el corazón de América del sur.

En Santiago de Chile celebran la victoria. En Londres la cobran. Sin disparar un tiro ni gastar un penique, John Thomas North se ha convertido en el rey del salitre. Con dinero prestado por los bancos chilenos, North ha comprado a precio de bagatela los bonos que el Estado peruano había entregado a los antiguos propietarios de los yacimientos. North los compró no bien estalló la guerra; y antes de que la guerra terminara, el Estado chileno tuvo la gentileza de reconocer los bonos como legítimos títulos de propiedad.

(268 y 269)

1884
Huancayo

La patria paga

Tres años y doscientas leguas de lucha incesante ha recorrido el mariscal Andrés Avelino Cáceres, con sus guerrilleros indios, contra los invasores chilenos en las sierras del Perú.

Los indios de las comunidades llaman *Taita* a su mariscal, hombre de marciales patillas; y muchos han muerto, por seguirlo, lanzando vivas a una patria que los desprecia. También en Lima los indios fueron carne de cañón y el cronista social Ricardo Palma echó la culpa de la derrota *a esa raza abyecta y degradada.*

En cambio, el mariscal Cáceres afirmaba hasta hace poco que el Perú había sido vencido por sus propios mercaderes y burócratas. Hasta hace poco, también rechazaba el tratado de paz que amputa un buen pedazo del Perú. Ahora, Cáceres ha cambiado de idea. Quiere ser presidente. Tiene que hacer méritos. Es preciso desmovilizar a los indios armados, que han peleado contra los chilenos pero también han invadido haciendas y están amenazando el sacro orden latifundista.

El mariscal convoca a Tomás Laimes, jefe de la guerrilla de Colca. Llega Laimes a Huancayo con mil quinientos indios. Viene a decir:

—*Ordene, mi Taita.*

Pero no bien llega Laimes, le desarman la tropa. Apenas atraviesa el umbral del cuartel, cae de un culatazo. Y después lo fusilan, vendado y sentado.

(194)

1885
Lima

«El mal viene de arriba»,
dice Manuel González Prada

El Perú gime bajo la dominación de unos cuantos seres privilegiados...
Esos hombres nos laminarían entre los cilindros de un trapiche, nos
destilarían en la pila de un alambique, nos carbonizarían en un horno
de quemar metales, si de nuestro residuo pudieran extraer un solo
miligramo de oro... Ellos, como tierra maldita, reciben la semilla
y beben el agua, sin producir jamás el fruto...
   En la guerra con Chile, probaron su cobardía, no habiendo tenido
coraje ni para defender la presa del guano y del salitre... Fuimos
ultrajados, pisoteados y ensangrentados como no lo fue nación alguna;
pero la guerra con Chile nada nos ha enseñado ni de ningún vicio
nos ha corregido.

(145)

1885
Ciudad de México

«Todo es de todos»,

dice Teodoro Flores, indio mixteco, héroe de tres guerras.
   —*¡Repítanlo!*
   Y los hijos repiten: *Todo es de todos.*
   Teodoro Flores ha defendido a México contra los norteamerica-
nos, los conservadores y los franceses. El presidente Juárez le dio
por premio tres fincas, con buena tierra. Él no aceptó.
   —*La tierra, el agua, los bosques, las casas, los bueyes, las cose-*
chas. De todos ¡Repítanlo!
   Y los hijos repiten.
   Abierta al cielo, la azotea está casi a salvo del olor a mierda y a
fritanga, y hay casi silencio. Aquí se puede tomar el fresco y con-

versar, mientras en el patio de abajo los hombres disputan una hembra a cuchilladas, alguien llama a gritos a la Virgen y los perros aúllan trayendo muerte.

—*Cuéntenos de la sierra* —pide el hijo menor.

Y el padre cuenta cómo se vive en Teotitlán del Camino. Allá trabajan los que pueden y se reparte a cada cual lo que necesita. Está prohibido que nadie tome más de lo que necesita. Eso es delito grave. En la sierra se castigan los delitos con silencio, desprecio o expulsión. Fue el presidente Juárez quien llevó la cárcel, que allá no se conocía. Juárez llevó jueces y títulos de propiedad y mandó dividir la tierra común:

—*Pero nosotros no hicimos caso a los papeles que nos dio.*

Teodoro Flores tenía quince años cuando aprendió la lengua castellana. Ahora quiere que sus hijos se hagan abogados, para defender a los indios de las artimañas de los doctores. Por eso los trajo a la capital, a esta pocilga estrepitosa, a malvivir amontonados entre hampones y mendigos.

—*Lo que Dios creó y lo que el hombre crea. Todo es de todos* ¡*Repítanlo*!

Noche tras noche, los niños lo escuchan hasta que los voltea el sueño.

—*Nacemos todos iguales, encueraditos. Somos todos hermanos* ¡*Repítanlo*!

(287)

1885
Colón

Prestán

La ciudad de Colón nació hace treinta años, porque necesitaba una estación terminal el tren que atraviesa Panamá de mar a mar. Nació la ciudad sobre los pantanos del mar Caribe, y ofreció fiebres y mosquitos, hoteluchos y garitos y burdeles a los aventureros que afluyeron en busca del oro de California, y miserables barracas a los obreros chinos que tendieron las vías y murieron de peste o tristeza.

Este año, Colón ardió. El fuego devoró las galerías de madera, las casas y los mercados, y Pedro Prestán cargó con la culpa. Prestán, maestro y doctor, casi negro, siempre luciendo bombín y corbatín, siempre impecable en las calles de barro, había estado al frente de una insurrección popular. Mil *marines* se lanzaron sobre tierra panameña, diciendo proteger el ferrocarril y otros bienes de propiedad norteamericana. Prestán, el que defendió a los humillados con alma y vida y sombrero, cuelga de la horca.

El crimen maldice a Colón. Por expiación se incendiará la ciudad, cada veinte años, desde ahora y hasta siempre.

(102, 151 y 324)

1886
Chivilcoy

El circo

Al amanecer, el carromato del circo emerge de la niebla, entre las frondosas arboledas de Chivilcoy.

En la tarde, flamean los banderines de colores sobre la carpa.

Hay triunfal paseo por la ciudad. La *Compañía Ecuestre, Gimnástica, Acrobática y de Dramas Criollos* de los hermanos Podestá trae malabarista japonesa y perro que habla, palomas amaestradas, niño prodigio y cuatro payasos. El programa asegura que el arlequín Pepino el 88 y el equipo de volantineros *han despertado la admiración de los públicos de Londres, París, Viena, Filadelfia y Roma.*

Pero el plato fuerte que el circo ofrece es *Juan Moreira,* primer drama criollo de la historia argentina, pantomima con duelos de coplas y cuchillos, que cuenta las desgracias de un gaucho acosado por el milico, el juez, el alcalde y el pulpero.

(34)

1886
Atlanta

La Coca-Cola

John Pemberton, boticario, ha ganado cierto prestigio por sus pócimas de amor y sus lociones contra la calvicie.

Ahora inventa una medicina que alivia el dolor de cabeza y disimula las náuseas. Su nuevo producto está hecho a base de hojas de coca, traídas de los Andes, y nueces de cola, semillas estimulantes que vienen del África. Agua, azúcar, caramelo y algunos secretos completan la fórmula.

Pronto Pemberton venderá su invento en dos mil trescientos dólares. Está convencido de que es un buen remedio; y reventaría de risa, no de orgullo, si algún adivino le dijera que acaba de crear el símbolo del siglo que viene.

(184)

1887

Chicago

Cada primero de mayo, serán resucitados

Les espera la horca. Eran cinco, pero Lingg madrugó a la muerte haciendo estallar entre sus dientes una cápsula de dinamita. Fischer se viste sin prisa, tarareando «La Marsellesa». Parsons, el agitador que empleaba la palabra como látigo o cuchillo, aprieta las manos de sus compañeros antes de que los guardias se las aten a la espalda. Engel, famoso por la puntería, pide vino de Oporto y hace reír a todos con un chiste. Spies, que tanto ha escrito *pintando a la anarquía como la entrada en la vida,* se prepara, en silencio, para entrar en la muerte.

Los espectadores, en platea de teatro, clavan la vista en el cadalso. *Una seña, un ruido, la trampa cede... Ya, en danza horrible, murieron dando vueltas en el aire.*

José Martí escribe la crónica de la ejecución de los anarquistas en Chicago. La clase obrera del mundo los resucitará todos los primeros de mayo. Eso todavía no se sabe, pero Martí siempre escribe como escuchando, donde menos se espera, el llanto de un recién nacido.

(199)

1889
Londres

North

Hace veinte años saltó al muelle de Valparaíso, ojos de piedra azul, crespas patillas de fuego: traía diez libras esterlinas en los bolsillos y un atado de ropa a la espalda. En su primer empleo conoció y padeció el salitre, en las calderas de un pequeño yacimiento en Tarapacá, y después fue mercader en el puerto de Iquique. Durante la guerra del Pacífico, mientras chilenos, peruanos y bolivianos se destripaban a golpes de bayoneta, John Thomas North practicó malabarismos que lo hicieron dueño de los campos de batalla.

Ahora North, rey del salitre, fabrica cerveza en Francia y cemento en Bélgica, tiene tranvías en Egipto y aserraderos en el África negra y explota oro en Australia y diamantes en Brasil. En Inglaterra, este Midas de cuna plebeya y dedos veloces ha comprado el grado de coronel del ejército de Su Majestad, dirige la logia masónica del condado de Kent y es miembro prominente del Partido Conservador; duques, lores y ministros se sientan a su mesa. Vive en un palacio cuyas grandes puertas de hierro fueron arrancadas de la catedral de Lima, según dicen, por los soldados chilenos.

En vísperas de un viaje a Chile, North ofrece un baile de despedida en el hotel Metropole. Acuden mil ingleses. Los salones del Metropole brillan como soles, y brillan los manjares y los licores. Inmensos escudos de crisantemos lucen, al centro, la letra N. Una ovación saluda al todopoderoso, que baja las escaleras disfrazado de Enrique VIII. Del brazo lleva a su mujer, vestida de duquesa; y detrás viene la hija, de princesa persa, y el hijo con traje de cardenal Richelieu.

El corresponsal de guerra del *Times* integra el amplio séquito que acompañará a North en el viaje hacia su reino de Chile. Turbulentas jornadas se avecinan. Allá, en los desiertos conquistados a bala, North es dueño del salitre y del carbón y del agua y de los bancos y de los diarios y del ferrocarril; pero en la ciudad de Santiago hay un presidente que tiene el mal gusto de rechazarle los regalos. Se llama José Manuel Balmaceda. North viaja para voltearlo.

(269 y 270)

1889
Montevideo

El fútbol

Setenta años cumple, en Londres, la reina Victoria. En el río de la Plata, lo celebran a patadas.

Las selecciones de Buenos Aires y Montevideo disputan la pelota, en el campito de La Blanqueada, ante la desdeñosa mirada de la reina. Al centro del palco, entre las banderas, se alza el retrato de la dueña de los mares y buena parte de las tierras del mundo.

Gana Buenos Aires 3 a 0. No hay muertos que lamentar, aunque todavía no se ha inventado el penal y arriesga la vida quien se aproxima al arco enemigo. Para hacer un gol de cerquita, hay que embestir contra un alud de piernas que se descargan como hachas; y cada partido es una batalla que exige huesos de acero.

El fútbol es juego de ingleses. Lo practican los funcionarios del ferrocarril, del gas y del Banco de Londres, y los marineros de paso; pero ya unos cuantos criollos, infiltrados entre los artilleros de rubios bigotazos, están demostrando que la picardía puede ser un arma eficaz para fusilar arqueros.

(221)

1890

Río de la Plata

Los compañeros

Más de cincuenta mil trabajadores llegan cada año al río de la Plata, europeos que la desesperación arroja hacia estas costas: banderas italianas saludan el paso de Edmundo de Amicis por las colonias piamontesas del litoral argentino y en los actos obreros de Buenos Aires o Montevideo se escuchan arengas en español, italiano, francés o alemán.

Ocho de cada diez obreros o artesanos son extranjeros y entre ellos hay socialistas y anarquistas italianos, franceses de la Comuna, españoles de la primera república y revolucionarios de Alemania y de Europa central.

Estallan huelgas en las dos orillas del río. En Montevideo, los conductores de tranvías trabajan dieciocho horas por día y quince los obreros de molinos y fábricas de fideos. No hay domingos; y un miembro del gobierno de Buenos Aires ha hecho público su descubrimiento de que la holganza es madre de todo vicio.

En Buenos Aires se celebra el primer primero de mayo de América latina. El orador de fondo, José Winiger, saluda en lengua alemana a los mártires de Chicago y anuncia que está próxima la hora del socialismo en el mundo, mientras hombres de toga, pluma, espada o sotana claman por la expulsión de los extranjeros enemigos del orden. El inspirado escritor Miguel Cané redacta un proyecto de ley para echar de la Argentina a los agitadores foráneos.

(140 y 290)

1890

Buenos Aires

Los conventillos

Pobres y ricos pagan la misma entrada en el teatro Colón, cuando llega el carnaval, pero pasando la puerta los brazos ocupan su lugar y los cerebros el suyo, y nadie comete el sacrilegio de equivocarse de sitio. En la pista bailan los de abajo y en palcos y salones se divierten los de arriba.

Buenos Aires es como su teatro. La gente copetuda duerme en palacios franceses de dos o tres plantas, en el barrio Norte, y solas duermen las solteronas que prefieren morir vírgenes antes que mezclar la sangre con algún extranjero de medio pelo. Los que mandan decoran su abolengo, o lo producen, mediante chorros de perlas y heráldicas labradas en vajilla de plata, y ostentan porcelanas de Sajonia o Sèvres o Limoges, cristales de Waterford, tapices de Lyon y manteles de Bruselas. De la vida recogida de la Gran Aldea han pasado al exhibicionismo frenético de la París de América.

Al sur, se apretujan los golpeados de la tierra. En las abandonadas casonas coloniales de tres patios, o en conventillos especialmente construidos, duermen, por turnos, los trabajadores venidos de Nápoles o Vigo o la Besarabia. Jamás se enfrían las camas, escasas en el ningún espacio invadido de braseros y palanganas y cajones que hacen de cunas. No faltan peleas en las largas colas a la puerta de la única letrina, y el silencio es un lujo imposible. Pero a veces, en las noches de fiesta, el acordeón o la mandolina o la gaita traen perdidas voces a estas mujeres lavanderas y costureras, sirvientas de patrones y maridos, y alivian la soledad de estos hombres que de sol a sol curten cueros, envasan carne, serruchan madera, barren calles, cargan bultos, alzan y pintan paredes, arman cigarrillos, muelen trigo y hornean pan mientras sus hijos lustran botines y vocean el crimen del día.

(236 y 312)

El solo

Un fuego menos, dicen allá, en las aldeas de Galicia, cuando alguien emigra.

Pero allá él era exceso de población y acá quisiera no sobrar.

Como mula trabaja y aguanta y calla, hombre poco de palabras, y en la ciudad ajena ocupa menos sitio que un perro.

Acá le toman el pelo y lo tratan con desdén, porque él no sabe ni firmar y el trabajo manual es cosa de especies inferiores. En cambio, acá veneran a quien mucha soberbia gasta y aplauden al taimado capaz de desplumar al más gallo en certero golpe de astucia y suerte.

Poco puede dormir el solo, el inmigrante; pero no bien pega las pestañas es amado por hadas o brujas en verdísimas montañas y acantilados de niebla. A veces, tiene pesadillas. Entonces, se ahoga en el río. No en cualquier río, sino en cierto río de allá. Quien lo atraviesa, es fama, pierde la memoria.

Tangueando

El tango, hijo tristón de la alegre milonga, ha nacido en los corrales suburbanos y en los patios de conventillo.

En las dos orillas del Plata, es música de mala fama. La bailan, sobre piso de tierra, obreros y malevos, hombres de martillo o cuchillo, macho con macho si la mujer no es capaz de seguir el paso muy entrador y quebrado o si le resulta cosa de putas el abrazo tan cuerpo a cuerpo: la pareja se desliza, se hamaca, se despereza y se florea en cortes y filigranas.

El tango viene de las tonadas gauchas de tierra adentro y viene de la mar, de los cantares marineros. Viene de los esclavos del África y de los gitanos de Andalucía. De España trajo la guitarra, de Alemania el bandoneón y de Italia la mandolina. El cochero del tranvía de caballos le dio su corneta de guampa y el obrero inmigrante su armónica, compañera de soledades. Con paso demorón, el tango atravesó cuarteles y bodegones, picaderos de circos ambulantes y patios de prostíbulos de arrabal. Ahora los organitos lo pasean por las calles de las orillas de Buenos Aires y de Montevideo, rumbo al centro, y los barcos se lo llevan a loquear a París.

(257, 293 y 350)

1890
Hartford

Mark Twain

Las manos del novelista arrojan a Hank Morgan, funcionario de la fábrica de armas Colt, a la remota corte del rey Arturo. El teléfono, la bicicleta y la dinamita viajan al tiempo del mago Merlín y sir Galaad en el valle de Camelot; allá Hank Morgan edita y vende un periódico al módico precio de dos centavos, funda una academia militar de West Point y revela que el mundo no es un plato apoyado sobre columnas. Aunque viene de una sociedad que ya conoce los monopolios, Hank lleva a los castillos feudales la buena nueva de la libre competencia, el libre comercio y el sufragio libre. En vano intenta sustituir los duelos de a caballo por el béisbol, la monarquía hereditaria por la democracia y el código de honor por el cálculo de costos; y al final achicharra a treinta mil jinetes ingleses de armadura y lanza oponiéndoles alambres eléctricos ya ensayados contra los indios de los Estados Unidos. La aventura culmina a toda muerte y Hank cae asfixiado por la miasma de podredumbre que se desprende de sus víctimas.

Mark Twain termina de escribir *Un yanqui en la corte del rey Arturo* en su casa de Hartford. «Es mi canto del cisne», anuncia. Él ha vivido siempre a los saltos, persiguiendo un fugitivo millón de dólares. Ha sido periodista y explorador, agente de publicidad, minero de oro, piloto de barco, especulador, inventor de maquinitas, director de una compañía de seguros y empresario con mala suerte; pero entre bancarrota y bancarrota se las arregló para inventar o recordar a Tom Sawyer y a Huck Finn, y encontró la manera de invitarnos a todos a flotar en balsa, junto a ese par de muchachos, por las aguas del Mississippi. Y lo hizo por la pura alegría de ir, no por la urgencia de llegar.

(149 y 341)

1890
Wounded Knee

Viento de nieve

El Creador no hizo a los indios: los cantó, los danzó.

A través de los cantos y las danzas, el Creador está anunciando ahora que esta tierra vieja y moribunda será pronto arrasada por el verdoso torbellino de la tierra nueva. El profeta Wovoka trajo su palabra desde el otro mundo: en la tierra nueva resucitarán los búfalos y renacerán los indios muertos y una feroz inundación ahogará a los blancos. Ni un solo usurpador sobrevivirá.

Las danzas y los cantos del profeta Wovoka vienen desde el oeste, atraviesan las Montañas Rocosas y se propagan por las llanuras. Los sioux, que fueron los más numerosos y poderosos de estas regiones, celebran la anunciación del paraíso, el fin del hambre y del exilio: danzan y cantan desde el alba hasta lo hondo de cada noche.

Cuatro días después de Navidad, los truenos de la fusilería interrumpen las ceremonias en el campamento sioux de Wounded Knee. Los soldados acribillan como a búfalos a las mujeres, los niños y los pocos hombres. La ventisca golpea a los muertos y los congela sobre la nieve.

(51, 91 y 230)

Canto profético de los sioux

Es de trueno la nación que soy, he dicho.
Es de trueno la nación que soy, he dicho.
Vivirás.
Vivirás.
Vivirás.
Vivirás.

(38)

1891
Santiago de Chile

Balmaceda

José Manuel Balmaceda quiso impulsar la industria nacional, *vivir y vestirnos por nosotros mismos,* presintiendo que la era del salitre pasaría sin dejar a Chile más que el remordimiento. Quiso aplicar estímulos y protecciones semejantes a las que habían practicado, en su infancia industrial, Estados Unidos, Inglaterra, Francia y Alemania. Alzó los salarios de los trabajadores y sembró de escuelas públicas el país. Dio al largo cuerpo de Chile una columna vertebral de vías y caminos. En sus años de presidencia, el sagrado capital británico corrió grave riesgo de profanación: Balmaceda quiso nacionalizar los ferrocarriles y quiso acabar con la usura de los bancos y la voracidad de las empresas salitreras.

Mucho quiso Balmaceda, y bastante pudo; pero más pudo el enorme presupuesto que John Thomas North destina a comprar conciencias y torcer justicias. La prensa desató sus truenos contra *el César ebrio de poder, déspota enemigo de la libertad y hostil a las empresas extranjeras,* y no menos fuerte resonó el clamor de los obispos y los parlamentarios. La sublevación militar estalló como un eco y entonces corrió sangre de pueblo.

«The South American Journal» anuncia el triunfo del golpe de Estado: *Chile volverá a los buenos tiempos de antes.* El banquero Eduardo Matte también lo celebra: *Los dueños de Chile somos nosotros, los dueños del capital y del suelo. Lo demás es masa influenciable y vendible.*

Balmaceda se mata de un balazo.

(270)

1891
Washington

La otra América

José Martí lleva diez años viviendo en los Estados Unidos. Es mucho lo que admira en este país múltiple y vigoroso, donde nada nuevo da miedo; pero también denuncia, en sus artículos, las ambiciones imperiales de la joven nación, la elevación de la codicia a la categoría de derecho divino y el atroz racismo que extermina indios, humilla negros y desprecia latinos.

Al sur del río Bravo, dice Martí, hay *otra* América, *nuestra América, tierra que balbucea,* que no reconoce su completo rostro en el espejo europeo ni en el norteamericano. Es la patria hispanoamericana, dice, que reclama a Cuba para completarse con ella, mientras en el norte la reclaman para devorarla. Los intereses de una y otra América, no coinciden. *¿Conviene a Hispanoamérica* —pregunta Martí— *la unión política y económica con los Estados Unidos?* Y contesta: *Dos cóndores, o dos corderos, se unen sin tanto peligro como un cóndor y un cordero.* El año pasado se celebró en Washington la primera conferencia panamericana y ahora asiste Martí, como delegado del Uruguay, a la continuación del diálogo. *Quien dice unión económica, dice unión política. El pueblo que compra, manda. El pueblo que vende, sirve... El pueblo que quiere morir, vende a un solo pueblo, y el que quiere salvarse, vende a más de uno... El pueblo que quiera ser libre, distribuya sus negocios entre países igualmente fuertes. Si ha de preferir a alguno, prefiera al que lo necesite menos, al que lo desdeñe menos...*

Martí ha consagrado su vida a esa *otra* América: quiere resucitarla en todo lo que le mataron desde la conquista en adelante, y quiere revelarla y rebelarla, porque su escondida y traicionada identidad no será revelada mientra no se desate.

—*¿Qué falta podrá echarme en cara mi gran madre América?*

Hijo de europeos pero hijo de América, cubano patriota de la patria grande, Martí siente que corre por sus venas la sangre de los malheridos pueblos que nacieron de semillas de palma o de maíz y que llamaban a la Vía Láctea *camino de las almas* y a la luna *sol de noche* o *sol dormido.* Por eso escribe, contestando a Sarmiento, enamorado de lo ajeno: *No hay batalla entre la civilización y la barbarie, sino entre la falsa erudición y la naturaleza.*

(112 y 354)

1891
Nueva York

El pensamiento empieza a ser nuestro, cree José Martí

...Conocer es resolver. Conocer el país, y gobernarlo conforme al conocimiento, es el único modo de librarlo de tiranías. La universidad europea ha de ceder a la universidad americana. La historia de América, de los incas acá, ha de enseñarse al dedillo, aunque no se enseñe la de los arcontes de Grecia. Nuestra Grecia es preferible a la Grecia que no es nuestra. Nos es más necesaria. Los políticos nacionales han de reemplazar a los políticos exóticos. Injértese en nuestras repúblicas el mundo; pero el tronco ha de ser el de nuestras repúblicas. Y calle el pedante vencido; que no hay patria en que pueda tener el hombre más orgullo que en nuestras dolorosas repúblicas americanas...

Éramos una máscara, con los calzones de Inglaterra, el chaleco parisiense, el chaquetón de Norteamérica y la montera de España... Éramos charreteras y togas, en países que venían al mundo con la alpargata en los pies y la vincha en la cabeza... Ni el libro europeo, ni el libro yanqui, daban la clave del enigma hispanoamericano...

Se ponen en pie los pueblos, y se saludan. «¿Cómo somos?», se preguntan; y unos a otros se van diciendo cómo son. Cuando aparece en Cojímar un problema, no van a buscar la solución a Danzig. Las levitas son todavía de Francia, pero el pensamiento empieza a ser de América...

(199)

1891
Guanajuato

Cantarranas 34. Fotografía instantánea

El artillero, encapuchado, se agacha y toma puntería. La víctima, un linajudo caballero de Guanajuato, no sonríe ni pestañea ni respira. No tiene escapatoria: a sus espaldas ha caído el telón, frondoso paisaje de yeso pintado, y la escalinata de utilería conduce al vacío. Cercado de flores de papel, rodeado de columnas y balaustradas de cartón, el grave prócer apoya la mano en el respaldo de una silla y con dignidad enfrenta la boca de cañón de la cámara de fuelle.

Toda Guanajuato se deja fusilar en el estudio de la calle Cantarranas 34. Romualdo García fotografía a los señores de mucho pergamino y a sus mujeres y a sus hijos, niños que parecen enanos enfundados en grandes chalecos con reloj de bolsillo y niñas adustas como abuelitas aplastadas por sombrerotes de mucha seda y cinta. Fotografía a los gordos frailes y a los militares de gala, a los recién comulgados y a los recién casados; y también a los pobres, que vienen de lejos y dan lo que no tienen con tal de posar, muy peinados, muy planchados, luciendo las mejores prendas, ante la cámara del artista mexicano premiado en París.

El mago Romualdo García convierte personas en estatuas y vende eternidad a los mortales.

(58)

1891
Purísima del Rincón

Vidas

De nadie aprendió; de aficionado pinta. Hermenegildo Bustos cobra en especies o a cuatro reales el retrato. El pueblo de Purísima del Rincón no tiene fotógrafo, pero tiene pintor.

Hace cuarenta años, Hermenegildo retrató a Leocadia López, la belleza del pueblo, y le quedó muy ella. Desde entonces, en el pueblo de Purísima hubo exitosos entierros y casamientos, muchas serenatas y uno que otro destripado en las cantinas, alguna niña se fugó con el payaso de un circo ambulante, tembló la tierra más de una vez y más de una vez mandaron desde Ciudad de México nuevo jefe político; y mientras pasaban los lentos días y ocurrían soles y aguaceritos, Hermenegildo Bustos iba pintando a los vivos que veía y a los muertos que recordaba.

Él es también hortelano, heladero y sieteoficios. Siembra maíz y frijoles, en tierra propia o por encargo, y se ocupa de desagusanar plantíos. Hace helados con la escarcha que recoge de las hojas del maguey; y cuando afloja el frío hace conservas de naranja. Además borda banderas patrias, arregla techos que se llueven, dirige los toques de tambor en Semana Santa, decora biombos, camas y ataúdes y con muy delicada mano pinta a doña Pomposa López en acción de gracias ante la Santísima Virgen, que la arrancó del lecho de agonía, y a doña Refugio Segovia en retrato que destaca sus encantos, sin olvidar ni un pelo de los rulos sobre la frente y copiando en el cuello el dorado prendedor que dice *Refugito*.

Pinta y se pinta: recién afeitado, corto el pelo, pómulos salientes y cejas fruncidas, traje de militar. Y al dorso de su imagen escribe: *Hermenegildo Bustos, indio de este pueblo de Purísima del Rincón, nací el 13 de abril de 1832 y me retraté para ver si podía el 19 de junio de 1891.*

(333)

1892
París

El escándalo del canal

Un tribunal francés ha decretado la quiebra de la Compañía del Canal de Panamá. Se suspenden las obras y estalla el escándalo. Súbitamente se evaporan los ahorros de miles de campesinos y pequeños burgueses de Francia. La empresa que iba a abrir un tajo entre los océanos, aquel paso que los conquistadores buscaron y soñaron, ha cometido una monumental estafa. Se divulgan las cifras millonarias derrochadas para sobornar políticos y enmudecer periodistas. Desde Londres, Friedrich Engels escribe: *En lo de Panamá podría hacerse añicos toda la porquería burguesa. Se ha hecho el milagro de transformar el canal en abismo insondable...*

Nadie menciona a los obreros antillanos, chinos e hindúes que la fiebre amarilla y la malaria han exterminado a un ritmo de setecientos muertos por cada kilómetro de canal abierto entre las montañas.

(102, 201 y 324)

1892
San José de Costa Rica

Profecía de un joven poeta de Nicaragua, llamado Rubén Darío

El siglo que viene verá la mayor de las revoluciones que han ensangrentado la tierra. ¿El pez grande se come al chico? Sea; pero pronto tendremos el desquite. El pauperismo reina, y el trabajador lleva sobre sus hombros la montaña de una maldición. Nada vale ya sino el oro miserable. La gente desheredada es el rebaño eterno para el eterno matadero...
  No habrá fuerza que pueda contener el torrente de la fatal venganza. Habrá que cantar una nueva Marsellesa que, como los clarines de Jericó, destruya la morada de los infames... El cielo verá con temerosa alegría, entre el estruendo de la catástrofe redentora, el castigo de los altivos malhechores, la venganza suprema y terrible de la miseria borracha.

(308)

1893
Canudos

Antonio Conselheiro

Hace mucho tiempo que los profetas recorren las tierras candentes del nordeste brasileño. Anuncian que el rey Sebastián regresará desde la isla de las Brumas y castigará a los ricos y volverá blancos a los negros y jóvenes a los viejos. Cuando acabe el siglo, anuncian, el desierto será mar y el mar, desierto; y el fuego arrasará las ciudades del litoral, frenéticas adoradoras del dinero y el pecado. Sobre las cenizas de Recife, Bahía, Río y San Pablo se alzará una nueva Jerusalén y en ella Cristo reinará mil años. Se acerca la hora de los pobres, anuncian los profetas: faltan siete años para que el cielo baje a la tierra. Entonces ya no habrá enfermedad ni muerte; y en el nuevo reino terrestre y celeste toda injusticia será reparada.

El beato Antonio Conselheiro vaga de pueblo en pueblo, fantasma escuálido y polvoriento, seguido por un coro de letanías. La piel es una gastada armadura de cuero; la barba, una maraña de zarzas; la túnica, una mortaja en harapos. No come ni duerme. Reparte entre los infelices las limosnas que recibe. A las mujeres, les habla de espaldas. Niega obediencia al impío gobierno de la república y en la plaza del pueblo de Bom Conselho arroja al fuego los edictos de impuestos.

Perseguido por la policía, huye al desierto. Con doscientos peregrinos, funda la comunidad de Canudos junto al lecho de un río fugaz. Aquí flota y fulgura el calor sobre la tierra. El calor no deja que la lluvia toque el suelo. Brotan de los cerros calvos las primeras casuchas de barro y paja. En medio de esta hosca tierra, tierra prometida, primer escalón hacia los cielos, Antonio Conselheiro alza en triunfo la imagen de Cristo y anuncia el apocalipsis: *Serán aniquilados los ricos, los incrédulos y las coquetas. Se teñirán de sangre las aguas. No habrá más que un pastor y un solo rebaño. Muchos sombreros y pocas cabezas...*

(80 y 252)

1895
Cayo Hueso

Viaja la libertad dentro de un cigarro

Duerme nunca, come poco. José Martí reúne gentes y dinero, escribe artículos y cartas, dice discursos, poemas y conferencias; discute, organiza, compra armas. Más de veinte años de exilio no han podido apagarlo.

Desde siempre supo que Cuba no podría ser sin revolución. Hace tres años fundó, en estas costas de la Florida, el Partido Revolucionario Cubano. Nació el partido en los talleres de tabaco de Tampa y Cayo Hueso, al amparo de los trabajadores cubanos desterrados que han escuchado a Martí en persona y por papel impreso.

Los talleres parecen universidades obreras. Es tradición que alguien lea libros o artículos mientras los demás trabajan en silencio, y así los obreros tabaqueros reciben cada día ideas y noticias y cada día viajan por el mundo y la historia y las asombrosas regiones de la imaginación. Por boca del *lector,* la palabra humana se dispara y penetra en las mujeres que despalillan tabaco y en los hombres que tuercen las hojas y arman puros sobre el muslo o la mesa.

De acuerdo con los generales Máximo Gómez y Antonio Maceo, Martí lanza la orden de alzamiento. La orden viaja desde estos talleres de la Florida y llega a Cuba escondida dentro de un habano.

(165, 200 y 242)

1895
Playitas

El desembarco

Dentro de cuarenta años, Marcos del Rosario recordará:

—*Al general Gómez no le gusté a primera vista. Me decía: «¿Qué va usted a buscar en Cuba? ¿Se le ha perdido algo allá?»*

Marcos aplaudirá sacudiéndose la tierra de las manos:

—*El general Gómez era un viejito tremendo, fuerte, fuerte, y muy ágil, y hablaba muy alto y a veces se subía y se lo quería tragar a uno...*

Atravesará el huerto buscando sombra:

—*Al fin hallamos un barco que nos puso cerca de la costa de Cuba.*

Mostrará las argollas de fierro de su hamaca:

—*Éstas son del bote aquél.*

Echado en la red, encenderá un cigarro:

—*El barco nos dejó en la mar y había una marejada terrible...*

Dos dominicanos y cuatro cubanos en un bote. El temporal juega con ellos. Ellos han jurado que Cuba será libre.

—*Una noche oscura, no se veía nada...*

Asoma una luna roja, pelea con las nubes. El bote pelea con la mar hambrienta.

—*Estaba el viejito a proa. Él tenía el timón y Martí la brújula del bote. Un golpe de agua le arrancó el timón al general... Luchá-*

bamos con la mar que nos quería tragar y no nos quería dejar llegar
a tierra de Cuba...

Por arte de magia, el bote no se hace pedazos contra los acantilados. El bote vuela y se hunde y resurge: vira de pronto, se abren las olas y una playita aparece, una minúscula herradura de arena:

—*Y el general Gómez saltó a la playa y cuando vido la tierra firme, de viaje besó la tierra y cantó como gallo.*

(258 y 286)

1895
Arroyo Hondo

Sierra adentro

No tristeando: radiante, celebrando, Marcos del Rosario hablará de Martí:

—*Cuando lo vi, creí que era demasiado débil. Y después vi que era un hombrecito vivo, que daba un brinco aquí y caía allá...*

Martí le enseña a escribir. Martí sujeta la mano de Marcos, que dibuja la A.

—*Él se había criado en los colegios y era hombre sublime.*

Marcos cuida a Martí. Le hace buenos colchones de hojas secas, le trae de beber agua de coco. Los seis hombres que han desembarcado en Playitas se hacen cien, se hacen mil... Marcha Martí, morral a la espalda, rifle en bandolera, trepando sierra y alzando pueblo.

—*Cuando estábamos subiendo las lomas, toditos cargaos, a veces se caía. Y yo iba a levantarlo y de viaje me decía: «No, gracias, no». Tenía un anillo hecho de los grillos que los españoles le pusieron cuando era niño todavía.*

(286)

1895
Campamento de Dos Ríos

El testamento de Martí

En el campamento, en mangas de camisa, Martí escribe una carta al mexicano Manuel Mercado, su amigo entrañable. Le cuenta que todos los días corre peligro su vida, y que bien vale la pena darla por su país *y por mi deber de impedir a tiempo, con la independencia de Cuba, que se extiendan por las Antillas los Estados Unidos y caigan, con esa fuerza más, sobre nuestras tierras de América. Cuanto hice hasta hoy, y haré, es para eso. En silencio ha tenido que ser*... Derramando sangre, escribe Martí, los cubanos están impidiendo *la anexión de los pueblos de nuestra América al Norte revuelto y brutal que los desprecia... Viví en el monstruo y le conozco las entrañas —y mi honda es la de David.* Y más adelante: *Esto es muerte o vida, y no cabe errar.*

Después, cambia de tono. Tiene otras cosas que contar: *Y ahora, le hablaré de mí.* Pero la noche lo para, o quizás el pudor, no bien empieza a ofrecer a su amigo esos adentros del alma. *Hay afectos de tan delicada honestidad...* escribe, y eso es lo último que escribe.

Al mediodía siguiente, una bala lo voltea del caballo.

(199)

1895
Niquinohomo

Se llamará Sandino

A las puertas de esta casa de adobe se juntan las gentes, atraídas por el llanto.

Como araña volteada mueve brazos y piernas el recién nacido. No vienen desde lejos los reyes magos para darle la bienvenida, pero le dejan regalos un labrador, un carpintero y una vivandera que pasa camino del mercado.

La comadrona ofrece agüita de alhucemas a la madre y al niño una pizca de miel, que es su primer sabor del mundo.

Después, la comadrona entierra la placenta, que tan raíz parece, en un rincón del huerto. La entierra en buen lugar, donde da fuerte el sol, para que se haga tierra aquí en Niquinohomo.

Dentro de algunos años, también tierra se hará, tierra alzada de toda Nicaragua, el niño que acaba de salir de esta placenta.

(8 y 317)

1896
Port-au-Prince

Disfraces

Según la Constitución de Haití, la república de los negros libres habla francés y profesa la religión cristiana. Se avergüenzan los doctores, porque a pesar de leyes y castigos el *créole* sigue siendo la lengua de casi todos los haitianos y casi todos siguen creyendo en los dioses del vudú, que vagan sueltos por bosques y cuerpos.

El gobierno exige un juramento público a los campesinos:

—*Juro destruir todos los fetiches y objetos de superstición, si los llevo conmigo o los tengo en mi casa o en mi tierra. Juro no rebajarme nunca a ninguna práctica supersticiosa...*

(68)

1896
Boca de Dos Ríos

Réquiem

—*¿Fue aquí?*

Ha pasado un año, y Máximo Gómez se lo va contando a Calixto García. Los viejos guerreros de la independencia de Cuba se abren paso desde el río Contramaestre. Detrás, vienen sus ejércitos. El general Gómez cuenta que aquel mediodía Martí había comido con ganas y después había recitado unos versos, como tenía costumbre, y que entonces oyeron unos tiros seguidos de descargas cerradas. Todos corrieron buscando caballo.

—¿*Fue aquí?*

Llegan a un matorral, a la entrada del camino a Palo Picado.

—*Aquí* —señala alguien.

Los macheteros limpian el pequeño espacio de tierra.

—*Nunca lo escuché quejarse ni lo vi doblarse* —dice Gómez.

Gruñón, enojón, agrega:

—*Yo le ordené... le aconsejé que se quedara.*

Un espacio de tierra del tamaño de su cuerpo.

El general Máximo Gómez deja caer una piedra. El general Calixto García echa otra piedra. Y van pasando los oficiales y los soldados y se suceden los ásperos chasquidos de las piedras al caer, piedras agregándose a las piedras, mientras crece altísimo el túmulo de Martí y sólo se escuchan esos chasquidos en el inmenso silencio de Cuba.

(105)

1896

Papeete

Flora Tristán

La tela, desnuda, inmensa, se ofrece y desafía. Paul Gauguin pinta, persigue, echa color como diciendo adiós al mundo; y la mano, desesperada, escribe: ¿*De dónde venimos, qué somos, adónde vamos?*

Hace más de medio siglo, la abuela de Gauguin preguntó lo mismo, en uno de sus libros, y murió averiguando. La familia peruana de Flora Tristán no la mencionaba nunca, como si diera mala suerte o fuera loca o fantasma. Cuando Paul preguntaba por su abuela, en los lejanos años de la infancia en Lima, le contestaban:

—A dormir, que es tarde.

Flora Tristán había quemado su vida fugaz predicando la revolución, la revolución proletaria y la revolución de la mujer esclavizada por el padre, el patrón y el marido. La enfermedad y la policía acabaron con ella. Murió en Francia. Los obreros de Burdeos le pagaron el ataúd y la llevaron en andas al cementerio.

(21)

1896
Bogotá

José Asunción Silva

Ama a su hermana Elvira, aroma de alhucemas, incienso de benjuí, furtivos besos de la más pálida sílfide de Bogotá, y por ella escribe sus mejores versos. Noche tras noche acude a visitarla al cementerio. Al pie de su tumba lo pasa mejor que en los cenáculos literarios.

José Asunción Silva había nacido vestido de negro, con una flor en el ojal. Así ha vivido treinta años, golpe tras golpe, el lánguido fundador del modernismo en Colombia. La bancarrota del padre, mercader de sedas y perfumes, le ha quitado el pan de la boca; y en un naufragio se han ido a pique sus obras completas.

Hasta altas horas discute, por última vez, la cadencia de un verso alejandrino. Desde la puerta, farol en mano, despide a los amigos. Después fuma su último cigarrillo turco y por última vez se compadece ante el espejo. Ninguna carta llega desde París para salvarlo. Atormentado por los acreedores y por los malévolos que lo llaman Casta Susana, el poeta se desabrocha la camisa y clava el revólver en la cruz de tinta que un médico amigo le ha dibujado sobre el corazón.

(319)

1896
Manaos

El árbol que llora leche

Los indios lo llaman *caucho*. Lo tajean y brota la leche. En hojas de plátano plegadas a modo de cuenco, la leche se recoge y se endurece al calor del sol o del humo, mientras la mano humana le va dando forma. Desde muy antiguos tiempos los indios hacen, con esa leche silvestre, antorchas de largo fuego, vasijas que no se rompen, techos que se burlan de la lluvia y pelotas que rebotan y vuelan.

Hace más de un siglo, el rey de Portugal recibió jeringas sin émbolo y ropas impermeables desde el Brasil; y antes el sabio francés La Condamine había estudiado las virtudes de la escandalosa goma que no hacía caso de la ley de gravedad.

Miles y miles de zapatos viajaron desde la selva amazónica hacia el puerto de Boston, hasta que hace medio siglo Charles Goodyear y Thomas Hancock descubrieron un método para que la goma no se quebrara ni se ablandara. Entonces los Estados Unidos pasaron a producir cinco millones de zapatos por año, zapatos invulnerables al frío, a la humedad y a la nieve, y grandes fábricas surgieron en Inglaterra, Alemania y Francia.

Y no sólo zapatos. La goma multiplica productos y crea necesidades. La vida moderna gira vertiginosamente en torno del árbol inmenso que llora leche cuando lo hieren. Hace ocho años, en Belfast, el hijo de John Dunlop ganó una carrera de triciclos con neumáticos que su padre había inventado en lugar de las ruedas macizas; y el año pasado Michelin creó neumáticos desmontables para los automóviles que corrieron entre París y Burdeos.

La Amazonia, selva descomunal que parecía reservada a los monos, los indios y los locos, es ahora coto de caza de la United States Rubber Company, la Amazon Rubber Company y otras lejanas empresas que de su leche maman.

(334)

1896

Manaos

Dorada edad de la goma

Sube el telón, parsimonioso, mientras suenan los primeros acordes de la ópera *La Gioconda,* de Ponchielli. Es noche de mucha pompa y gala y mosquitos en la ciudad de Manaos. Los artistas líricos italianos están inaugurando el Teatro Amazonas, inmensa nave de mármol traída desde Europa, como ellos, hasta el corazón de la selva. Manaos y Belem do Pará son las capitales del caucho en el Brasil. Iquitos, en la floresta peruana. Las tres ciudades amazónicas pavimentan sus calles con adoquines europeos y alegran sus noches con horizontales muchachas venidas desde París, Budapest, Bagdad o la selva de por aquí. Batutas de oro dirigen las orquestas y los lingotes sirven de pisapapeles; un huevo de gallina cuesta un ojo de la cara. Las personas importantísimas beben bebidas importadísimas, se restablecen en las aguas termales de Vichy y envían a sus hijos a estudiar a Lisboa o a Ginebra, en barcos de la Booth Line que recorren las barrosas aguas del río Amazonas.

¿Quiénes trabajan en los bosques del caucho? En el Brasil, los flagelados de las sequías del nordeste. Desde aquellos desiertos, vienen los campesinos hasta estos pantanos donde es preciso volverse pez. En cárcel verde los encierran por contrato; y temprano llega la muerte a salvarlos de la esclavitud y la espantosa soledad. En el Perú, los brazos son indios. Muchas tribus caen aniquiladas en esta edad de la goma, que tan eterna parece.

(299, 325 y 334)

1897

Canudos

Euclides da Cunha

Durante el día la tierra humea, llamea, se dilata. Cuando cae la noche, hacha de hielo, la tierra tirita y se contrae: el amanecer la encuentra partida en pedazos.

Escombros de terremotos, anota Euclides da Cunha en su cuaderno. *Paisaje que parece hecho para salir corriendo,* anota. Recorre las arrugas de la tierra y las curvas del río, retorcido camino de barro seco que los indios llamaban *Miel Roja,* y en vano busca sombra entre los arbustos raquíticos. Aquí el aire vuelve piedra todo lo que toca. Un soldado descansa, boca arriba, con los brazos abiertos. Una costra negra le mancha la frente. Hace tres meses lo mataron, peleando cuerpo a cuerpo, y ahora es su propia estatua.

Desde lejos, desde la aldea sagrada de Canudos, suenan balazos. El monótono tiroteo lleva días, meses, alterado a veces por los cañonazos y las ráfagas de ametralladora, y Euclides quisiera entender de dónde viene la fuerza de estos campesinos místicos que resisten, impávidos, el asedio de treinta batallones. Muchos miles de campesinos se están haciendo matar por devoción al mesías Antonio Conselheiro. El cronista de esta guerra santa se pregunta cómo pueden confundir al cielo con estos páramos y a Jesucristo con un alucinado que se salvó del manicomio por no haber plaza vacante.

Vacilando entre el asco y la admiración, Euclides da Cunha describe cuanto ve, de asombro en asombro, para los lectores de un diario de San Pablo. Socialista a la europea, mestizo que desprecia a los mestizos, brasileño avergonzado del Brasil, Euclides es uno de los más brillantes intelectuales de la república que ostenta, en su bandera recién nacida, el lema *Orden y Progreso.* Mientras ocurre la matanza, él intenta asomarse al misterio del sertón del nordeste, tierra de fanáticos donde se heredan rencores y devociones, se cura con oraciones el *mal triste* de las vacas escuálidas y se celebra con guitarras la muerte de los niños.

(80)

1897
Canudos

En cada muerto hay más balas que huesos

pero los últimos defensores de Canudos cantan tras una enorme cruz de madera, esperando todavía la llegada de los arcángeles.

El comandante de la primera columna hace fotografiar el espeluznante cadáver de Antonio Conselheiro, *para que se tenga certeza de su muerte.* Él también la necesita. Con el rabillo del ojo, el comandante espía, desde una silla, ese puñado de harapos y huesitos.

Desventurados campesinos de todas las edades y colores habían levantado una muralla de cuerpos alrededor de este llagoso matusalén, enemigo de la república y de las ciudades pecadoras. Cinco expediciones militares han sido necesarias: cinco mil soldados cercando Canudos, veinte cañones bombardeando desde las lomas, increíble guerra del trabuco naranjero contra la ametralladora Nordenfeldt.

Las trincheras se han reducido a sepulturas de polvo y todavía no se rinde la comunidad de Canudos, la utopía sin propiedad y sin ley donde los miserables compartían la tierra avara, el poco pan, y la fe en el cielo inmenso.

Se pelea casa por casa, palmo a palmo.

Caen los cuatro últimos. Tres hombres, un niño.

(80)

1897

Río de Janeiro

Machado de Assís

Los escritores brasileños, divididos en sectas que se odian entre sí, celebran comuniones y consagraciones en la Colombo y otras confiterías y librerías. Allí despiden, en olor de santidad, a los colegas que viajan a poner flores en la tumba de Maupassant en París; y en esos templos nace, al son de cristales, bendita por sagrados licores, la Academia Brasileña de Letras. El primer presidente se llama Machado de Assís.

Él es el gran novelista latinoamericano de este siglo. Sus libros desenmascaran, con amor y humor, a la alta sociedad de zánganos que él, hijo de padre mulato, ha conquistado y conoce como nadie. Machado de Assís arranca el decorado de papel, falsos marcos de falsas ventanas con paisajes de Europa, y hace guiñadas al lector mientras desnuda la pared de barro.

(62 y 190)

1898
Costas de Cuba

Esta fruta está al caer

Los ciento cuarenta y cinco kilos del general William Shafter desembarcan en las costas del oriente de Cuba. Vienen de los fríos del norte, donde anduvo el general matando indios, y aquí se derriten dentro del abrumador uniforme de lana. Shafter envía su cuerpo escalera arriba, hacia el lomo de un caballo, y desde allí otea el horizonte con un catalejo.

Él ha venido a mandar. Como dice uno de sus oficiales, el general Young, *los cubanos insurrectos son un montón de degenerados, no más capaces de autogobernarse que los salvajes del África.* Cuando el ejército español ya se derrumba ante el asedio implacable de los patriotas, los Estados Unidos deciden hacerse cargo de la libertad de Cuba. Si se meten, no habrá quien los saque —habían advertido Martí y Maceo. Y se meten.

España se había negado a vender esta isla *por un precio razonable* y la intervención norteamericana encontró su pretexto en la oportuna explosión del acorazado «Maine», hundido frente a La Habana con sus muchos cañones y tripulantes.

El ejército invasor invoca la protección de los ciudadanos norteamericanos y la salvación de sus intereses amenazados por la arrasadora guerra y el descalabro económico. Pero charlando en privado, los oficiales explican que ellos impedirán que una república negra emerja ante las costas de la Florida.

(114)

1898
Washington

Diez mil linchamientos

En nombre de los negros de los Estados Unidos, Ida Wells denuncia ante el presidente McKinley que han ocurrido diez mil linchamientos en los últimos veinte años. Si el gobierno no protege a los ciudadanos norteamericanos dentro de fronteras, pregunta Ida Wells, ¿con qué derecho invoca esa protección para invadir otros países? ¿Acaso los negros no son ciudadanos? ¿O sólo les garantiza la Constitución el derecho de morir quemados?

Multitudes de energúmenos, excitadas desde la prensa y el púlpito, arrancan a los negros de las cárceles, los atan a los árboles y los queman vivos. Después los verdugos festejan en los bares y pregonan sus hazañas por las calles.

La cacería de negros usa por coartada el ultraje de mujeres blancas, en un país donde la violación de una negra por un blanco se considera normal, pero en la gran mayoría de los casos los negros incendiados no son culpables de más delito que la mala reputación, la sospecha de robo o la insolencia.

El presidente McKinley promete ocuparse del caso.

(12)

1898
Loma de San Juan

Teddy Roosevelt

Blandiendo el sombrero, galopa Teddy Roosevelt a la cabeza de sus *rudos jinetes;* y cuando baja de la colina de San Juan trae en la mano, estrujada, una bandera de España. Él se llevará toda la gloria de esta batalla que abre el camino hacia Santiago de Cuba. De los cubanos que también han peleado, ningún periodista hablará.

Teddy cree en la grandeza del destino imperial y en la fuerza de sus puños. Aprendió a boxear en Nueva York, para salvarse de las palizas y humillaciones que de niño sufría por ser enclenque, asmático y muy miope; y de adulto cruza guantes con los campeones, caza leones, enlaza toros, escribe libros y ruge discursos. En páginas y tribunas exalta las virtudes de las razas fuertes, nacidas para dominar, razas guerreras como la suya, y proclama que en nueve de cada diez casos no hay mejor indio que el indio muerto (y al décimo, dice, habría que mirarlo más de cerca). Voluntario de todas las guerras, adora las supremas cualidades del soldado que en la euforia de la batalla siente un lobo en el corazón, y desprecia a los generales sentimentaloides que se angustian por la pérdida de un par de miles de hombres.

Para liquidar en un rato la guerra de Cuba, Teddy ha propuesto que una escuadra norteamericana arrase Cádiz y Barcelona a cañonazos, pero España, extenuada de tanta guerra contra los cubanos, se rinde en menos de cuatro meses. Desde la loma de San Juan, el victorioso Teddy Roosevelt galopa a toda furia hacia la gobernación de Nueva York y hacia la presidencia de los Estados Unidos. Este fanático devoto de un Dios que prefiere la pólvora al incienso, hace una pausa y escribe: *Ningún triunfo pacífico es tan grandioso como el supremo triunfo de la guerra.*

Dentro de algunos años, recibirá el Premio Nóbel de la Paz.

(114 y 161)

1898

Costas de Puerto Rico

Esta fruta está cayendo

Ramón Emeterio Betances, larga blanca barba, ojos de melancolía, agoniza en París, en el exilio.

—*No quiero la colonia* —dice—. *Ni con España, ni con Estados Unidos.*

Mientras el patriarca de la independencia de Puerto Rico se asoma a la muerte, los soldados del general Miles entran cantando por las costas de Guánica. Con el fusil en bandolera y el cepillo de dientes atravesado en el sombrero, marchan los soldados ante la mirada impasible de los campesinos de la caña y del café.

Y Eugenio María de Hostos, que también quiso patria, contempla las colinas de Puerto Rico desde la cubierta de un barco y siente tristeza y vergüenza por verlas pasar de dueño a dueño.

(141 y 192)

1898

Washington

El presidente McKinley explica que los Estados Unidos deben quedarse con las Islas Filipinas por orden directa de Dios

Yo caminaba por la Casa Blanca, noche tras noche, hasta medianoche; y no siento vergüenza al reconocer que más de una noche he caído de rodillas y he suplicado luz y guía al Dios todopoderoso. Y una noche, tarde, recibí Su orientación —no sé cómo, pero la recibí: primero, que no debemos devolver las Filipinas a España, lo que sería cobarde y deshonroso; segundo, que no debemos entregarlas a Francia ni a Alemania, nuestros rivales comerciales en el oriente, lo que sería indigno y mal negocio; tercero, que no debemos dejárselas a los filipinos, que no están preparados para auto-gobernarse y pronto sufrirían peor desorden y anarquía que en el tiempo de España; y cuarto, que no tenemos más alternativa que recoger a todos los filipinos y educarlos y elevarlos y civilizarlos y cristianizarlos, y por la gracia de Dios hacer todo lo que podamos por ellos, como prójimos por quienes Cristo también murió. Y entonces volví a la cama y dormí profundamente.

(168)

1899

Nueva York

Mark Twain propone cambiar la bandera

Yo levanto mi lámpara junto a la puerta de oro. La Estatua de la Libertad da la bienvenida a los incontables peregrinos, europeos que afluyen en busca de la Tierra Prometida, mientras se anuncia que el centro del mundo ha demorado milenios en desplazarse desde el Éufrates hasta el Támesis y se encuentra ahora en el río Hudson.

En plena euforia imperial, los Estados Unidos celebran la con- •

quista de las islas de Hawaii, Samoa y las Filipinas, Cuba, Puerto Rico y alguna islita que se llama, elocuente, de los Ladrones. Ya son lagos norteamericanos el océano Pacífico y el mar de las Antillas, y está naciendo la United Fruit Company; pero el novelista Mark Twain, viejo aguafiestas, propone cambiar la bandera nacional: que sean negras, dice, las barras blancas, y que unas calaveras con tibias cruzadas sustituyan a las estrellas.

El jefe de los sindicatos obreros, Samuel Gompers, exige que se reconozca la independencia de Cuba y denuncia a quienes arrojan la libertad a los perros a la hora de elegir entre la libertad y la ganancia. Para los grandes diarios, en cambio, son unos ingratos los cubanos que quieren la independencia. Cuba es tierra ocupada. La bandera de los Estados Unidos, sin barras negras ni calaveras, flamea en lugar de la bandera de España. Las fuerzas invasoras se han duplicado en un año. En las escuelas se enseña inglés; y los nuevos libros de historia hablan de Washington y Jefferson y no mencionan a Maceo ni a Martí. Ya no hay esclavitud; pero en los cafés de La Habana aparecen letreros que advierten: *Sólo para blancos.* El mercado se abre sin condiciones a los capitales ansiosos de azúcar y tabaco.

(114 y 224)

1899
Roma

Calamity Jane

Dicen que duerme con sus revólveres colgados de un barrote de la cama y que todavía supera a los hombres en el póker, el trago y la blasfemia. A muchos ha tumbado, dicen, de un gancho a la mandíbula, desde los tiempos en que dicen que peleó junto al general Custer en Wyoming y matando indios protegió a los mineros en las Montañas Negras de los sioux. Dicen que dicen que cabalgó un toro en la calle principal de Rapid City y que asaltó trenes y que en Fort Laramie enamoró al bello *sheriff* Wild Bill Hickok, y que él le dio una hija y un caballo, Satán, que se arrodillaba para ayudarla a desmontar. Siempre vistió pantalones, dicen, y a menudo los desvistió, y no hubo en los *saloons* mujer más generosa ni más descarada en el amor y la mentira.

Dicen. Quizás nunca estuvo. Quizás no está, esta noche, en la arena del Show del Salvaje Oeste, y el viejo Buffalo Bill nos está engañando con otro de sus trucos. Si no fuera por los aplausos del público, ni la propia Calamity Jane estaría segura de que ella es esta mujer de cuarenta y cuatro años, grandota y sin gracia, que echa a volar un sombrero Stetson y lo convierte en colador.

(169)

1899
Roma

El imperio naciente exhibe sus músculos

En ceremonia de mucha pompa, Buffalo Bill recibe un reloj de oro, coronado de diamantes, de manos del rey de Italia.

El Show del Salvaje Oeste recorre Europa. La conquista del Oeste ha terminado y la conquista del mundo ha comenzado. Buffalo Bill tiene a sus órdenes un ejército multinacional de quinientos hombres. No sólo los vaqueros trabajan en su circo: también auténticos lanceros del príncipe de Gales, cazadores de la guardia republicana francesa, coraceros del emperador de Alemania, cosacos rusos, jinetes árabes, charros mexicanos y gauchos del río de la Plata. Soldados del Quinto de Caballería representan su papel de vencedores y los indios vencidos, arrancados de las reservaciones, hacen de comparsas repitiendo sus derrotas sobre la arena del escenario. Un rebaño de búfalos, raras piezas de museo, agrega realismo a los uniformes azules y los cascos de plumas. Los *rudos jinetes* de Teddy Roosevelt dramatizan para el público su reciente conquista de Cuba y pelotones de cubanos, hawaianos y filipinos rinden humillado homenaje a la bandera victoriosa.

El programa del espectáculo explica la conquista del Oeste con palabras de Darwin: *Es la inevitable ley de la supervivencia del más apto*. En términos de epopeya, Buffalo Bill exalta las virtudes cívicas y militares de su nación, que ha hecho la digestión de medio México

y varias islas y entra ahora al siglo veinte pisando mundo a paso de
gran potencia.
(157)

1899
Saint Louis

Lejos

De las bocas brota fuego y de las galeras, conejos; del cuerno encan-
tado nacen caballitos de cristal. Un carro aplasta a una mujer tendida,
que se levanta de un salto; otra danza con una espada clavada en el
vientre. Un oso enorme obedece complicadas órdenes dictadas en
inglés.
     Invitan a Gerónimo a entrar en una casita de cuatro ventanas.
De pronto la casita se mueve y sube por los aires. Espantado, Gerónimo se asoma: allá abajo las gentes tienen tamaño de hormigas. Los
guardianes ríen. Le dan unos vidrios de mirar, como aquellos que
él arrancaba a los oficiales caídos en batalla. A través de los vidrios,
se acerca lo lejano. Gerónimo apunta al sol y la violenta luz le lastima
los ojos. Los guardianes ríen; y como ellos ríen, él ríe también.
     Gerónimo, prisionero de guerra de los Estados Unidos, es una
de las atracciones de la feria de Saint Louis. Las multitudes acuden
a contemplar a la fiera domesticada. El jefe de los apaches de Arizona
vende arcos y flechas, y por unos centavos posa para fotos o dibuja
como puede las letras de su nombre.
(24)

1899
Río de Janeiro

El arte de curar matando

Manos brujas juegan con el precio del café y el Brasil no tiene cómo
pagar al London and River Plate Bank ni a otros muy impacientes
acreedores.

Es la hora del sacrificio, anuncia el ministro de Hacienda, Joaquim Murtinho. El ministro cree en las *leyes naturales* de la economía, que por *selección natural* condenan a los débiles, o sea a los pobres, o sea a casi todos. ¿Que el Estado arranque el negocio del café de manos de los especuladores? Eso sería, se indigna Murtinho, una violación de las *leyes naturales* y un peligroso paso hacia el socialismo, espantosa peste que los obreros europeos están trayendo al Brasil: el socialismo, dice, niega la libertad y convierte al hombre en hormiga.

La industria nacional, cree Murtinho, no es *natural.* Por pequeña que sea, la industria nacional está restando mano de obra a las plantaciones y está encareciendo el precio de los brazos. Murtinho, ángel guardián del orden latifundista, se ocupará de que no paguen la crisis los dueños de hombres y tierras que han atravesado, intactos, la abolición de la esclavitud y la proclamación de la república. Para cumplir con los bancos ingleses y equilibrar las finanzas, el ministro quema en un horno cuanto billete encuentra, suprime cuanto servicio público tiene a mano y desencadena una lluvia de impuestos sobre el pobrerío.

Economista por vocación y médico de profesión, Murtinho realiza también interesantes experiencias en el campo de la fisiología. En su laboratorio extrae la masa encefálica de ratas y conejos y decapita ranas para estudiar las convulsiones del cuerpo, que sigue moviéndose como si tuviera cabeza.

(75)

1900
Huanuni

Patiño

El jinete viene desde la desolación y por la desolación cabalga, atravesando vientos de hielo, a tranco lento sobre la desnudez del planeta. Lo sigue una mula cargada de piedras.

El jinete ha pasado mucho tiempo perforando rocas y abriendo cuevas a tiros de dinamita. Él nunca ha visto la mar, ni ha conocido siquiera la ciudad de La Paz, pero sospecha que el mundo está viviendo en plena era industrial y que la industria come minerales hasta ahora despreciados. No se ha metido montaña adentro en busca de plata, como tantos. Buscando estaño, como nadie, ha entrado hasta el fondo de la montaña, hasta el alma, y lo ha encontrado.

Simón Patiño, el jinete acribillado por el frío, el minero castigado por la soledad y por las deudas, llega al pueblo de Huanuni. En las alforjas de una mula, trae pedazos de la vena de estaño más rica del mundo. Estas piedras lo harán rey de Bolivia.

(132)

1900
Ciudad de México

Posada

Ilustra coplas y noticias. Sus hojas se venden en los mercados y a las puertas de las iglesias y dondequiera que un cantador relate las profecías de Nostradamus, los espeluznantes detalles del descarrilamiento del tren de Temamatla, la última aparición de la Virgen de Guadalupe o la tragedia de la mujer que ha dado a luz cuatro lagartos en un barrio de esta ciudad.

Por obra de la mano mágica de José Guadalupe Posada, los *corridos* no dejarán nunca de correr ni los *sucedidos* de suceder. En sus imágenes continuarán por siempre afilados los cuchillos de los fieros y las lenguas de las comadres, seguirá el Diablo danzando y llameando, la Muerte riendo, el pulque mojando bigotes, *el desgraciado Eleuterio Mirafuentes aplastando con enorme pedruzco el cráneo del anciano autor de sus días.* Un grabado de Posada celebró este año la aparición del primer tranvía eléctrico en las calles de México. Otro grabado cuenta, ahora, que el tranvía ha chocado contra un cortejo fúnebre ante el cementerio y ha ocurrido un tremendo desparramo de esqueletos. Por un centavo se venden las copias, impresas en papel de estraza, con versos para quien sepa leer y llorar.

Su taller es un entrevero de rollos y recipientes y planchas de cinc y tacos de madera, todo amontonado en torno a la prensa y bajo una lluvia de papeles recién impresos y colgados a secar. Posada trabaja de la mañana a la noche, grabando maravillas: *dibujitos*, dice.

De cuando en cuando sale a la puerta a fumarse un cigarro de descanso, no sin antes cubrirse la cabeza con un bombín y la vasta barriga con un chaleco de paño oscuro.

Por la puerta del taller de Posada pasan a diario los profesores de la vecina Academia de Bellas Artes. Jamás se asoman ni saludan.

(263 y 357)

1900
Ciudad de México

Porfirio Díaz

Creció a la sombra de Juárez. *El hombre que mata llorando,* lo llamaba Juárez:

—*Llorando, llorando, me fusila en un descuido.*

Porfirio Díaz lleva un cuarto de siglo mandando en México. Los biógrafos oficiales registran para la posteridad sus bostezos y sus apotegmas. No toman nota cuando dice:

—*El mejor indio está cuatro metros bajo tierra.*

—*Mátalos en caliente.*

—*No me alboroten la caballada.*

La caballada son los legisladores, que votan por la afirmativa al cabecear del sueño, y que llaman a don Porfirio *el Único, el Indispensable, el Insustituible.* El pueblo lo llama *don Perfidio* y se burla de sus cortesanos:

—*¿Qué hora es?*

—*La que usted mande, señor presidente.*

Muestra el dedo meñique y dice: *Me duele Tlaxcala.* Se señala el corazón y dice: *Me duele Oaxaca.* Con la mano en el hígado, dice: *Me duele Michoacán.* Al rato tiene tres gobernadores temblando frente a él.

Se aplica la ley de fugas contra rebeldes y curiosos. En plena era de *paz porfiriana,* México progresa. Los mensajes que antes iban por mula, caballo o paloma, vuelan ahora por setenta mil kilómetros de telégrafos. Por donde pasaban las diligencias, hay quince mil kilómetros de vías férreas. La nación paga sus deudas puntualmente y brinda minerales y alimentos al mercado mundial. En cada latifundio se alza una fortaleza: desde los almenares los guardias vigilan a los indios, que no pueden ni cambiar de amo. No existen escuelas de economía, pero don Porfirio gobierna rodeado de *científicos* especializados en comprar tierras en el exacto lugar por donde pasará el próximo ferrocarril. Los capitales vienen de los Estados Unidos y las ideas y las modas se compran, usadas, en Francia. La capital gusta llamarse *París de las Américas,* aunque en las calles se ven todavía más calzones blancos que pantalones; y la minoría de levita habita palacetes estilo Segundo Imperio. Los poetas han bautizado *hora verde* al atardecer, no por la luz del follaje sino en memoria del ajenjo de Musset.

(33 y 142)

1900
Ciudad de México

Los Flores Magón

Navega el pueblo en ríos de pulque, mientras repican las campanas y retumban los cohetes y centellean los cuchillos entre las luces de bengala. La multitud invade la Alameda y otras calles prohibidas, zona sagrada de las damas de corsé y los señores de jaqué, con la Virgen en andas. Desde su alto barco de luces, las alas de la Virgen amparan y guían.

Hoy es el día de Nuestra Señora de los Ángeles, que en México dura una semana de verbenas, y al borde de la violenta alegría del pueblo, como queriendo merecerla, nace un periódico nuevo. Se llama *Regeneración.* Hereda los fervores y las deudas de *El Demócrata,* cerrado por la dictadura. Jesús, Ricardo y Enrique Flores Magón lo escriben, lo editan y lo venden.

Los hermanos Flores Magón se crecen en el castigo. Desde que el padre murió, vienen alternando la cárcel con los estudios de Derecho, los trabajitos de ocasión, el periodismo peleador y las manifestaciones callejeras de pedradas contra balazos.

—*Todo es de todos* —les había dicho el padre, el indio Teodoro Flores, aquella cara huesuda alzada entre las estrellas, y mil veces les había dicho: ¡*Repítanlo!*

(287)

1900
Mérida de Yucatán

El henequén

Uno de cada tres mayas de Yucatán es esclavo, rehén del henequén, y esclavos serán sus hijos, que heredarán sus deudas. Las tierras se venden con indios y todo, pero las grandes plantaciones de henequén emplean métodos científicos y maquinaria moderna, reciben órdenes por telégrafo y se financian desde los bancos de Nueva York. Las máquinas de raspar, movidas al vapor, desprenden las fibras; y los trenes de ·la International Harvester las deslizan hasta un puerto llamado Progreso. Mientras tanto, los guardias encierran a los indios en barracas, cuando cae la noche, y al amanecer los arrean, de a caballo, hacia las hileras de plantas de erguidas púas.

Con hilo sisal, hilo de henequén, se ata cuanta cosa existe en la tierra, y usa sogas de henequén cuanto barco hay en la mar. Henequeneando prospera Yucatán, una de las regiones más ricas de México: en Mérida, la capital, doradas verjas impiden que las mulas y los indios pisen los jardines mal copiados de Versalles. El carruaje del obispo es casi exacto al que usa el papa en Roma, y desde París vienen arquitectos que imitan castillos franceses de la Edad Media, aunque los héroes de ahora no van en pos de las princesas prisioneras sino de los indios libres.

El general Ignacio Bravo, ojos de cuchillo, bigote blanco, boca muda, ha llegado a Mérida para exterminar a los mayas que hacen sonar, todavía, los tambores de la guerra. Los cañones de San Benito saludan al redentor del henequén. En la Plaza de Armas, bajo los floridos laureles, los amos de Yucatán ofrecen al general Bravo la

espada de plata que aguarda al conquistador de Chan Santa Cruz, la
ciudad sagrada de los rebeldes en la selva.
     Y después cae, lento párpado, la noche.

(273)

Del corrido mexicano del Veintiocho Batallón

Yo ya me voy, ya me voy,
ya me voy con mucho gusto,
porque los indios mayas
se están muriendo de susto.

Yo ya me voy, ya me voy,
al otro lado del mar,
que ya no tienen los indios
ni camino que agarrar.

Yo ya me voy, ya me voy.
Quédate con Dios, trigueña,
porque ya los indios mayas
están sirviendo de leña.

Yo ya me voy, ya me voy,
por el tiempo del invierno,
porque ya los indios mayas
están mirando el infierno.

(212)

1900
Tabi

La serpiente de hierro

Al frente ruedan los cañones, volteando barricadas y aplastando moribundos. Tras los cañones los soldados, indios casi todos, incendian los campos de maíz de las comunidades y disparan el Máuser de repetición contra viejas armas que se cargan por la boca. Tras los soldados los peones, casi todos indios, tienden vías para el ferrocarril y alzan postes para el telégrafo y las horcas.

El ferrocarril, serpiente sin escamas, tiene la cola en Mérida y el largo cuerpo crece hacia Chan Santa Cruz. La cabeza llega a Santa María y salta a Hobompich y de Hobompich a Tabi, doble lengua de hierro, veloz, voraz: rompiendo selva, cortando tierra, acosa, acomete y muerde: en su marcha fulgurante va tragando indios libres y cagando esclavos.

El santuario de Chan Santa Cruz está condenado. Había nacido hace medio siglo, parido por aquella crucecita de caoba que apareció en la espesura y dijo:

—*Mi padre me ha enviado para que hable con ustedes, que son tierra.*

(273)

El profeta

Fue aquí, hace más de cuatro siglos.

Echado en la estera, boca arriba, el sacerdote-jaguar de Yucatán escuchó el mensaje de los dioses. Ellos le hablaron a través del tejado, montados a horcajadas sobre su casa, en un idioma que nadie más entendía.

Chilam Balam, el que era boca de los dioses, recordó lo que todavía no había ocurrido y anunció lo que será:

—*Se levantarán el palo y la piedra para la pelea... Morderán a sus amos los perros... Los de trono prestado han de echar lo que tragaron. Muy dulce, muy sabroso fue lo que tragaron, pero lo vomitarán. Los usurpadores se irán a los confines del agua... Ya no habrá devoradores de hombres... Al terminar la codicia, se desatará la cara, se desatarán las manos, se desatarán los pies del mundo.*

(23)

(Fin del segundo volumen de
Memoria del fuego)

Las fuentes

1. Abreu y Gómez, Ermilo, *Canek. Historia y leyenda de un héroe maya*, México, Oasis, 1982.
2. Acevedo, Edberto Oscar, *El ciclo histórico de la revolución de mayo*, Sevilla, Escuela de Estudios Hispanoamericanos, 1957.
3. Acuña de Figueroa, Francisco, *Nuevo mosaico poético*, prólogo de Gustavo Gallinal, Montevideo, Claudio García, 1944.
4. Adoum, Jorge Enrique, «Las Galápagos: el origen de *El origen...*», y artículos de Asimov, Pyke y otros en *Darwin*, «El Correo de la Unesco», París, mayo de 1982.
5. Aguirre, Nataniel, *Juan de la Rosa*, La Paz, Gisbert, 1973.
6. Ajofrín, Francisco de, *Diario de viaje*, Madrid, Real Academia de la Historia, 1958.
7. Alcáraz, Ramón, y otros, *Apuntes para la historia de la guerra entre México y los Estados Unidos*, México, Siglo XXI, 1970.
8. Alemán Bolaños, Gustavo, *Sandino, el libertador*, México/Guatemala, Ed. del Caribe, 1951.
9. Anderson Imbert, Enrique, *Historia de la literatura hispanoamericana*, México, FCE, 1974.
10. Anson, George, *Voyage autour du monde*, Amsterdam/Leipzig, Arkstée et Merkus, 1751.
11. Antonil, André João, *Cultura e opulencia do Brasil por suas drogas e minas*, comentado por A. Mansuy, París, Université, 1968.
12. Aptheker, Herbert (Ed.), *A documentary history of the negro people in the United States*, Nueva York, Citadel, 1969.
13. Arciniegas, Germán, *Los comuneros*, México, Guarania, 1951.
14. Arnold, Mayer, *Del Plata a los Andes. Viaje por las provincias en la época de Rosas*, Buenos Aires, Huarpes, 1944.
15. Arriaga, Antonio, *La patria recobrada*, México, FCE, 1967.
16. Arzáns de Orsúa y Vela, Bartolomé, *Historia de la Villa Imperial de Potosí* (Ed. de Lewis Hanke y Gunnar Mendoza), Providence, Brown University, 1965.
17. Astuto, Philip Louis, *Eugenio Espejo, reformador ecuatoriano de la Ilustración*, México, FCE, 1969.
18. Atl, Dr., *Las artes populares en México*, México, Instituto Nal. Indigenista, 1980.

19. Aubry, Octave, *Vie privée de Napoléon*, París, Tallandier, 1977.
20. Ayestarán, Lauro, *La música en el Uruguay*, Montevideo, SODRE, 1953.
21. Baelen, Jean, *Flora Tristán: Feminismo y socialismo en el siglo XIX*, Madrid, Taurus, 1974.
22. Barnet, Miguel, *Akeké y la jutía*, La Habana, Unión, 1978.
23. Barrera Vásquez, Alfredo, y Silvia Rendón (Versión e introducción), *El libro de los libros de Chilam Balam*, México, FCE, 1978.
24. Barrett, S. M. (Ed.), *Gerónimo, historia de su vida* (Notas de Manuel Sacristán), Barcelona, Grijalbo, 1975.
25. Barrett, William E., *La amazona*, Barcelona, Grijalbo, 1982.
26. Basadre, Jorge, *La multitud, la ciudad y el campo en la historia del Perú*, Lima, Treintaitrés y Mosca Azul, 1980.
27. Bastide, Roger, *Les religions africaines au Brésil*, París, Presses Universitaires, 1960.
28. — *Les Amériques noires*, París, Payot, 1967.
29. Bazin, Germain, *Aleijadinho et la sculpture baroque au Brésil*, París, Du Temps, 1963.
30. Beck, Hanno, *Alexander von Humboldt*, México, FCE, 1971.
31. Benítez, Fernando, *Los indios de México* (tomo II), México, Era, 1968.
32. — *Los indios de México* (tomo IV), México, Era, 1972.
33. — *El porfirismo. Lázaro Cárdenas y la revolución mexicana*, México, FCE, 1977.
34. Benítez, Rubén A., *Una histórica función de circo*, Buenos Aires, Universidad, 1956.
35. Bermúdez, Oscar, *Historia del salitre, desde sus orígenes hasta la guerra del Pacífico*, Santiago de Chile, Universidad, 1963.
36. Bermúdez Bermúdez, Arturo, *Materiales para la historia de Santa Marta*, Bogotá, Banco Central Hipotecario, 1981.
37. Beyhaut, Gustavo, *America centrale e meridionale. Dall'indipendenza alla crisi attuale*, Roma, Feltrinelli, 1968.
38. Bierhorst, John, *In the trail of the wind. American indian poems and ritual orations*, Nueva York, Farrar, Straus and Giroux, 1973.
39. Bilbao, Francisco, *La revolución en Chile y los mensajes del proscripto*, Lima, Imprenta del Comercio, 1853.
40. Bolívar, Simón, *Documentos* (Selección de Manuel Galich), La Habana, Casa de las Américas, 1975.
41. Boorstin, Daniel J., *The lost world of Thomas Jefferson*, Chicago, University of Chicago, 1981.
42. Bonilla, Heraclio, *La independencia del Perú* (con otros autores), Lima, Instituto de Estudios Peruanos, 1981.
43. — *Nueva historia general del Perú* (con otros autores), Lima, Mosca Azul, 1980.
44. — *Guano y burguesía en el Perú*, Lima, Instituto de Estudios Peruanos, 1974.
45. — *Un siglo a la deriva. Ensayos sobre el Perú, Bolivia y la guerra*, Lima, Instituto de Estudios Peruanos, 1980.

46. Botting, Douglas, *Humboldt and the Cosmos,* Londres, Sphere, 1973.
47. Box, Pelham Horton, *Los orígenes de la guerra de la Triple Alianza,* Buenos Aires/Asunción, Nizza, 1958.
48. Boxer, C. R., *The golden age of Brazil (1695/1750),* Berkeley, University of California, 1969.
49. Brading, D. A., *Mineros y comerciantes en el México borbónico (1763/ 1810),* México, FCE, 1975.
50. Brooke, Frances, *The history of Emily Montague,* Toronto, McClelland and Stewart, 1961.
51. Brown, Dee, *Bury my heart at Wounded Knee. An indian history of the american West,* Nueva York, Holt, Rinehart and Winston, 1971.
52. Brunet, Michel, *Les canadiens après la conquête (1759/1775),* Montréal, Fides, 1980.
53. Busaniche, José Luis, *Bolívar visto por sus contemporáneos,* México, FCE, 1981.
54. — *San Martín vivo,* Buenos Aires, Emecé, 1950.
55. — *Historia argentina,* Buenos Aires, Solar/Hachette, 1973.
56. Cabrera, Lydia, *El monte,* La Habana, CR, 1954.
57. Calderón de la Barca, Frances Erskine de, *La vida en México durante una residencia de dos años en ese país,* México, Porrúa, 1959.
58. Canales, Claudia, *Romualdo García. Un fotógrafo, una ciudad, una época,* Guanajuato, Gobierno del Estado, 1980.
59. Cardoza y Aragón, Luis, *Guatemala: las líneas de su mano,* México, FCE, 1965.
60. Cardozo, Efraím, *Breve historia del Paraguay,* Buenos Aires, EUDEBA, 1965.
61. — *Hace cien años. Crónicas de la guerra de 1864/1870,* Asunción, Emasa, 1967/1976.
62. Carlos, Lasinha Luis, *A Colombo na vida do Rio,* Río de Janeiro, s/e, 1970.
63. Carpentier, Alejo, *El reino de este mundo,* Barcelona, Seix Barral, 1975.
64. Carrera Damas, Germán, *Bolívar,* Montevideo, Marcha, 1974.
65. Carvalho-Neto, Paulo de, *El folklore de las luchas sociales,* México, Siglo XXI, 1973.
66. — «Contribución al estudio de los negros paraguayos de Acampamento Loma», en la revista *América Latina,* Río de Janeiro, Centro Latinoamericano de Pesquisas em Ciencias Sociais, enero/junio de 1962.
67. Casarrubias, Vicente, *Rebeliones indígenas en la Nueva España,* México, Secretaría de Educación Pública, 1945.
68. Casimir, Jean, *La cultura oprimida,* México, Nueva Imagen, 1980.
69. Catton, Bruce, *Reflections on the Civil War,* Nueva York/Berkeley, 1982.
70. — *Short history of the Civil War,* Nueva York, Dell, 1976.
71. Césaire, Aimé, *Toussaint Louverture,* La Habana, Instituto del Libro, 1967.
72. Clastres, Hélène, *La terre sans mal. Le prophetisme tupi-guarani,* París, Seuil, 1975.

320 *Eduardo Galeano*

73. Clavijero, Francisco Javier, *Historia antigua de México*, México, Editora México, 1958.
74. Conrad, Robert, *Os últimos anos da escravatura no Brasil*, Río de Janeiro, Civilização Brasileira, 1975.
75. Corrêa Filho, Virgilio, *Joaquim Murtinho*, Río de Janeiro, Imprensa Nacional, 1951.
76. Cortesão, Jaime, *Do Tratado de Madri à conquista dos Sete Povos*, Río de Janeiro, Biblioteca Nacional, 1969.
77. Coughtry, Jay, *The notorious triangle. Rhode Island and the african slave trade, 1700/1807*, Filadelfia, Temple, 1981.
78. Craton, Michael, *Testing the chains. Resistance to slavery in the British West Indies*, Ithaca, Cornell University, 1982.
79. Crowther, J. G., *Benjamín Franklin y J. Willard Gibbs*, Buenos Aires, Espasa-Calpe, 1946.
80. Cunha, Euclides da, *Os sertões*, San Pablo, Alves, 1936.
81. Current, Richard N., *The Lincoln nobody knows*, Nueva York, Hill and Wang, 1981.
82. Cháves, Julio César, *El Supremo Dictador*, Buenos Aires, Difusam, 1942.
83. — *El presidente López. Vida y gobierno de don Carlos*, Buenos Aires, Ayacucho, 1955.
84. — *Castelli, el adalid de Mayo*, Buenos Aires, Ayacucho, 1944.
85. Daireaux, Max, *Melgarejo*, Buenos Aires, Andina, 1966.
86. Dallas, Robert Charles, *Historia de los cimarrones*, La Habana, Casa de las Américas, 1980.
87. Dalton, Roque, *Las historias prohibidas del Pulgarcito*, México, Siglo XXI, 1974.
88. Darwin, Charles, *Mi viaje alrededor del mundo*, Valencia, Sampere, s/f.
89. Davidson, Basil, *Black mother: Africa and the atlantic slave trade*, Londres, Pelican, 1980.
90. Debien, Gabriel, «Le marronage aux Antilles Françaises au XVIIIe. siècle», en *Caribbean Studies*, vol. 6, núm. 3, Río Piedras, Institute of Caribbean Studies, octubre de 1966.
91. Debo, Angie, *A history of the indians of the United States*, Oklahoma, University of Oklahoma, 1979.
92. Defoe, Daniel, *Aventuras de Robinsón Crusoe*, México, Porrúa, 1975.
93. Descola, Jean, *La vida cotidiana en el Perú en tiempos de los españoles (1710/1820)*, Buenos Aires, Hachette, 1962.
94. Díaz, Lilia, «El liberalismo militante», en *Historia general de México*, varios autores, México, El Colegio de México, 1977.
95. Doucet, Louis, *Quand les français cherchaient fortune aux Caraïbes*, París, Fayard, 1981.
96. Douville, Raymond, y Jacques-Donat Casanova, *La vie quotidienne en Nouvelle-France. Le Canada, de Champlain a Montcalm*, París, Hachette, 1964.
97. — *Des indiens du Canada a l'époque de la colonisation française*, París, Hachette, 1967.

98. Duchet, Michèle, *Antropología e historia en el Siglo de las Luces*, México, Siglo XXI, 1975.
99. Dugran, J. H., *Edgar A. Poe*, Buenos Aires, Lautaro, 1944.
100. Dujovne, Marta, con Augusto Roa Bastos y otros, *Cándido López*, Parma, Ricci, 1976.
101. Dumas, Alejandro, *Montevideo o una nueva Troya*, Montevideo, Claudio García, 1941.
102. Duval Jr., Miles P., *De Cádiz a Catay*, Panamá, Editorial Universitaria, 1973.
103. Echagüe, J. P., *Tradiciones, leyendas y cuentos argentinos*, Buenos Aires, Espasa-Calpe, 1960.
104. Echeverría, Esteban, *La cautiva/El matadero* (Prólogo por Juan Carlos Pellegrini), Buenos Aires, Huemul, 1964.
105. Escalante Beatón, Aníbal, *Calixto García. Su campaña en el 95*, La Habana, Ciencias Sociales, 1978.
106. Eyzaguirre, Jaime, *Historia de Chile*, Santiago de Chile, Zig-Zag, 1977.
107. — *Chile y Bolivia. Esquema de un proceso diplomático*, Santiago de Chile, Zig-Zag, 1963.
108. Fals Borda, Orlando, *Historia doble de la costa*, Bogotá, Carlos Valencia, 1980/1981.
109. Faria, Alberto de, *Ireneo Evangelista de Souza, barão e visconde de Mauá, 1813/1889*, San Pablo, Editora Nacional, 1946.
110. Felce, Emma, y León Benarós (Selección), *Los caudillos del año 20*, Buenos Aires, Nova, 1944.
111. Fernández de Lizardi, José Joaquín, *El Periquillo Sarniento*, Buenos Aires, Maucci, s/f.
112. Fernández Retamar, Roberto, *Introducción a José Martí*, La Habana, Casa de las Américas, 1978.
113. Fohlen, Claude, *La vie quotidienne au Far West*, París, Hachette, 1974.
114. Foner, Philip S., *La guerra hispano-cubano-norteamericana y el surgimiento del imperialismo yanqui*, La Habana, Ciencias Sociales, 1978.
115. Franco, José Luciano, *Historia de la revolución de Haití*. La Habana, Academia de Ciencias, 1966.
116. Frank, Waldo, *Nacimiento de un mundo. Bolívar dentro del marco de sus propios pueblos*, La Habana, Instituto del Libro, 1967.
117. Freitas, Décio, *O socialismo missioneiro*, Porto Alegre, Movimento, 1982.
118. Freitas, Newton, *El Aleijadinho*, Buenos Aires, Nova, 1944.
119. Freyre, Gilberto, *Sobrados e mucambos*, Río de Janeiro, José Olympio, 1951.
120. Friedemann, Nina S. de (Con Richard Cross), *Ma Ngombe: Guerreros y ganaderos en Palenque*, Bogotá, Carlos Valencia, 1979.
121. — (con Jaime Arocha), *Herederos del jaguar y la anaconda*, Bogotá, Carlos Valencia, 1982.
122. Frieiro, Eduardo, *Feijão, agua e couve*, Belo Horizonte, Itatiaia, 1982.
123. Frota, Lélia Coelho, *Ataíde*, Río de Janeiro, Nova Fronteira, 1982.
124. Furst, Peter T., y Salomón Nahmad, *Mitos y arte huicholes*, México, Sep/Setentas, 1972.

125. Fusco Sansone, Nicolás, *Vida y obras de Bartolomé Hidalgo,* Buenos Aires, s/e, 1952.
126. Gantier, Joaquín, *Doña Juana Azurduy de Padilla,* La Paz, Icthus, 1973.
127. García Cantú, Gastón, *Utopías mexicanas,* México, FCE, 1978.
128. — *Las invasiones norteamericanas en México,* México, Era, 1974.
129. — *El socialismo en México, siglo XIX,* México, Era, 1974.
130. Garraty, John A., y Peter Gay, *Columbia history of the world,* Nueva York, Harper and Row, 1972.
131. Garrett, Pat, *La verdadera historia de Billy the Kid,* México, Premiá, 1981.
132. Geddes, Charles F., *Patiño, the tin king,* Londres, Hale, 1972.
133. Gendrop, Paul, «La escultura clásica maya», en *Artes de México,* número 167, México.
134. Gerbi, Antonello, *La disputa del Nuevo Mundo,* México, FCE, 1960.
135. Gibson, Charles, *Los aztecas bajo el dominio español (1519/1810),* México, Siglo XXI, 1977.
136. Girod, François, *La vie quotidienne de la société créole (Saint-Domingue au 18e. siècle),* París, Hachette, 1972.
137. Gisbert, Teresa, *Iconografía y mitos indígenas en el arte,* La Paz, Gisbert, 1980.
138. — (Con José de Mesa), *Historia de la pintura cuzqueña,* Lima, Banco Wiese, 1982.
139. Gisler, Antoine, *L'esclavage aux Antilles françaises (XVIIe./XIXe. siècle),* París, Karthala, 1981.
140. Godio, Julio, *Historia del movimiento obrero latinoamericano,* México, Nueva Imagen, 1980.
141. González, José Luis, *La llegada,* San Juan, Mortiz/Huracán, 1980.
142. González, Luis, «El liberalismo triunfante», en *Historia general de México,* México, El Colegio de México, 1977.
143. — y otros, *La economía mexicana en la época de Juárez,* México, Secretaría de Industria y Comercio, 1972.
144. González Navarro, Moisés, *Raza y tierra. La guerra de castas y el henequén,* México, El Colegio de México, 1979.
145. González Prada, Manuel, *Horas de lucha,* Lima, Universo, 1972.
146. González Sánchez, Isabel, «Sistemas de trabajo, salarios y situación de los trabajadores agrícolas (1750/1810)», en *La clase obrera en la historia de México. 1. De la colonia al imperio,* México, Siglo XXI, 1980.
147. Granada, Daniel, *Supersticiones del río de la Plata,* Buenos Aires, Kraft, 1947.
148. Gredilla, A. Federico, *Biografía de José Celestino Mutis y sus observaciones sobre las vigilias y sueños de algunas plantas,* Bogotá, Plaza y Janés, 1982.
149. Green, Martin, *Dreams of adventure, deeds of Empire,* Nueva York, Basic Books, 1979.
150. Grigulévich, José, *Francisco de Miranda y la lucha por la liberación de la América Latina,* La Habana, Casa de las Américas, 1978.

151. Griswold, C. D., *El istmo de Panamá y lo que vi en él*, Panamá, Ed. Universitaria, 1974.
152. Guasch, Antonio, *Diccionario castellano-guaraní y guaraní-castellano*, Sevilla, Loyola, 1961.
153. Guerrero Guerrero, Raúl, *El pulque*, México, Instituto Nal. de Antropología e Historia, 1980.
154. Guier, Enrique, *William Walker*, San José de Costa Rica, s/e, 1971.
155. Guiteras Holmes, Cali, *Los peligros del alma. Visión del mundo de un tzotzil*, México, FCE, 1965.
156. Guy, Christian, *Almanach historique de la gastronomie française*, París, Hachette, 1981.
157. Hassrick, Peter H., y otros, *Buffalo Bill and the Wild West*, Nueva York, The Brooklyn Museum, 1981.
158. Hernández, José, *Martín Fierro*, Buenos Aires, EUDEBA, 1963.
159. Hernández Matos, Román, *Micaela Bastidas, la precursora*, Lima, Atlas, 1981.
160. Herrera Luque, Francisco, *Boves, el Urogallo*, Caracas, Fuentes, 1973.
161. Hofstadter, Richard, *The american political tradition*, Nueva York, Knopf, 1948.
162. Huberman, Leo, *We, the people. The drama of America*, Nueva York, Monthly Review Press, 1970.
163. Humboldt, Alejandro de, *Ensayo político sobre el reino de la Nueva España*, México, Porrúa, 1973.
164. Ibáñez Fonseca, Rodrigo, y otros, *Literatura de Colombia aborigen*, Bogotá, Instituto Colombiano de Cultura, 1978.
165. Ibarra, Jorge, *José Martí, dirigente político e ideólogo revolucionario*, La Habana, Ciencias Sociales, 1980.
166. Irazusta, Julio, *Ensayo sobre Rosas*, Buenos Aires, Tor, 1935.
167. Isaacs, Jorge, *María* (introducción de Germán Arciniegas), Barcelona, Círculo de Lectores, 1975.
168. Jacobs, Paul, con Saul Landau y Eve Pell, *To serve the Devil. A documentary analysis of America's racial history and why it has been kept hidden*, Nueva York, Random, 1971.
169. Jane, Calamity, *Cartas a la hija (1877/1902)*, Barcelona, Anagrama, 1982.
170. Juan, Jorge, y Antonio de Ulloa, *Noticias secretas de América*, Caracas, Ayacucho, 1979.
171. Kaufmann, William W., *British policy and the independence of Latin America (1804/1828)*, Yale, Archon, 1967.
172. Klein, Herbert S., *Bolivia. The evolution of a multiethnic society*, Nueva York/Oxford, Oxford University Press, 1982.
173. Kom, Anton de, *Nosotros, esclavos de Surinam*, La Habana, Casa de las Américas, 1981.
174. Konetzke, Richard, *Colección de documentos para la historia de la formación social de Hispanoamérica*, Madrid, Consejo Superior de Investigaciones Científicas, 1962.
175. Kossok, Manfred, *El virreynato del río de la Plata. Su estructura económico-social*, Buenos Aires, Futuro, 1959.

176. Lacoursière, J., con J. Provencher y D. Vaugeois, *Canada/Quebec. Synthése historique*, Montreal, Renouveau Pédagogique, 1978.

177. Lafargue, Pablo, *Textos escogidos*, Selección e introducción por Salvador Morales, La Habana, Ciencias Sociales, 1976.

178. Lafaye, Jacques, *Quetzalcóatl y Guadalupe. La formación de la conciencia nacional en México*, México, FCE, 1977.

179. Lanuza, José Luis, *Coplas y cantares argentinos*, Buenos Aires, Emecé, 1952.

180. Lara, Oruno, *La Guadeloupe dans l'histoire*, París, L'Harmattan, 1979.

181. Lautréamont, Conde de, *Oeuvres complètes*, prólogo de Maurice Saillet, París, Librairie Générale Française, 1963, y *Obras completas*, prólogo de Aldo Pellegrini, Buenos Aires, Argonauta, 1964.

182. Laval, Ramón, *Oraciones, ensalmos y conjuros del pueblo chileno*, Santiago de Chile, 1910.

183. Lewin, Boleslao, *La rebelión de Túpac Amaru y los orígenes de la emancipación americana*, Buenos Aires, Hachette, 1957.

184. Liedtke, Klaus, «Coca-Cola über alles», en el diario *El País*, Madrid, 30 de julio de 1978.

185. Liévano Aguirre, Indalecio, *Los grandes conflictos sociales y económicos de nuestra historia*, Bogotá, Tercer Mundo, 1964.

186. Lima, Heitor Ferreira, «Os primeiros empréstimos externos», en *Ensaios de Opinião*, núm. 2/1, Río de Janeiro, 1975.

187. López Cámara, Francisco, *La estructura económica y social de México en la época de la Reforma*, México, Siglo XXI, 1967.

188. Ludwig, Emil, *Lincoln*, Barcelona, Juventud, 1969.

189. Lugon, Clovis, *A república «comunista» cristã dos guaranis (1610/1768)*, Río de Janeiro, Paz e Terra, 1977.

190. Machado de Assís, *Obras completas*, Río de Janeiro, Jackson, 1961.

191. Madariaga, Salvador de, *El auge y el ocaso del imperio español en América*, Madrid, Espasa-Calpe, 1979.

192. Maldonado Denis, Manuel, *Puerto Rico: una interpretación histórico-social*, México, Siglo XXI, 1978.

193. Mannix, Daniel P., y M. Cowley, *Historia de la trata de negros*, Madrid, Alianza, 1970.

194. Manrique, Nelson, *Las guerrillas indígenas en la guerra con Chile*, Lima, CIC, 1981.

195. María, Isidoro de, *Montevideo antiguo. Tradiciones y recuerdos*, Montevideo, Ministerio de Educación y Cultura, 1976.

196. Marmier, Xavier, *Buenos Aires y Montevideo en 1850*, Buenos Aires, El Ateneo, 1948.

197. Marmolejo, Lucio, *Efemérides guanajuatenses*, Guanajuato, Universidad, 1973.

198. Marfiott, Alice, y Carol K. Rachlin, *American indian mythology*, Nueva York, Mentor, 1972.

199. Martí, José, *Letras fieras*, selección y prólogo de Roberto Fernández Retamar, La Habana, Letras Cubanas, 1981.

200. Martínez Estrada, Ezequiel, *Martí: el héroe y su acción revolucionaria*, México, Siglo XXI, 1972.
201. Marx, Karl, y Friedrich Engels, *Materiales para la historia de América Latina*, selección y comentarios de Pedro Scarón, México, Pasado y Presente, 1979.
202. Masur, Gerhard, *Simón Bolívar*, México, Grijalbo, 1960.
203. Matute, Álvaro, *México en el siglo XIX. Fuentes e interpretaciones históricas* (Antología), México, UNAM, 1973.
204. Mauro, Frédéric, *La vie quotidienne au Brésil au temps de Pedro Segundo (1831/1889)*, París, Hachette, 1980.
205. Maxwell, Kenneth, *A devassa da devassa. A Inconfidência Mineira, Brasil-Portugal, 1750/1808*, Río de Janeiro, Paz e Terra, 1978.
206. McLuhan, T. C. (Compilador), *Touch the earth. A selfportrait of indian existence*, Nueva York, Simon and Schuster, 1971.
207. Medina Castro, Manuel, *Estados Unidos y América Latina, siglo XIX*, La Habana, Casa de las Américas, 1968.
208. Mejía Duque, Jaime, *Isaacs y María*, Bogotá, La Carreta, 1979.
209. Mello e Souza, Laura de, *Desclassificados do ouro: a pobreza mineira no século XVIII*, Río de Janeiro, Graal, 1982.
210. Meltzer, Milton (Compilador), *In their own words. A history of the american negro (1619/1865)*, Nueva York, Crowell, 1964.
211. Melville, Herman, *Moby Dick* (traducción de José María Valverde), Barcelona, Brúguera, 1982.
212. Mendoza, Vicente T., *El corrido mexicano*, México, FCE, 1976.
213. Mercader, Martha, *Juanamanuela, mucha mujer*, Buenos Aires, Sudamericana, 1982.
214. Mercado Luna, Ricardo, *Los coroneles de Mitre*, Buenos Aires, Plus Ultra, 1974.
215. Mesa, José de (Con Teresa Gisbert), *Holguín y la pintura virreinal en Bolivia*, La Paz, Juventud, 1977.
216. Mir, Pedro, *El gran incendio*, Santo Domingo, Taller, 1974.
217. Miranda, José, *Humboldt y México*, México, UNAM, 1962.
218. Mitchell, Lee Clark, *Witnesses to a vanishing America. The nineteenth-century response*, Princeton, Princeton University, 1981.
219. Molina, Enrique, *Una sombra donde sueña Camila O'Gorman*, Barcelona, Seix-Barral, 1982.
220. Montes, Arturo Humberto, *Morazán y la federación centroamericana*, México, Libro Mex, 1958.
221. Morales, Franklin, «Los albores del fútbol uruguayo», en *Cien años de fútbol*, núm. 1, Montevideo, Editores Reunidos, noviembre de 1969.
222. Moreno Fraginals, Manuel, *El ingenio*, La Habana, Ciencias Sociales, 1978.
223. Morin, Claude, *Michoacán en la Nueva España del siglo XVIII. Crecimiento y desigualdad en una economía colonial*, México, FCE, 1979.
224. Morison, Samuel Eliot, con Henry Steele Commager y W. E. Leuchtenburg, *Breve historia de los Estados Unidos*, México, FCE, 1980.
225. Mörner, Magnus, *La mezcla de razas en la historia de América Latina*, Buenos Aires, Paidós, 1969.

226. Mousnier, Roland, y Ernest Labrousse, Historia general de las civilizaciones. El siglo XVIII, Barcelona, Destino, 1967.
227. Muñoz, Rafael F., Santa Anna. El que todo lo ganó y todo lo perdió, Madrid, Espasa-Calpe, 1936.
228. Museo Nacional de Culturas Populares, El maíz, fundamento de la cultura popular mexicana, México, SEP, 1982, y Nuestro maíz. Treinta monografías populares, México, SEP, 1982.
229. Nabokov, Peter, Native american testimony. An anthology of indian and white relations: First encounter to dispossession, Nueva York, Harper and Row, 1978.
230. Neihardt, John G., Black Elk speaks, Nueva York, Washington Square, 1972.
231. Nevins, Allan, John D. Rockefeller: the heroic age of american business, Nueva York, 1940.
232. Nimuendajú, Curt, Los mitos de creación y de destrucción del mundo, Lima, Centro Amazónico de Antropología, 1978.
233. Nino, Bernardino de, Etnografía chiriguana, La Paz, Argote, 1912.
234. Núñez, Jorge, El mito de la independencia, Quito, Universidad, 1976.
235. Ocampo López, Javier, y otros, Manual de historia de Colombia, Bogotá, Instituto Colombiano de Cultura, 1982.
236. Oddone, Juan Antonio, La formación del Uruguay moderno. La inmigración y el desarrollo económico-social, Buenos Aires, EUDEBA, 1966.
237. O'Kelly, James J., La tierra del mambí, La Habana, Instituto del Libro, 1968.
238. O'Leary, Daniel Florencio, Memorias, Madrid, América, 1919.
239. Ortega Peña, Rodolfo, y Eduardo Duhalde, Felipe Varela contra el Imperio británico, Buenos Aires, Peña Lillo, 1966.
240. Ortiz, Fernando, Los negros esclavos, La Habana, Ciencias Sociales, 1975.
241. — Los bailes y el teatro de los negros en el folklore de Cuba, La Habana, Letras Cubanas, 1981.
242. — Contrapunteo cubano del tabaco y el azúcar, La Habana, Consejo Nacional de Cultura, 1963.
243. Paine, Thomas, Complete writings, Nueva York, Citadel, 1945.
244. Palacio, Ernesto, Historia de la Argentina (1515/1943), Buenos Aires, Peña Lillo, 1975.
245. Palma, Ricardo, Tradiciones peruanas, Lima, Peisa, 1969.
246. Palma de Feuillet, Milagros, El cóndor: dimensión mítica del ave sagrada, Bogotá, Caja Agraria, 1982.
247. Paredes, M. Rigoberto, Mitos, supersticiones y supervivencias populares de Bolivia, La Paz, Burgos, 1973.
248. Paredes-Candia, Antonio, Leyendas de Bolivia, La Paz/Cochabamba, Amigos del Libro, 1975.
249. Pareja Diezcanseco, Alfredo, Historia del Ecuador, Quito, Casa de la Cultura Ecuatoriana, 1958.
250. Parienté, Henriette, y Geneviève de Ternant, La fabuleuse histoire de la cuisine française, París, Odil, 1981.

251. Pereda Valdés, Ildefonso, *El negro en el Uruguay. Pasado y presente,* Montevideo, Instituto Histórico y Geográfico, 1965.

252. Pereira de Queiroz, María Isaura, *Historia y etnología de los movimientos mesiánicos,* México, Siglo XXI, 1978.

253. Pereyra, Carlos, *Historia de América española,* Madrid, Calleja, 1924.

254. — *Solano López y su drama,* Buenos Aires, Patria Grande, 1962.

255. Pérez Acosta, Juan F., *Francia y Bonpland,* Buenos Aires, Peuser, 1942.

256. Pérez Rosales, Vicente, *Recuerdos del pasado,* La Habana, Casa de las Américas, 1972.

257. Petit de Murat, Ulyses, *Presencia viva del tango,* Buenos Aires, Reader's Digest, 1968.

258. Pichardo, Hortensia, *Documentos para la historia de Cuba,* La Habana, Ciencias Sociales, 1973.

259. Plath, Oreste, *Geografía del mito y la leyenda chilenos,* Santiago de Chile, Nascimento, 1973.

260. Poe, Edgar Allan, *Selected prose and poetry,* prólogo de W. H. Auden, Nueva York, Rinehart, 1950.

261. Ponce de León, Salvador, *Guanajuato en el arte, en la historia y en la leyenda,* Guanajuato, Universidad, 1973.

262. Portuondo, José A. (Selección y prólogo), *El pensamiento vivo de Maceo,* La Habana, Ciencias Sociales, 1971.

263. Posada, José Guadalupe, *La vida mexicana,* México, Fondo Editorial de la Plástica Mexicana, 1963.

264. Price, Richard (Compilador), *Sociedades cimarronas,* México, Siglo XXI, 1981.

265. Price-Mars, Jean, *Así habló el Tío,* La Habana, Casa de las Américas, 1968.

266. Prieto, Guillermo, *Memorias de mis tiempos,* México, Patria, 1964.

267. Puiggrós, Rodolfo, *La época de Mariano Moreno,* Buenos Aires, Partenón, 1949.

268. Querejazu Calvo, Roberto, *Guano, salitre, sangre. Historia de la guerra del Pacífico,* La Paz/Cochabamba, Amigos del Libro, 1979.

269. Ramírez Necochea, Hernán, *Historia del imperialismo en Chile,* La Habana, Revolucionaria, 1966.

270. — *Balmaceda y la contrarrevolución de 1891,* Santiago de Chile, Universitaria, 1958.

271. Ramos, Jorge Abelardo, *Revolución y contrarrevolución en la Argentina,* Buenos Aires, Plus Ultra, 1965.

272. Ramos, Juan P., *Historia de la instrucción primaria en la Argentina,* Buenos Aires, Peuser, 1910.

273. Reed, Nelson, *La Guerra de Castas de Yucatán,* México, Era, 1971.

274. Reina, Leticia, *Las rebeliones campesinas en México (1819/1906),* México, Siglo XXI, 1980.

275. Renault, Delso, *O Rio antigo nos anúncios de jornais,* Río de Janeiro, José Olympio, 1969.

276. Revista *Signos,* Santa Clara, Cuba, julio/diciembre de 1979.

277. Reyes Abadie, W. (Con Oscar H. Bruschera y Tabaré Melogno), *El ciclo artiguista,* Montevideo, Universidad, 1968.

278. — (Con A. Vázquez Romero), *Crónica general del Uruguay,* Montevideo, Banda Oriental, 1979/1981.

279. Riazanov, David, *Karl Marx and Friedrich Engels. An introduction to their lives and work,* Nueva York, Monthly Review, 1973.

280. Rippy, J. Fred, *La rivalidad entre Estados Unidos y Gran Bretaña por América Latina (1808/1830),* Buenos Aires, EUDEBA, 1967.

281. Roa Bastos, Augusto, *Yo el Supremo,* Buenos Aires, Siglo XXI, 1974.

282. Robertson, James Oliver, *American myth, american reality,* Nueva York, Hill and Wang, 1980.

283. Robertson, J. P. y G. P., *Cartas de Sud-América* (Prólogo de José Luis Busaniche), Buenos Aires, Emecé, 1950.

284. Rodrigues, Nina, *Os africanos no Brasil,* San Pablo, Editora Nacional, 1977.

285. Rodríguez, Simón, *Sociedades americanas,* edición facsimilar, con prólogos de Germán Carrera Damas y J. A. Cora, Caracas, Catalá/Centauro, 1975.

286. Rodríguez Demorizi, Emilio, *Martí en Santo Domingo,* La Habana, Ucar García, 1953.

287. Roeder, Ralph, *Hacia el México moderno: Porfirio Díaz,* México, FCE, 1973.

288. Rojas-Mix, Miguel, *La Plaza Mayor. El urbanismo, instrumento de dominio colonial,* Barcelona, Muchnik, 1978.

289. Romero, Emilio, *Historia económica del Perú,* Lima, Universo, 1949.

290. Romero, José Luis, *Las ideas políticas en Argentina,* México/Buenos Aires, FCE, 1956.

291. Rosa, José María, *La guerra del Paraguay y las montoneras argentinas,* Buenos Aires, Huemul, 1965.

292. Rosenberg, Bruce A., *The code of the West,* Bloomington, Indiana University, 1982.

293. Rossi, Vicente, *Cosas de negros,* Buenos Aires, Hachette, 1958.

294. Rubín de la Barbolla, Daniel F., *Arte popular mexicano,* México, FCE, 1974.

295. Rumazo González, Alfonso, *Manuela Sáenz. La libertadora del Libertador,* Caracas/Madrid, Mediterráneo, 1979.

296. — *Sucre,* Caracas, Presidencia de la República, 1980.

297. — *Ideario de Simón Rodríguez,* Caracas, Centauro, 1980.

298. — *Simón Rodríguez,* Caracas, Centauro, 1976.

299. Rumrrill, Roger, y Pierre de Zutter, *Amazonia y capitalismo. Los condenados de la selva,* Lima, Horizonte, 1976.

300. Sabogal, José, *El desván de la imaginería peruana,* Lima, Mejía Baca y Villanueva, 1956.

301. Salazar, Sonia (Recopiladora), «Testimonio sobre el origen de la leyenda del Señor de Ccoyllorithi», en la revista *Sur,* núm. 52, Cuzco, julio de 1982.

302. Salazar Bondy, Sebastián, *Lima la horrible,* La Habana, Casa de las Américas, 1967.
303. Salomon, Noel, «Introducción a José Joaquín Fernández de Lizardi», en la revista *Casa del Tiempo,* vol. II, núm. 16, México, diciembre de 1981.
304. Sánchez, Luis Alberto, *La Perricholi,* Lima, Nuevo Mundo, 1964.
305. Sanford, John, *A more goodly country. A personal history of America,* Nueva York, Horizon Press, 1975.
306. Sanhueza, Gabriel, *Santiago Arcos, comunista, millonario y calavera,* Santiago de Chile, Pacífico, 1956.
307. Santos, Joaquim Felício dos, *Memórias do Distrito Diamantino,* Belo Horizonte, Itatiaia, 1976.
308. Santos Rivera, José (Recopilador), *Rubén Darío y su tiempo,* Managua, Nueva Nicaragua, 1981.
309. Sarabia Viejo, María Justina, *El juego de gallos en Nueva España,* Sevilla, Escuela de Estudios Hispano-Americanos, 1972.
310. Sarmiento, Domingo Faustino, *Vida de Juan Facundo Quiroga,* Barcelona, Bruguera, 1970.
311. — *Conflicto y armonías de las razas en América,* Buenos Aires, La Cultura Argentina, 1915.
312. Scobie, James R., *Buenos Aires del centro a los barrios (1870/1910),* Buenos Aires, Hachette, 1977.
313. Scott, Anne Firor, «Self-portraits», en *Women's America,* de Linda Kerber y Jane Mathews, Nueva York, Oxford University, 1982.
314. Scroggs, William O., *Filibusteros y financieros. La historia de William Walker y sus asociados,* Managua; Banco de América, 1974.
315. Schinca, Milton, *Boulevard Sarandí. 250 años de Montevideo; anécdotas, gentes, sucesos,* Montevideo, Banda Oriental, 1976.
316. Scholes, Walter V., *Política mexicana durante el régimen de Juárez (1855/1872),* México, FCE, 1972.
317. Selser, Gregorio, *Sandino, general de hombres libres,* Buenos Aires, Triángulo, 1959.
318. Servando, fray (Servando Teresa de Mier), *Memorias,* prólogo de Alfonso Reyes, Madrid, América, s/f.
319. Silva, José Asunción, *Prosas y versos,* prólogo de Carlos García Prada, Madrid, Eisa, 1960.
320. Silva Santisteban, Fernando, *Los obrajes en el Virreinato del Perú,* Lima, Museo Nacional de Historia, 1964.
321. Simpson, Lesley Byrd, *Muchos Méxicos,* México, FCE, 1977.
322. Solano, Francisco de, *Los mayas del siglo XVIII,* Madrid, Cultura Hispánica, 1974.
323. Soler, Ricaurte, «Formas ideológicas de la nación panameña», en *Tareas,* Panamá, octubre/noviembre de 1963.
324. Sosa, Juan B., y Enrique J. Arce, *Compendio de historia de Panamá,* Panamá, Editorial Universitaria, 1977.
325. Souza, Márcio, *Gálvez, Imperador do Acre,* Río de Janeiro, Civilização Brasileira, 1981.

326. Sozina, S. A., _En el horizonte está El Dorado_, La Habana, Casa de las Américas, 1982.
327. Stein, Stanley J., _Grandeza e decadência do café no vale do Paraíba_, San Pablo, Brasiliense, 1961.
328. Stern, Milton R., _The fine hammered steel of Herman Melville_, Urbana, University of Illinois, 1968.
329. Stewart, Watt, _La servidumbre china en el Perú_, Lima, Mosca Azul, 1976.
330. Syme, Ronald, _Fur trader of the north_, Nueva York, Morrow, 1973.
331. Taylor, William B., _Drinking, homicide and rebellion in colonial mexican villages_, Stanford, Stanford University, 1979.
332. Teja Zabre, Alfonso, _Morelos_, Buenos Aires, Espasa-Calpe, 1946.
333. Tibol, Raquel, _Hermenegildo Bustos, pintor de pueblo_, Guanajuato, Gobierno del Estado, 1981.
334. Tocantins, Leandro, _Formação histórica do Acre_, Río de Janeiro, Civilização Brasileira, 1979.
335. Touron, Lucía Sala de, con Nelson de la Torre y Julio C. Rodríguez, _Artigas y su revolución agraria (1811/1820)_, México, Siglo XXI, 1978.
336. Trías, Vivian, _Juan Manuel de Rosas_, Montevideo, Banda Oriental, 1970.
337. Tristán, Flora, _Les pérégrinations d'une paria_, París, Maspero, 1979.
338. Tulard, Jean (Recopilador), _L'Amérique espagnole en 1800 vue par un savant allemand: Humboldt_, París, Calmann-Lévy, 1965.
339. Tuñón de Lara, Manuel, _La España del siglo XIX_, Barcelona, Laia, 1973.
340. Turner III, Frederick W., _The portable north-american indian reader_, Londres, Penguin, 1977.
341. Twain, Mark, _Un yanqui en la corte del rey Arturo_, Barcelona, Bruguera, 1981.
342. Un inglés, _Cinco años en Buenos Aires (1820/1825)_, Buenos Aires, Solar/Hachette, 1962.
343. Uslar Pietri, Arturo, _La isla de Robinsón_, Barcelona, Seix Barral, 1981.
344. Valcárcel, Carlos Daniel, _La rebelión de Túpac Amaru_, México, FCE, 1973.
345. — (Recopilación y comentarios), _Colección documental de la independencia del Perú_, tomo II, vol. 2, Lima, Comisión Nal. del Sesquicentenario, 1971.
346. Valle-Arizpe, Artemio de, _Fray Servando_, Buenos Aires, Espasa-Calpe, 1951.
347. Vargas, José Santos, _Diario de un comandante de la independencia americana (1814/1825)_, México, Siglo XXI, 1982.
348. Vargas Martínez, Ubaldo, _Morelos, siervo de la nación_, México, Porrúa, 1966.
349. Velasco, Cuauhtémoc, «Los trabajadores mineros en la Nueva España (1750/1810)», en _La clase obrera en la historia de México. 1. De la colonia al imperio_, México, Siglo XXI, 1980.
350. Vidart, Daniel, _El tango y su mundo_, Montevideo, Tauro, 1967.
351. Vieira, Antonio, _Obras várias_, Lisboa, Sá da Costa, 1951/1953.
352. Villarroel, Hipólito, _Enfermedades políticas que padece la capital de esta Nueva España_, México, Porrúa, 1979.

353. Viñas, David, *Indios, ejército y frontera*, México, Siglo XXI, 1983.
354. Vitier, Cintio, *Temas martianos,* La Habana, Centro de Estudios Martianos, 1969 y 1982.
355. Von Hagen, Víctor W., *Culturas preincaicas,* Madrid, Guadarrama, 1976.
356. Walker, William, *La guerra de Nicaragua,* San José de Costa Rica, Educa, 1975.
357. Westheim, Paul, y otros, *José Guadalupe Posada,* México, Instituto Nal. de Bellas Artes, 1963.
358. Whitman, Walt, *Hojas de hierba* (Traducción de Jorge Luis Borges), Barcelona, Lumen, 1972.
359. Williams García, Roberto, *Mitos tepehuas,* México, Sep/Setentas, 1972.
360. Wissler, Clark, *Indians of the United States,* Nueva York, Doubleday, 1967.
361. Ziegler, Jean, *Les vivants et la mort,* París, Seuil, 1975. [Hay trad. cast., *Los vivos y la muerte,* México, Siglo XXI, 1976.]

Índice de nombres

impreso en programas educativos, s.a. de c.v.
calz. chabacano núm. 65, local a
col. asturias, cp. 06850
15 de octubre de 2004